REFERENCE TO CRIMINAL TRIAL

# 刑事审判参考

中华人民共和国最高人民法院
刑事审判第一、二、三、四、五庭／主办

总第105集

法律出版社
LAW PRESS·CHINA

总第105集

# 刑事审判参考

# 编辑说明

《刑事审判参考》系最高人民法院刑事审判庭主办的业务指导和研究性刊物，自1999年4月创办以来，秉承立足实践、突出实用、重在指导、体现权威的编辑宗旨，在编辑委员会成员、作者和读者的共同努力下，密切联系刑事司法实践，为刑事司法人员提供了有针对性和权威性的业务指导和参考，受到刑事司法工作人员和刑事法律教学、研究人员的广泛肯定和欢迎。

《刑事审判参考》作为最高人民法院用以指导全国各级人民法院刑事审判工作的唯一刊物，由最高人民法院刑事审判第一、二、三、四、五庭共同主办，最高人民法院沈德咏副院长担任编辑委员会主任，李少平、南英、黄尔梅副院长和刘学文专委担任副主任。南英副院长担任主编，各刑事审判庭庭长担任副主编。

根据《刑事审判参考》主编会的决定，自2012年始，《刑事审判参考》由原32开改版为特16开。改版后的《刑事审判参考》仍为双月刊，全年共出版六集，设有以下栏目：

【指导案例】选择在认定事实、采信证据、适用法律和裁量刑罚等方面具有研究价值的典型案例，详细阐明裁判理由，为刑事司法工作人员处理类似案件提供具体的指导和参考。

【立法、司法规范】刊登与刑事司法工作密切相关的法律、行政法规、部门规章、司法解释及其他规范性文件。

【刑事政策】最新的刑事司法政策，如最高人民法院院领导在刑事审判工作会议上的讲话、刑事审判工作会议讨论的问题等。

【审判实务释疑】最高人民法院刑事审判庭解答在刑事审判工作中具有普遍指导价值的法律适用问题。

【司法理论前沿】摘要刊登近期刑事理论界、实务界最新研究成果，及时跟踪研究刑事审判中出现的新问题，为刑事司法人员提供最新理论参考。

【经验交流】地方司法机关制定的刑事司法规范性文件及其背景说明；地方各级人民法院在刑事审判工作中对于某些问题的处理政策和意见等。

【实务探讨】针对刑事司法工作中必须解决的疑难、复杂问题，刊登相关学者与司法人员的研究文章，为刑事司法工作人员提供解决相关问题的思路。

【大案传真】刊登在社会上影响较大的案件的有关裁判文书，及时传递大要案、热点案件的审判信息。

【疑案争鸣】针对实践中发生的疑难案例，对其中争议问题进行分析，给读者提供参与交流探讨的平台，推动相关问题的深入研究。

【裁判文书评析】选择典型裁判文书进行评析，展现法官智慧，指出不足，促进裁判文书制作水平的不断提高。

最高人民法院刑事审判第一、二、三、四、五庭

# 目　录

# 指导案例

[第 1116 号]

## 张玉良、方俊强非法买卖枪支案

——对于发生在 1997 年 10 月 1 日以前的非法买卖枪支行为应当如何适用法律及该罪追诉时效的起算时间节点

### 一、基本案情

被告人张玉良,男,1963 年 9 月 19 日出生。2013 年 7 月 30 日被逮捕。

被告人方俊强,男,1970 年 9 月 27 日出生。2013 年 7 月 30 日被逮捕。

上海市人民检察院第二分院以被告人张玉良、方俊强犯非法买卖枪支罪,向上海市第二中级人民法院提起公诉。

上海市第二中级人民法院经公开审理查明:被告人张玉良与范杰明(另案被告人)系原上海混凝土制品六厂的同事,张玉良在单位食堂工作,范杰明任单位保卫科科长。被告人方俊强与张玉良系朋友。1997 年前后,范杰明向张玉良提到组织单位民兵训练需要枪支,张玉良遂从方俊强处拿取一把猎枪借给范杰明试用。随后,范杰明以单位组织民兵训练为由,个人出资约人民币 1 万元通过张玉良购买该猎枪,张玉良将购枪款付给方俊强。2013 年 6 月 22 日晚,范杰明使用该猎枪,在上海市浦东新区、宝山地区杀害 5 人并致 3 人重伤。同年 6 月 24 日,张玉良、方俊强到案,均如实供述自己的罪行。

上海市第二中级人民法院认为,被告人张玉良、方俊强非法买卖枪支的行为已过追诉时效期限,且不属于必须追诉的情形。公诉机关提出适用《最高人民法院关于办理非法制造、买卖、运输非军用枪支、弹药刑事案件适用法律问题的解释》第三条对二被告人定罪并在七年以上有期徒刑或者无期徒刑的幅度内量刑的主张,不予采纳。据此,依照《中华人民共和国刑法》第八十七条、《中华人民共和国刑事诉讼法》第十五条第二项和《最高人民法院关于适用〈中华人民共和国刑事诉讼法〉的解释》第二百四十一条第一款第八项之规定,裁定终止审理。

## 二、主要问题

1. 对于发生在1997年以前的非法买卖枪支行为应当如何适用法律?

2. 应当如何确定非法买卖枪支罪追诉时效的起算时间节点?

## 三、裁判理由

(一)对于发生在1997年10月1日以前的非法买卖枪支行为,应当适用1979年刑法和1995年《最高人民法院关于办理非法制造、买卖、运输非军用枪支、弹药刑事案件适用法律问题的解释》

本案中,现有证据可以认定被告人张玉良、方俊强非法买卖枪支的行为发生在1997年前后,但无法确认该行为发生于1997年10月1日之前还是之后。鉴于1997年刑法对非法买卖枪支罪设置的法定刑重于1979年刑法,根据刑法从旧兼从轻原则,应当适用1979年刑法和1995年《最高人民法院关于办理非法制造、买卖、运输非军用枪支、弹药刑事案件适用法律问题的解释》(以下简称《1995年解释》)。比较而言,1979年刑法和1997年刑法对非法买卖枪支罪犯罪构成要件的规定并无大的变化,但1997年刑法对该罪设定的法定刑更重;同时,2001年《最高人民法院关于审理非法制造、买卖、运输枪支、弹药、爆炸物等刑事案件具体应用法律若干问题的解释》(以下简称《2001年解释》)比《1995年解释》规定的定量因素减少,犯罪构成要件由"制造非军用枪支一支或者买卖、运输二支以上"变成"非法制造、买卖、运输、邮寄、储存以火药为动力发射枪弹的非军用枪支一支以上或者以压缩气体等为动力的其他非军用枪支二支以上",对买卖、运输以火药为动力发射枪弹的非军用枪支的行为规定的入罪门槛降低,刑罚整体上更加严厉。

我国刑法中的犯罪概念同时包含定性和定量因素,具体犯罪大致可以分为三类:第一类是某种行为的社会危害性特别严重,只要实施该类行为即可构成该罪,无须考虑量的因素;第二类是刑法虽未规定该罪的定量因素,但考虑该罪的行为性质及对应的法定刑，需达到一定严重程度才构成犯罪；第三类是刑法直接规定该罪的定量因素，如情节严重或者明确的数量标准。对后两类犯罪中所要求的定量因素，一般通过司法解释的规定予以具体化。

非法买卖枪支罪属于上述第二种类型，虽然刑法并未明确规定该罪需要具备特定的定量因素，但鉴于该罪法定刑的严厉性，非法买卖枪支行为构成该罪，需要达到一定的严重程度，即具备一定的定量因素。司法解释对非法买卖枪支罪的定量因素作出了详细规定。依照1979年刑法及《1995年解释》，非法买卖非军用枪支的行为构成非法买卖枪支罪，客观上需要买卖非军用枪支2支以上，或虽未达到该最低数量标准，但同时“具有其他情形”，这里所谓的“其他情形”，通常是指买卖枪支行为造成了严重后果，即他人利用所买卖的枪支实施了犯罪行为。

本案中，虽然被告人张玉良、方俊强出售的枪支仅有1支，但购买该枪的范杰明利用该枪杀害5人并致3人重伤，无疑属于“其他情形”。那么，在非法买卖枪支罪的客观构成要件中，对于行为人仅买卖1支枪支的情形，“其他情形”在客观构成要件中处于什么样的地位？是否要求被告人对这一要件持某种犯罪心理或者要求被告人的行为与他人使用枪支造成的严重后果之间存在因果关系？

我们认为，在行为人仅出售1支枪支的情况下，不具有“其他情形”的不构成犯罪。“其他情形”无疑是犯罪成立条件，但是，出售枪支的行为人对作为“其他情形”的严重后果无须存在故意或过失，其出售枪支的行为与购买枪支者利用枪支实施犯罪行为所造成的严重后果之间也不要求存在刑法上的因果关系。关于该问题，可参考学者提出的“客观超过要素”理论。① 所谓客观超过要素，属于犯罪成立客观要件，但这一要素的发生与否与行为人的主观心理甚至客观行为的联系并不大。例如，非法买卖枪支罪中，购买枪支的人利用枪支去实施何种行为，并不由出售枪支的人所决定。又如，丢失枪支不报罪，丢失枪支不及时报告的行为是否构成犯罪，取决于得到该枪支的人是否利用该枪支实施犯罪行为，但并不表明丢失枪支的人可以决定得到

① 参见张明楷：《“客观的超过要素”概念之提倡》，载《法学研究》1999年第3期。

该枪支的人将会实施何种行为。

依照刑法规定，对于出售1支枪支的行为，如果购买枪支的人仅仅是收藏枪支，则出售枪支的行为不构成犯罪；但如果购买枪支的人利用该枪支实施杀人、抢劫或其他犯罪行为，则出售枪支的行为构成非法买卖枪支罪。泛泛而言，购买枪支的人无论利用该枪支实施何种行为，都不能说超出出售枪支的人主观上对后果的预料范围，但出售枪支的人主观上对可能发生的后果持何种心理态度，对非法买卖枪支罪的构成没有实际意义。同时，出售枪支行为与他人利用该枪支实施犯罪行为所造成的结果之间，也不存在刑法上的因果关系。

本案审理过程中，有意见认为，被告人张玉良、方俊强出售枪支的行为，与范杰明持该枪射杀、射伤多名无辜人员之间具有刑法上的因果关系，但属于偶然（间接）因果关系。我们认为，这种意见不能成立。理由是：认定刑法上的因果关系，目的在于确定行为人刑事责任的客观基础；换言之，并不是所有事实上的因果关系都具有刑法上的意义。进一步来讲，偶然因果关系（或者间接因果关系）属于事实认定，而刑法上的因果关系则属于规范评价，二者是既有联系又有区别的两个层面的问题。必然和偶然因果关系是从后果发生概率角度进行的区分，而直接和间接因果关系是从是否有介入因素进行的区分，达到一定概率的偶然因果关系也可以成为刑法上的因果关系，而存在介入因素的因果关系，则需要依据介入因素是从属于先前行为还是独立于先前行为来确定是否构成刑法上因果关系。可见，刑法上的因果关系存在与否，本质上不是事实问题，而是刑事政策评价问题。[①] 诚然，没有张玉良、方俊强的出售枪支行为，范杰明就不能使用该枪支实施犯罪行为，没有前者就没有后者，该出售枪支行为是范杰明实施后续犯罪行为的条件，但张玉良、方俊强的出售枪支行为与范杰明的后续犯罪行为后果之间并不存在刑法上的因果关系，因为两者之间存在一个独立的介入因素，即存在完全独立于出售枪支行为的范杰明本人的行为。仅从因果关系的层面上讲，出售枪支行为和购枪者利用枪支造成的犯罪后果之间的关系，与丢失枪支行

① 参见储槐植：《刑事一体化》，法律出版社2004年版，第157～162页。

为和捡拾枪支者持枪造成的犯罪后果之间的关系,并无二致。

综上,非法买卖枪支罪的犯罪构成要件可以表述如下:具有一般主体资格的行为人故意实施了买卖枪支行为,买卖枪支达2支以上,或者虽然仅买卖枪支1支,但具备其他情形,即造成严重后果。在第二种情况下,“严重后果”属于犯罪成立条件,但属于一种“客观超过要素”,即行为人对这一严重后果主观上持何种心理态度并不具有刑法意义,也无须证明买卖枪支行为和该严重后果之间存在刑法上的因果关系。这一要素,是从行为的客观社会危害结果对发动刑罚权作出的限制。买卖枪支行为对社会安全造成潜在危险,但国家基于刑罚资源的有限性或其他考虑,并非对所有买卖枪支行为都予以刑事处罚,只在此种危险程度较高(即买卖枪支达2支以上)或者此种危险已经具备现实危害结果(即造成严重后果)的情形时才作为犯罪。

本案中,范杰明购买枪支后,时隔16年后使用该枪支实施严重犯罪,该后果仅仅是被告人张玉良、方俊强非法买卖枪支行为构成犯罪的要件中的客观超过要素,二被告人主观上对该后果无须具有故意或者过失,客观上与该后果也不存在刑法上的因果关系。简言之,范杰明使用该枪支实施的后续犯罪行为,仅仅是对二被告人发动刑罚权的一个客观条件。有意见认为,范杰明购买枪支后,时隔16年才使用该枪支实施后续犯罪,据此追究张玉良、方俊强出售枪支行为的刑事责任,可能有违社会公众对公正的认知观念,但该问题与犯罪成立与否无关,而是涉及追诉时效问题。

(二)非法买卖枪支罪的追诉时效应从犯罪行为完成之日起计算

本案中,尽管被告人张玉良、方俊强的行为已构成非法买卖枪支罪,但由于买卖枪支行为和范杰明利用该枪支实施后续犯罪之间间隔16年之久,对二被告人刑事责任的追究还牵涉到追诉时效问题。

1979年刑法和1997年刑法对追诉时效的规定并无变化,即“追诉期限从犯罪之日起计算;犯罪行为有连续或者继续状态的,从犯罪行为终了之日起计算”。追诉期限的起算时间,取决于对“犯罪之日”的理解,对此存在不同观点:有意见认为是指犯罪行为完成之日,也有意见认为是指犯罪成立之日。对于犯罪是以结果作为构成要件且行为与结果之间存在时间间隔的情形,上述两个标准存在实质性的差异。

我们认为,基于立法原意及设立追诉时效制度的设立目的考虑,追诉时效应从犯罪行为完成之日起计算。首先,从法律用语来看,虽然前文采用“犯罪之日”的措辞,但后文明确指向“犯罪行为终了”,犯罪行为有连续状态的,也不排除可能以某种结果作为构成要件,对此种情形,追诉期限应当自犯罪行为终了之日起计算。其次,追诉时效消灭是行为的法律后果,行为的性质并不会因为时间的流逝而发生变化,只是基于自然法的观念认为行为人实施犯罪行为后,经过长时间一直遵纪守法,对其进行处罚已无必要。所以,从各国立法例来看,追诉时效从来不是绝对的制度,某些特别严重的犯罪不存在追诉时效。最后,从犯罪行为完成之日起计算追诉时效,符合追诉时效制度设立的目的。关于时效制度的设立目的,理论上有多种观点。“推测改善说”认为,既然行为人在犯罪后长时间没有再犯罪,可认为其已经改过自新,没有处刑与行刑的必要。“证据湮灭说”认为,犯罪证据因时间流逝而消灭,难以达到正确处理案件的目的。“准受刑说”认为,行为人犯罪后虽然没有受到刑事追究,但因长时期的逃避和恐惧所造成的痛苦也等同于执行刑罚。还有观点认为,随着时间流逝,社会对犯罪的规范感情已经得到缓和,无须再进行现实处罚。我们认为,追诉时效制度关注的是犯罪行为,考虑的是行为人在该次犯罪之后遵纪守法的表现,所以,对于追诉时效的计算而言,有意义的仅仅是行为人在犯罪后的表现,至于犯罪结果何时出现,并不影响诉讼时效的起算。

对非法买卖枪支罪而言,该罪的客观行为仅指行为人买卖枪支的交易行为,该交易行为宣告完成,则追诉时效开始计算。本案中,如前所述,司法解释有关非法买卖枪支罪所规定的“其他情形”仅仅属于客观超过要素,与行为人的主观心态无关,也非行为人可控状态,该要素虽然是犯罪成立条件之一,但与追诉时效的计算无关。

明确了追诉时效的起算时间节点后,接下来就需要计算行为的具体追诉时效期限,这是由行为应判处的法定刑所决定的。1979年刑法对非法买卖枪支罪规定了两个法定刑幅度,即“七年以下有期徒刑”和“情节严重的,处七年以上有期徒刑或者无期徒刑”。依照刑法相关规定,在第一个法定刑幅度内量刑,追诉期限为十年;在第二个法定刑幅度内量刑,追诉期限为二十年。本案的关键问题在于,能否认定二被告人的行为属于“情节严重”?

有观点认为，非法买卖枪支并造成1人伤亡后果的，就应当认定为《1995年解释》第二条第五项中规定的“其他情形”，并据此定罪处罚。本案中，另案被告人范杰明持张玉良、方俊强出售的枪支共造成5人死亡、3人重伤的后果，明显超过基本犯罪构成中的定量要素，超出的部分可以认定为《1995年解释》第三条规定的“其他严重情节”，并作为加重处罚的依据，这并不属于对同一情节的重复评价。

我们认为，《1995年解释》对非法买卖枪支罪所规定的“其他情形”，在性质上属于犯罪构成的客观要素，因此，无论范杰明利用购买的枪支实施了多么严重的危害行为，其行为只能作为一个整体被评价为“其他情形”，即作为犯罪成立的条件，而不能在作为入罪条件后，再次作为量刑情节进行评价，否则即违背“禁止重复评价”原则。相应地，《1995年解释》第三条规定的“具有其他严重情节”，应当是指已符合非法买卖枪支罪基本犯的构成条件，同时又具有其他情节。实际上，针对“其他情形”在定罪量刑中的地位，《2001年解释》已经作出明确规定，依照该解释，未达到构成本罪的最低数量标准，但具有造成严重后果等其他恶劣情节的可构成本罪，这种情况下“其他恶劣情节”是犯罪成立条件；达到最低数量标准，即买卖枪支的行为已经满足基本犯罪构成的前提下，“其他恶劣情节”则成为法定刑升格的条件。本案中，被告人张玉良、方俊强出售枪支给范杰明后，范杰明使用该枪支造成5人死亡、3人重伤的后果，应当被认定为《1995年解释》第二条所规定的“其他情形”，而不能再被认定为《1995年解释》第三条所规定的“其他严重情节”，据此，对二被告人应在七年以下有期徒刑的法定刑幅度内量刑，相应的追诉时效期限应为10年。

综上，本案中，被告人张玉良、方俊强的行为已经构成非法买卖枪支罪，应在七年以下有期徒刑的法定刑幅度内量刑，从二被告人的犯罪行为完成之日起计算追诉时效，该案的追诉时效应为10年，因现已超出追诉时效期限，故不应追究二被告人的刑事责任。

（撰稿：最高人民法院刑三庭　王亚凯
上海市第二中级人民法院　黄伯青
审编：最高人民法院刑三庭　罗国良）

[第 1117 号]

# 杨某某、杜某某放火案

## ——刑法上因果关系的认定

### 一、基本案情

被告人杨某某,女,1972 年 8 月 21 日出生。2012 年 3 月 14 日被逮捕。

被告人杜某某,男,1967 年 4 月 10 日出生。2012 年 3 月 14 日被逮捕。

河北省承德市人民检察院以被告人杨某某、杜某某犯放火罪,向承德市中级人民法院提起公诉。承德市中级人民法院于 2012 年 10 月 24 日以放火罪分别判处被告人杨某某死刑,剥夺政治权利终身;判处被告人杜某某死刑,缓期二年执行,剥夺政治权利终身。宣判后,二被告人均提出上诉。河北省高级人民法院经审理,裁定发回重审。

被告人杨某某供认起诉指控的犯罪事实,其辩护人提出,此案应定故意杀人罪或故意伤害罪,杨某某到现场只是放风,且火不是杜某某点燃的,属于犯罪预备。此案事出有因,被害人的儿子有过错,请依法从轻判处。

被告人杜某某供认起诉指控的犯罪事实,其辩护人提出,本案的起火原因是被害人高某开手电而引起,杜某某没有点火,其行为应认定为犯罪预备,且杜某某认罪态度好,有悔罪表现,请依法从轻判处。

承德市中级人民法院经重审查明:被告人杨某某因高某某与其断绝不正当男女关系,产生了报复高某某的想法,找到被告人杜某某要求其去高某某家放火实施报复。杜某某驾驶一辆面包车拉着杨某某,经预谋踩点后于 2012 年 2 月 6 日晚携带汽油、稻草、爆竹、盆子、打火机等放火工具到高某某家院墙外蹲守。当晚凌晨 1 时许,二被告人见高某某家东屋居住的人已熄灯入睡后,杨某某在院墙外放风,杜某某携带汽油、稻草、爆竹、盆子、打火机等放火工具进入院内,先断了高某某家的电源开关,将汽油泼洒在东、西屋窗台及外屋门上后，用木棍击碎有人居住的东屋玻璃窗，向屋内泼洒汽油。东屋内居住的高某某的父母高某、卢某某被惊醒后，使用警用手电照明后开启电击功能击打出电火花，引发大火将高某、卢某某烧伤，房屋烧坏。卢某某因大面积烧伤，导致休克、毒血症以及多脏器功能衰竭，经抢救无效死亡；高某损伤程度为重伤；高某某家被烧坏房屋的物品价值为 4 672 元。

承德市中级人民法院认为，被告人杨某某为报复高某某，与被告人杜某某共同预谋，准备放火工具、助燃材料并踩点后，趁高某某家人在屋内熟睡之际，向屋外门窗泼洒汽油并敲碎玻璃向屋内泼洒汽油的行为，必然引起屋内的人使用照明设置，进而引发火灾，且客观上已经由此引发了火灾，可以认定杨某某、杜某某的犯罪行为与高某某家火灾的发生之间有必然的因果关系，即刑法上的因果关系，被告人杨某某、杜某某的行为构成放火罪（既遂）。高某某家房院在村庄内，与邻居家房子仅距离 15.4 米，且其间堆放有柴草，二被告人准备了干草、汽油、鞭炮等助燃材料，且当时处在火灾高发期，高某某家着火，足以危及其邻居的生命、财产安全，二被告人的行为构成放火罪。本案是由感情纠葛等民间矛盾引发的，量刑时予以考虑。依照《中华人民共和国刑法》第一百一十五条、第六十四条、第五十七条第一款、第四十八条第一款、第二十五条第一款之规定，以放火罪分别判处被告人杨某某死刑，缓期二年执行，剥夺政治权利终身；判处被告人杜某某死刑，缓期二年执行，剥夺政治权利终身。

一审宣判后，承德市人民检察院以对被告人杨某某量刑畸轻为由提出抗诉，河北省人民检察院支持抗诉。

河北省高级人民法院经审理认为，被告人杨某某为报复高某某，与被告人杜某某共同预谋，在村民聚居区准备放火作案工具，向被害人所住房屋门窗及屋内泼洒汽油的行为，引起屋内被害人使用照明设施产生高压电弧引发火灾，造成一死一重伤的后果，杨某某、杜某某的行为均已构成放火罪。应依法惩处。鉴于本案是感情纠纷引发，起火原因不排除是被害人自己使用照明设施所致。原判决针对杨某某、杜某某在犯罪中的作用及相关量刑情节，依法量刑，并无不当，抗诉机关关于对杨某某量刑不当的理由不能成立。依法驳回抗诉，维持对被告人杨某某、杜某某的定罪量刑。

## 二、主要问题

1. 被告人杨某某、杜某某的行为与被害人卢某某的死亡结果之间是否具有刑法上的因果关系？

2. 二被告人到被害人家实施放火行为，应当如何定性？

## 三、裁判理由

（一）被告人杨某某、杜某某的行为与被害人卢某某的死亡结果之间存在刑法上的因果关系

本案在审理过程中，对于被告人杨某某、杜某某的行为与被害人的死亡结果之间是否具有刑法上的因果关系，有两种不同意见：第一种意见，即杜某某、杨某某的辩护人的观点，认为杜某某没有点火行为，故杨某某、杜某某的行为与被害人的死亡结果之间没有刑法上的因果关系，应认定二被告人为犯罪预备。第二种意见，即一、二审法院的观点，认为杨某某为报复高某某，与杜某某共同预谋，准备放火工具、助燃材料并踩点后，趁高某某家人在屋内熟睡之际，向屋外门窗泼洒汽油并敲碎玻璃向屋内泼洒汽油的行为，必然引起屋内的人使用照明设施，进而引发火灾，且客观上已经由此引发了火灾，可以认定杨某某、杜某某的犯罪行为与高某某家火灾的发生之间有必然的因果关系，即刑法上的因果关系。

我们同意第二种意见，即本案被告人杨某某、杜某某的行为与被害人死亡结果之间存在刑法上的因果关系。刑法上的因果关系是指危害行为与危害结果之间引起与被引起的合乎规律的联系。如何认定刑法上的因果关系，存在各种各样的学说。在大陆法系学说史上，先后主要历经了条件说、原因说、相当因果关系说与客观归责理论的历史变迁。而在英美法系中，刑法上认定因果关系的理论通说是“双层次原因学说”，即把原因分为两个层次：第一个层次是事实原因；第二个层次是法律原因。我国刑法理论以前采取的是“必然因果关系说”，即当危害行为中包含着危害结果产生的根据，并符合规律地产生了危害结果时，危害行为与危害结果之间就是必然因果关系；只有这种必然因果关系，才是刑法上的因果关系。由于这种学说导致因

果关系的成立范围过窄,后来出现了"偶然因果关系说",该说的基本观点是,当危害行为本身并不包含产生危害结果的根据,但在其发展过程中,偶然介入其他因素,并由介入因素合乎规律地引起了危害结果时,危害行为与危害结果之间就是偶然因果关系;介入因素与危害结果之间是必然因果关系;必然因果关系与偶然因果关系都是刑法上的因果关系。

我们认为,不管采取何种学说,在认定因果关系时应当注意以下几点:(1)因果关系研究的是行为与结果之间的引起与被引起的关系,而不是对行为与结果本身的研究。(2)因果关系是一种客观联系,并且是一种特定条件下的客观联系,不能离开客观条件认定因果关系。(3)一个危害结果完全可能由数个危害行为造成,在认定某种行为造成了某一危害结果时,不能轻易否认该危害结果可能同时由其他行为造成。(4)在行为人的行为介入其他因素时,要根据具体情况综合判断行为人的行为与结果之间的关系,具体应当考察四个方面的因素:一是行为人的行为导致结果发生的可能性的大小;二是介入因素的异常性大小;三是介入因素对结果发生作用的大小;四是介入因素是否属于行为人的管辖范围。当被告人实施行为后,介入了被害人行为,导致结果的发生时,应根据案件具体情况判断被害人实施的行为是否具有通常性。如果被告人实施的行为,导致被害人不得不或者在通常情况下会实施介入行为,则该介入行为对被告人的行为与结果之间的因果关系没有影响;如果被害人的介入行为属于通常情况下不会实施的行为,即异常行为,该行为对结果又起到决定性作用,则不能将结果归责于被告人的行为。

本案中,二被告人事先预谋,案发当晚杨某某在院墙外放风,杜某某携带汽油、稻草、爆竹、盆子、打火机等放火工具进入院内,先断了高某某家的电源开关,将汽油泼洒在东、西屋窗台及外屋门上后,又用木棍击碎东屋窗玻璃并向屋内泼洒汽油,二被告人实施这一系列行为后,被害人高某、卢某某被惊醒,使用警用手电照明后又开启电击功能击打出电火花引发大火将高某、卢某某烧伤,卢某某经抢救无效死亡,高某损伤经鉴定为重伤。被害人使用警用手电照明并使用电击功能击打出电火花这一介入因素,是否能够切断二被告人放火行为与被害人伤亡结果的因果关系呢?我们认为,将介入因素放到犯罪构成中去考察,可以得出这一因果关系未曾切断,因而应当肯定二被告人的行为与本案危害结果之间存在刑法上的因果关系的结论。理由如下:

1. 被害人开启警用手电电击功能的行为虽系偶然介入因素,但却是由被告人先前切断电源行为引起的通常行为。公安部消防局天津火灾物证鉴定中心出具的鉴定意见证实:本案中的"警用手电"在开启电击功能时,手电的端部可以产生高压电弧放电。根据有关技术文件和实际案例,电击的高压电弧产生的火花能量极大,可能引燃汽油蒸气。可见,本案的起火原因不排除被害人自己使用"警用手电"电击功能引燃汽油。但是,如前所述,被告人杜某某携带汽油、稻草、爆竹、盆子、打火机等放火工具和助燃材料进入院内,切断电源,打碎窗户,在屋外屋内多处泼洒汽油,在这种情况下,被害人被惊醒后因无法开灯,不得不使用照明工具。虽然被害人使用"警用手电"这一情况具有一定的偶然性,但这种偶然性不足以否定被害人拿出手电照明以及使用电击功能作为阻吓入侵者行为的通常性,即二被告人实施了上述泼洒汽油、切断电源等一系列行为后,在通常情况下都会导致被害人使用照明工具这一介入行为。也就是说,被害人使用照明的行为系被告人先前切断电源行为所致。

2. 被害人打开警用手电电击功能的行为没有中断被告人泼洒汽油行为与着火结果之间的因果关系。应当说,从刑法的意义看,着火的结果仍是被告人泼洒汽油的行为造成的,只是由于被害人的举动,着火的结果比被告人预想的时间提前发生,但丝毫不改变被告人泼洒汽油的行为对着火结果的原因力。被害人使用手电电击功能的介入行为对二被告人的行为与结果之间的因果关系没有影响。如果被害人打开警用手电在被告人的犯罪设计之中,那么被告人放火的实行行为在泼洒完汽油后就全部完成了,着火的结果当然要全部归责于被告人。但是,本案被害人打开警用手电显然是出乎被告人的犯罪计划之外的一个事实因素,而被害人的行为本身不仅是毫无危险性的行为,而且是因为听到有人敲碎自家窗户,看见有棍子之类的东西伸进来,感受到了威胁所作出的自然反应,并最终合乎逻辑地引燃大火。只是被害人使用手电电击功能的行为让被告人省却了自己点火的这一步,从被告人一方来看,整个犯罪进程没有发生根本性的变化,本案的结果应全部归责于被告人。

3. 被告人的放火行为,假设排除被害人的照明行为,是否会产生危害结果?也即照明行为是否为被告人放火系列行为中之必要?我们认为,即使没有被害人的照明行为,被告人已经着手实施的放火行为依然会继续,直到危害结果发生。被告人在被害人的照明行为之前,已经实施了一系列作为放火组成部分的行为,特别是携带打火机并泼洒汽油。之所以被告人未最终使用打火机点燃汽油,并非由于被告人主观上的原因,也不是意志以外的原因使其无法使用打火机,而是因为被害人照明行为的介入,偶然地成了被告人点燃汽油的替代行为,此时被告人点燃打火机已经变得没有必要。

4. 被害人照明行为致使危害结果的发生符合被告人犯罪意志的内容。被告人的犯罪目的就是通过放火的手段实施报复。本案所出现的危害后果与被告人的报复目的完全一致。

(二)二被告人的行为应当以放火罪论处,且系犯罪既遂

本案在审理中,对于二被告人行为的定性也存在不同意见。被告人杨某某的辩护人认为此案应定性为故意杀人罪或故意伤害罪。一、二审法院认为,高某某家房院在村庄内,距离邻居家房子仅15.4米,且其间堆放有柴草,二被告人准备了干草、汽油、鞭炮等助燃材料,当时又处在火灾易发期高某某家着火,足以危及其邻居的生命、财产安全,二被告人的行为构成放火罪(既遂)。

我们同意一、二审法院的意见,即被告人杨某某提起犯意,纠集被告人杜某某共同预谋,积极准备作案工具,并共同实施放火行为,二人构成放火罪的共犯。我们认为,本案二被告人以杀害特定少数人为目的而实施放火行为,对这类案件的定性,关键在于准确判断行为人所实施的以放火为手段的杀人行为,是否危及不特定或多数人的生命、健康或者重大公私财产安全。如果行为人所实施的放火行为,除了可能造成其意图杀害的特定少数人的伤亡结果外,还可能危害到其他人的生命、健康和重大财产安全,说明行为人主观上具有放任危害公共安全结果发生的心态,其行为构成放火罪。本案中,二被告人为了杀害高某某而实施放火行为,但高某某家房院在村庄

内,距离邻居家房子仅15.4米,且中间堆放有柴草,而案发于2月初,正值风干物燥的火灾易发期,高某某家着火,足以危及邻居家的生命、健康和财产安全,因此二被告人实施的放火行为侵害了不特定人的生命、健康或者重大公私财产安全,即侵害了公共安全,应当构成放火罪。

此外,二被告人的辩护人均认为本案属于犯罪预备,我们认为,犯罪预备是指为了实行犯罪,准备工具、制造条件,但由于行为人意志以外的原因而未能着手实行犯罪的犯罪形态。本案从客观行为来看,被告人杜某某携带汽油、稻草、爆竹、盆子、打火机等放火工具和助燃材料进入被害人家院内,在屋外屋内多处泼洒汽油,其行为已不是犯罪预备阶段的行为,而属于放火的实行行为。被告人杜某某不仅着手实行了犯罪,且发生了被害人伤亡的犯罪结果;被告人杨某某虽仅在院外望风,但其首先提起犯意,事前与杜某某共同预谋、准备作案工具并踩点,其与杜某某成立共同犯罪,对杜某某实施的全部行为负责,故而二被告人的行为不符合犯罪预备的条件,而具备了犯罪既遂的要求。从主观方面来看,被害人使用手电照明而引燃汽油并不违背二被告人的主观意志。因此,综合主客观方面,二被告人的行为均属于犯罪既遂,而非犯罪预备。

综上,原审法院认定被告人杨某某、杜某某的放火行为与被害人死伤结果的发生具有刑法上的因果关系,据此认定二被告人构成放火罪,同时鉴于本案是感情纠纷引发,起火原因不排除是被害人自己使用照明设施所致等具体情况,分别判处二被告人死刑,缓期二年执行是适当的。

(撰稿:河北省高级人民法院　谢炳忠　宋雪敏
审编:最高人民法院刑四庭　陆建红)

[第1118号]

# 邵大平交通肇事案

## ——交通肇事撞伤他人后逃离现场,致被害人被后续车辆碾压致死的如何定性

### 一、基本案情

被告人邵大平,男,1985年8月2日出生。因涉嫌犯交通肇事罪于2014年9月11日被逮捕。

浙江省开化县人民检察院以被告人邵大平犯交通肇事罪,向开化县人民法院提起公诉。

被告人邵大平对起诉书指控的事实无异议,但不知道自己的行为是否构成交通肇事罪。其辩护人提出邵大平的行为不符合交通肇事罪中的"交通运输肇事后逃逸"和"因逃逸致人死亡"两种情形,且其具有自首情节,其家属代为积极赔偿被害人损失,取得被害人亲属的谅解,无前科,系初犯,可以从轻或者减轻处罚。

开化县人民法院经审理查明:2014年7月19日,被告人邵大平驾驶号牌为赣M38807的轿车从江西省九江市驶往浙江省开化县。22时05分许,行至205国道1742km+900m开化县华埠镇新汽车站路段,碰撞到行走的被害人徐凤珠,致徐凤珠身体局部受伤倒地,轿车左后视镜掉落、前挡风玻璃左下角破裂,左前门撞凹,现场遗留左后视镜等碰撞痕迹。事发后,徐凤珠在原地呼叫路人帮忙,程月社、陈惊雷先后于22时06分00秒和06分10秒报警。邵大平驾车离开现场驶往开化县城方向,并电话告知其同学赵炳阳其发生事故,后到开化县山甸大桥附近接到赵炳阳后一同开车返回华埠镇(行驶轨迹图证实赣M38807号牌轿车离开事故路段后行驶距离为23.937公

里),途中电话报警,在205国道开化县华埠镇东岸大桥附近等候交警到来。22时07分许,开化县华埠镇永丰村张旗帅(2014年3月14日取得驾驶证,尚在实习期)驾驶浙H14896临号牌轿车搭载朋友从开化县华埠镇永丰村驶往华埠镇彩虹桥方向,行至1742km+900m开化县华埠镇新汽车站路段,碰撞倒地躺在快车道上的徐凤珠,造成徐凤珠当场死亡。经鉴定,徐凤珠系因钝性外力作用致右侧多根肋骨骨折伴右侧血气胸死亡。经开化县公安局交通警察大队事故责任认定,该事故第一次碰撞中,邵大平负事故全部责任,徐凤珠无责任;第二次碰撞中,邵大平负事故同等责任,张旗帅负事故同等责任,徐凤珠无责任。邵大平于案发当晚22时25分报警,并在指定位置等候交警处理,到案后如实供述犯罪事实。

案发后被告人邵大平亲属与被害人徐凤珠亲属达成赔偿协议,支付给徐凤珠亲属人民币381 858.25元(不包括保险公司和张旗帅应承担的部分),得到徐凤珠亲属的谅解。

开化县人民法院认为,被告人邵大平逃逸产生了致使被害人徐凤珠因伤无法离开现场继而发生被其他车辆碾压致死的后果,邵大平的逃逸行为与徐凤珠的死亡结果之间存在法律上的因果关系,应认定为交通肇事后逃逸致人死亡。邵大平系自首,归案后认罪态度较好,积极赔偿被害人亲属的经济损失,得到被害人亲属的谅解,予以减轻处罚。据此,根据《中华人民共和国刑法》第一百三十三条、第六十七条第一款,《最高人民法院关于审理交通肇事刑事案件具体应用法律若干问题的解释》第五条第一款之规定,以交通肇事罪判处被告人邵大平有期徒刑四年。

一审宣判后,被告人邵大平不服,向浙江省衢州市中级人民法院提出上诉。

上诉人邵大平的上诉理由是:其有自首、积极赔偿并取得被害人家属谅解等情节,请求减轻处罚并适用缓刑。其辩护人提出了认定邵大平系交通肇事逃逸致人死亡的依据不足,请求依法改判的辩护意见。

浙江省衢州市中级人民法院经审理查明的事实同上。另查明,被害人亲属在二审期间再次出具谅解书,请求对上诉人邵大平减轻处罚并适用缓刑。

衢州市中级人民法院认为，上诉人邵大平交通肇事逃逸致人死亡，其行为已构成交通肇事罪。邵大平交通肇事后驾车逃离事故现场，致被害人因伤无法离开现场而被其他车辆再次碰撞，并最终死亡。邵的行为与危害结果之间具有刑法意义上的因果关系，应认定为交通肇事逃逸致人死亡。邵大平犯罪以后自动投案并如实供述罪行，系自首；案发后积极赔偿被害人亲属经济损失并取得被害人亲属谅解等，可依法减轻处罚。根据邵大平的犯罪事实、情节及悔罪表现等，可对其适用缓刑。据此，依照《中华人民共和国刑法》第一百三十三条，第六十七条第一款，第七十二条第一款，第七十三条第二款、第三款，以及《中华人民共和国刑事诉讼法》第二百二十五条第一款第二项之规定，以交通肇事罪改判邵大平有期徒刑三年，缓刑四年。

## 二、主要问题

1.“因逃逸致人死亡”的认定，是否以逃逸前行为构成一般交通肇事罪为前提？

2.二次碰撞交通事故中，如何确定第一次肇事者的逃逸行为与被害人被二次碰撞死亡结果间的因果关系？

3.二次碰撞交通事故中，如何区分第一次肇事者的逃逸行为构成因“逃逸致人死亡”还是不作为故意杀人？

## 三、裁判理由

### （一）“因逃逸致人死亡”的认定，不以逃逸前的交通肇事行为构成犯罪为前提

刑法第一百三十三条规定了构成交通肇事罪的一般情形以及“交通运输肇事后逃逸或者有其他特别恶劣情节”和“因逃逸致人死亡”两种特殊情形。无论是一般情形还是两种特殊情形，《最高人民法院关于审理交通肇事刑事案件具体应用法律若干问题的解释》（以下简称《解释》）均作了相应的详细解释。《解释》第二条规定了本罪一般情形的构成要件，第三条、第四条分别对“交通运输肇事后逃逸” 和“有其他特别恶劣情节”作了详细规定，第五条则对“因逃逸致人死亡”作了解释。根据该解释，“交通运输肇事后逃

逸”是指行为人具有该解释第二条第一款规定和第二款第一项至第五项规定的情形之一(均为构成交通肇事罪的一般情形),在发生交通事故后,为逃避法律追究而逃跑的行为;“因逃逸致人死亡”,是指行为人在交通肇事后为逃避法律追究而逃跑,致使被害人因得不到救助而死亡的情形。

本案在审理中有两种不同观点:第一种观点认为,“交通肇事逃逸”和“因逃逸致人死亡”,均应以逃逸前的交通肇事行为构成交通肇事罪的一般情形为前提。[①] 根据《解释》第二条的规定,构成交通肇事罪的一般情形的客观表现是死亡一人以上或者重伤三人以上或者造成直接财产损失无能力赔偿数额在三十万元以上。而本案中,邵大平的交通肇事行为并没有直接致人死亡,也不存在直接财产损失的问题,而由于后来介入因素致被害人死亡,因此,无法确定邵大平肇事致被害人重伤,也就不能认定邵逃逸前的交通肇事行为构成交通肇事罪的一般情形,更无法认定邵的逃逸行为属交通肇事逃逸致人死亡。第二种观点认为,刑法规定的“因逃逸致人死亡”不以逃逸前的交通肇事行为构成交通肇事罪为必要条件,邵大平的行为应认定为“因逃逸致人死亡”。

我们同意后一种观点,理由如下:

1. 符合刑法规定

刑法第一百三十三条先后列明了交通肇事罪的三种类型,且量刑逐步加重,但刑法并未明确规定三者系递进关系,认定后两者应以前者为前提。刑法理论认为,情节加重犯、结果加重犯均系对基本构成要件的修正,但情节加重犯系在基本构成要件基础上增加了加重情节,其构成要件完全覆盖了基本构成要件,从这个意义上,可以说是以基本构成要件为基础。例如,在公共交通工具上抢劫的,除“在公共交通工具上”这一加重情节外,其他要素完全符合基本构成要件。但结果加重犯却不同,其系对犯罪结果这一要素的变更或替代,就不能简单理解为以基本构成要件为基础了。例如,抢劫致人重伤,其构成要件中就没有“轻伤”这一要素的存在空间,刑法和相关司

① 理论界也有此观点,参见张明楷:《刑法学》(第4版),法律出版社2011年版,第635页。张明楷教授认为,因逃逸致人死亡,以逃逸前的行为构成犯罪为前提,行为人超速驾驶致一人重伤后逃逸,进而导致其死亡的,不能适用“因逃逸致人死亡”的规定,而只能认定为一般的交通肇事罪。

法解释也没有规定必须抢得财物才可成立。又如,非法拘禁致人死亡的,即使行为人的拘禁行为不构成基本犯(符合时间、方式等要求),但只要与死亡结果存在相当的因果关系,即可成立。而刑法所规定的"因逃逸致人死亡"类型中,逃逸为加重情节,"死亡"则为加重结果,因此,其同时存在对基本构成要件的变更和涵盖,就不能认为其应以交通肇事罪基本构成要件为基础了。从犯罪构成角度来看,一个犯罪行为只能有一种确定结果,因逃逸致人死亡的结果只能是逃逸行为导致的"死亡",怎么能同时出现可以构成一般交通肇事的重伤结果和加重处罚的死亡结果呢?

2. 符合司法解释的精神

《解释》对交通肇事中"逃离现场"这一客观行为,在三种场合有相应的不同表述,其含义和法律后果也是不一样的:(1)作为构罪要件。交通肇事致一人重伤,在一般情况下不构成犯罪,只有具备《解释》第二条第二款规定的六种情形,才以交通肇事罪定罪处罚。如根据《解释》第二条第二款第六项的规定,交通肇事致一人以上重伤,负事故全部或者主要责任,为逃避法律追究逃离事故现场的,应当以交通肇事罪定罪处罚。(2)作为法定加重情节。根据《解释》第三条的规定,逃逸前的交通肇事行为已经达到了犯罪的程度,但行为人在发生交通事故后,为逃避法律追究而逃跑的,以"交通运输肇事后逃逸"论处。(3)作为重罪构成要件。《解释》第五条规定,"因逃逸致人死亡"是指"行为人在交通肇事后为逃避法律追究而逃跑,致使被害人因得不到救助而死亡的情形"。通过对《解释》条文的比较研究不难发现,第三条规定的法定加重情节,其前提是逃逸前的交通肇事行为已经构成交通肇事罪的一般情形,即具有《解释》第二条第一款和第二款第一项至第五项规定的情形之一(均为构成交通肇事罪的一般情形),在发生交通事故后,为逃避法律追究而逃跑的行为。而第五条规定的重罪构成要件,不以逃逸前的交通肇事行为已经构成交通肇事罪的一般情形为前提条件。"因逃逸致人死亡"的构成要件有四个:一是行为人逃逸前的行为构成了交通肇事;二是肇事的结果不论是否有人死亡,但肯定有一名以上(含一名)被害人当时没有死亡;三是行为人为逃避法律追究而逃跑,这里的法律追究既包括刑事法律追究,亦包括行政法律追究,甚至包括承担民事赔偿责任,而不局限于刑事法律追究;四是被害人因行为人的逃逸得不到救助而死亡。四个要件中,《解释》重点强调的是“被害人因得不到救助而死亡”。从刑法和《解释》的意图来看,立足点在于鼓励行为人在发生交通事故后,采取积极措施对被害人进行抢救。如果没有逃逸,那么,被害人可能被救活,行为人甚至有不构成犯罪的可能性存在。而如果行为人在交通事故后逃逸,致被害人因得不到救助而死亡,则行为人构成交通肇事罪(特殊情形的重罪)。简言之,如果交通事故发生后,被害人已经死亡,行为人逃逸的,则只构成《解释》第三条规定的法定加重情节,对行为人应当在三年以上七年以下有期徒刑的法定刑范围内处罚;如果被害人没有死亡,但由于行为人的逃逸而致使被害人因得不到救助而死亡的,则行为人的行为构成交通肇事罪的重罪情形,对行为人应当在七年以上有期徒刑的法定刑范围内处罚。

3. 符合司法实践的要求

按照前述第一种观点,能认定为“因逃逸致人死亡”的,只能限于行为人逃逸前的交通肇事行为已经构成交通肇事罪的情形。致一人重伤并逃逸的情况,无论如何也不能构成“因逃逸致人死亡”,因为其逃逸情节已为交通肇事罪的一般情形所考量,再予认定“因逃逸致人死亡”,存在重复评价。这显然超出了一般公众的理解范畴。特别是在实践中,往往发生行为人逃逸后,被害人被后来车辆二次或二次以上碰撞导致死亡的情形。在这种情况下,能够准确确定第一次碰撞构成重伤的微乎其微,因此,也就无法认定第一次碰撞并逃逸的行为是否构成交通肇事罪的一般情形。如此,在第二次碰撞人不负主要或全部责任的情况下,即使被害人无责任,其生命代价也无法得到法律的公正评判。

(二)“因逃逸致人死亡”的认定不以行为人在逃逸前的交通肇事行为中的责任大小为前提条件

如前所述,认定“因逃逸致人死亡”的关键在于确定逃逸行为与死亡结果的因果关系。在一般情况下,行为人逃逸后,被害人仅仅因为没有得到救助而死亡,认定行为人构成“因逃逸致人死亡”不成问题。但在实践中,行为人逃逸后,被害人又被第三人的交通行为碰撞,在这种情况下,因第一次肇事者的逃逸行为与死亡结果间介入了其他因素,因果关系的认定就变得复杂了。

1. 行为人在逃逸前的交通事故中的责任大小不影响“因逃逸致人死亡”的认定

如前所述，认定“因逃逸致人死亡”不以行为人逃逸前的交通肇事行为构成交通肇事罪为前提，故不需要考量肇事行为的责任认定。但在二次碰撞事故中，因存在第二次碰撞，如对第一次的事故责任不加区分即认定存在因果关系，是否有加重肇事者负担之嫌？我们认为，是否介入第二次碰撞事故，不影响行为人逃逸行为与被害人死亡结果之间是否具有因果关系的判断。因为“交通肇事后逃逸”和“因逃逸致人死亡”的加重处罚基础虽然均为未履行法定义务，但在实践层面，前者的基础侧重于未履行报警、保护现场等义务，以及对其后交通状况所造成的抽象危险等；而后者的救助义务更加突出，并非仅仅是抽象的危险，其作为要求要高于前者。如《中华人民共和国道路交通安全法》第七十条在规定保护现场、抢救伤员和报警义务时，就没有提及事故责任大小，《解释》第五条亦未有对肇事者的责任要求，故在二次碰撞事故中，即使不考虑将逃逸推定为全责的情况，第一次肇事者的责任大小，也不能成为阻却“因逃逸致人死亡”认定的事由。

2. 介入因素一般不能阻断逃逸行为与被害人死亡的因果关系

二次碰撞交通事故的客观过程为：第一次碰撞—行为人逃逸—被害人无法离开或停留在现场—第二次碰撞—被害人死亡。因此，逃逸行为与死亡结果间介入了两个因素，就需要分析其因果关系是否存在被切断或影响（原因力大小变更）的可能。

（1）被害人行为介入对因果关系的影响。一般而言，被害人的介入因素存在几种情形：①被害人不得不或者几乎必然（通常）实施介入因素；②行为人导致被害人介入异常行为，但结合被害人的心理、精神因素，该介入可视为有通常性；③被害人的行为对结果作用轻微；④被害人的介入有异常性。理论上认为，只有第四种情形下被害人介入因素才阻断行为人的行为与结果间的因果关系。本案中，从邵大平车辆左后视镜掉落、前挡风玻璃左下角破裂，左前门撞凹，现场遗留左后视镜等碰撞痕迹，可知第一次碰撞显非轻微碰撞，事发后，被害人在原地呼叫路人帮忙的行为，也不具有异常性，无法得出存在刻意停留的判断。另外,两次碰撞的间隔非常短,被害人的介入因素不能阻断邵大平逃逸行为与被害人死亡结果间的因果关系。

(2)第二次碰撞行为介入对因果关系的影响。第二次碰撞行为属第三人介入的问题,其是否阻断第一次行为的因果关系需考量以下因素:①逃逸行为导致结果发生的危险性大小;②介入因素异常性大小;③介入因素对结果发生的作用大小;④介入因素是否为逃逸行为的可控范围。本案地点为车流量大的国道,案发时间为足以影响视线的夜间,被害人被邵大平碰撞后仍停留在国道上,因此,邵的逃逸行为对后续碰撞具有较大的危险和原因力。经认定,两次碰撞对死亡负同等责任,故不能认为后续碰撞具有异常性。如果邵大平将被害人挪动到安全位置或采取安全措施,即有避免后续碰撞的可能,其却径行离开。综合考量,后续碰撞不能阻断或影响邵大平逃逸行为与被害人死亡结果间的因果关系。

### (三)正确区分二次碰撞事故中的"因逃逸致人死亡"和不作为故意杀人

《解释》第六条规定,行为人在交通肇事后为逃避法律追究,将被害人带离事故现场后隐藏或者遗弃,致使被害人无法得到救助而死亡或者严重残疾的,应当分别以故意杀人罪或者故意伤害罪定罪处罚。而交通肇事"因逃逸致人死亡"具有一定的不作为属性,且逃逸行为确在主观上具有某种程度的故意,实践中亦有案例认定二次碰撞事故中,逃逸致人死亡构成不作为故意杀人。[①] 我们认为,不作为故意杀人与因逃逸致人死亡之间存在一定的共性:(1)行为人主观目的都是逃避法律追究;(2)行为人都实施了逃跑的行为;(3)行为人逃逸前的交通肇事未必构成交通肇事罪;(4)被害人均未得到救助而死亡。但两者之间的区别也是明显的:(1)前者对被害人的死亡持放任态度,而后者主观上并不希望被害人死亡结果的发生;(2)前者对被害人实施了隐藏或者遗弃等主动作为行为,而后者仅仅是逃逸,未实施其他不利于被害人救助的行为;(3)前者不以出现被害人死亡的后果为必要条件,而后者则以出现被害人死亡的后果为必要条件;(4)前者被害人死亡的直接原因

① 参见叶琦、蔡恩璇:《李中海故意杀人案——如何认定交通肇事逃逸案件中的间接故意杀人犯罪》,载最高人民法院刑事审判一至五庭主办:《刑事审判参考》(总第95集),法律出版社2014年版。

是因为无法得到救助，而后者是被害人得不到及时救助。

在二次碰撞事故中，认定行为人的逃逸行为构成不作为的故意杀人罪应当慎重。其一，从法律规定的层面来看，刑法针对“因逃逸致人死亡”已作出明确规定，《解释》第六条也仅规定了“移置性逃逸”以故意杀人罪论处，如果一律认定“因逃逸致人死亡”为不作为故意杀人，则直接导致了“因逃逸致人死亡”规定的虚置。其二，“因逃逸致人死亡”的处理结果较故意杀人罪差距明显，从刑罚设置上看二者的基本模式应有不同。那么如何在二次碰撞事故中对逃逸行为进行准确认定呢？我们认为，不作为行为与结果之间的关系，至少应达到相当的程度。如对溺水者负有救助义务的人不作为，其行为与死亡结果之间就具有相当因果关系，即被害人死亡的概率非常高，生还具有异常性。而二次碰撞事故中，介入了第三人的行为（第二次碰撞），此因素发生的可能性却远不及溺水案中被害人死亡的概率高。如不对第三人的行为进行评价，仅从形式上认定是否构成不作为犯罪是不恰当的。

在“移置性逃逸”中，移置致被害人死亡的风险升高，相当于拿走溺水者唯一求生的木板，等价于故意杀人。同理，在二次碰撞事故中，也应重点考量被害人因何种原因处于危险状态、危险程度、被害人对逃逸者的依赖程度、逃逸者履行义务的难易程度、逃逸者不履行义务对结果的原因力、将结果仅归责于逃逸是否合适等因素，综合判断逃逸行为与故意杀人间是否具有等价性。一般而言，与作为等价的逃逸行为，第二次事故的发生应具有较大的必然性。实践中，事故责任认定具有一定的参考意义（当然，需分析认定理由）。如经认定，第二次碰撞肇事者不负责任，则第二次事故发生具有较大的必然性，逃逸行为对被害人死亡结果具有等价于作为的原因力；如第二次碰撞的第三人负有较大的过错，即其发生具有一定的偶然性，也很难将逃逸行为与再次碰撞致死被害人间的原因力同等考量，应认定为“因逃逸致人死亡”。本案中，经事故责任认定，第一、二次碰撞对被害人的死亡负同等责任，第二次碰撞存有较大过错，但也未达到阻断第一次行为与被害人死亡结果的因果关系的地步。因此，邵大平的行为应属犯罪，并应被认定为交通肇事“因逃逸致人死亡”。

综上，一、二审法院认定被告人邵大平系交通肇事逃逸致人死亡，构成交通肇事罪,二审法院综合邵大平的自首情节、赔偿及征得被害人亲属谅解等情况,对其改判有期徒刑三年,缓刑四年,是适当的。

**(撰稿:衢州市中级人民法院　殷一村　周永敏**

**开化县人民法院　毛曼谕**

**审编:最高人民法院刑四庭　陆建红)**

[第 1119 号]

# 舟山市某远洋渔业有限公司、李某某走私普通货物案

## ——冒用远洋渔业项目确认的船舶名义，将自捕水产品作为不征税货物报关入境的行为如何定性

### 一、基本案情

被告单位舟山市某远洋渔业有限公司(以下简称舟山某公司)。

被告人李某某,男,1963 年 7 月 4 日出生,系被告单位舟山某公司法定代表人兼总经理。2002 年 1 月 28 日因犯走私普通货物罪被判处有期徒刑三年,缓刑三年,并处罚金人民币三十万元。2012 年 7 月 11 日因本案被取保候审。

浙江省舟山市人民检察院以被告单位舟山某公司、被告人李某某犯走私普通货物罪,向舟山市中级人民法院提起公诉。

被告人李某某及其辩护人主要提出:(1)对本案定性为走私有异议,被告单位取得农业部远洋渔业捕捞资格,合法从事远洋捕捞,属于合法的免税主体,公司下属的"烟渔 608"船在 2009 年 4 月 1 日以后因证件失效而未及时补办,属于行政违规行为,该船捕捞的水产品属于可享受免税的自捕水产品,故被告单位的行为不构成走私罪。(2)价格认证中心的价格鉴定结论不能作为本案涉税计价依据,应按向海关免税申报时的价格作为涉税计价依据。

舟山市中级人民法院经审理查明:2008 年 5 月,被告单位从中国水产烟台海洋渔业公司购买报废鱿钓船"烟渔 608",当时该船获得农业部远洋渔业项目确认的免税指标,有效期至 2009 年 3 月 31 日。2009 年 4 月至 2010 年

2月,时任舟山某公司法定代表人兼总经理的被告人李某某在“烟渔608”船未能继续取得农业部远洋渔业项目确认的情况下,仍决定让“烟渔608”船在秘鲁外的公海进行远洋鱿钓作业,并冒用舟山某公司所属的已获得农业部远洋渔业项目确认的“舟东远822”船、“新世纪五十三号”船的名义,将“烟渔608”船在秘鲁外的公海先后10次钓得的鱿鱼共计509.617吨向舟山海关申报并免税进口。经鉴定,509.617吨鱿鱼计税价格为3 231 659.87元,海关核定偷逃税款合计858 328.8元。

舟山市中级人民法院认为,经依法批准的国内远洋渔业企业运回在公海捕捞的水产品,属于海关监管的进口货物。被告单位舟山某公司违反海关法规,冒用远洋自捕水产品免税资格,逃避海关监管,走私进口货物,偷逃税款计人民币85万余元,被告人李某某作为单位直接负责的主管人员,被告单位及被告人的行为均构成走私普通货物罪。公诉机关指控的罪名成立。根据本案走私犯罪的具体事实、社会危害程度以及李某某到案后能如实供述等情节,可予从轻处罚。依照《中华人民共和国刑法》第一百五十三条、第三十条、第三十一条、第七十二条、第七十三条及《最高人民法院、最高人民检察院关于办理走私刑事案件适用法律若干问题的解释》第二十四条第二款之规定,判决如下:

1. 被告单位舟山某公司犯走私普通货物罪,判处罚金人民币九十万元。

2. 被告人李某某犯走私普通货物罪,判处有期徒刑一年,缓刑一年。

一审宣判后,被告单位和被告人均未提出上诉,检察院亦未提出抗诉,该判决已经发生法律效力。

## 二、主要问题

远洋渔业企业在农业部审批的远洋渔业项目期满后,继续捕捞并将自捕水产品运回,冒用已获得农业部远洋渔业项目确认的船舶名义申报免税入境,是否构成走私普通货物罪?

## 三、裁判理由

本案在审理过程中,对被告单位和被告人的行为如何定性形成两种意见:一种意见认为,被告单位明知“烟渔608”船的远洋渔业项目确认已过期,仍违反海关法规,冒用其他船舶的远洋自捕水产品免税资格,逃避海关监管,走私进口货物,被告单位和被告人均构成走私普通货物罪。另一种意见则认为,本案系无证捕捞的自捕水产品违规进境,对于该行为属行政违法还是走私犯罪,以及对偷逃税额的计算都有一定的争议。根据其行为的违法性和实际危害,作为行政违法行为予以处罚足以起到惩戒作用,且本案在业界尚无先例,备受行业内外关注,作为犯罪处理可能影响企业正常运行和行业稳定,也不利于我国远洋渔业的发展。

我们赞同前一种意见,本案被告单位构成走私普通货物罪,被告人作为被告单位直接负责的主管人员,其行为亦构成走私普通货物罪。具体理由如下:

（一）无证捕捞的行政违法属性不对后续走私普通货物犯罪行为的定性产生影响

对这一问题可以从两个层面来分析:一是关于不具有农业部远洋渔业项目审批确认的船舶在公海捕捞作业行为的性质。2003 年农业部制定的《远洋渔业管理规定》第四条规定:“农业部对远洋渔业实行项目审批管理和企业资格认定制度,并依法对远洋渔业船舶和船员进行监督管理。”第十六条第一款规定:“农业部对远洋渔业企业资格实行年审换证制度,对远洋渔业项目实行年审确认制度。”此外,该文件还对远洋渔业项目执行过程中的作业国家(地区)或海域、作业类型、入渔方式或渔船数量(包括更换渔船)作了规定,如需要变更的,应当按照规定的程序事先报农业部批准。对未经农业部批准擅自从事远洋渔业生产,或未取得《公海渔业捕捞许可证》从事公海捕捞生产的,则由省级以上人民政府渔业行政主管部门或其所属的渔政渔港监督管理机构根据《中华人民共和国渔业法》和有关法律、法规予以处罚。其中,《中华人民共和国渔业法》第四十二条规定:“违反捕捞许可证关于作业类型、场所、时限和渔具数量的规定进行捕捞的,没收渔获物和违法所得,可以并处五万元以下的罚款;情节严重的,并可以没收渔具,吊销捕捞许可证。”

根据《农业部关于确认 2008 年度第三批远洋渔业项目的通知》,中国水产烟台海洋渔业公司的“烟渔601～608”船在该次确认的项目之内，截止日期为2009年3月31日。2009年4月至2010年2月，时任被告单位法定代表人兼总经理的被告人李某某在“烟渔608”船未能继续取得农业部远洋渔业确认的情况下，仍决定让“烟渔608”船在秘鲁外的公海进行远洋鱿钓作业，违反了《中华人民共和国渔业法》和《远洋渔业管理规定》的规定，行政部门可依法对其作出相应处罚。可见，不具有农业部远洋渔业项目审批确认的船舶在公海作业系非法的捕捞行为，属于行政法规规制的范畴，尚不被刑事法律所调整。

二是冒名报关入境的非法自捕水产品亦应被课税。远洋渔业企业将违法捕捞的水产品报关入境是否具有缴纳关税的义务？根据《中华人民共和国渔业法》的规定，被告单位舟山某公司的船舶在公海内非法捕捞，应由行政部门对其处以没收渔获物和违法所得，可以并处罚款的行政处罚，即被告单位运回的自捕水产品应被没收，在此情形下，该自捕水产品入关不存在纳税的问题。2000年海关总署、农业部联合制定的《远洋渔业企业运回自捕水产品不征税的暂行管理办法》(以下简称《暂行管理办法》)第四条规定：“农业部将获得‘农业部远洋渔业企业资格证书’的企业名单、远洋渔业企业生产区域、船名船号和主要捕捞品种等情况送海关总署备案，并由海关总署通知有关直属海关。”本案中，舟山某公司明知“烟渔608”船已不再具有农业部远洋渔业项目确认的免税指标，冒用其所有的已获得农业部远洋渔业项目确认的“舟东远822”船、“新世纪五十三号”船的免税指标，将“烟渔608”船的自捕水产品向海关申报并免税进口。虽然该自捕水产品应被行政部门罚没，但就海关征管环节而言，被告单位用伪报的行为使这批“非法自捕水产品”取得了形式上的入境资格，且享受了不征税的优惠政策。由于该自捕水产品实际来源于已不再具有农业部远洋渔业项目确认资格的“烟渔608”船后，则不再享有免税优惠，根据原产地规则，应对其按照普通货物征收进口关税和进口环节增值税。

至于该自捕水产品实质上的应然归属，则不对海关的征税行为产生认定及合法性上的障碍。从司法实践来看，基于两个相互牵连的违法行为，有的按前行为处理，有的按后行为处理，有的对前后两个行为都作出处理，如何处理应通过立法或司法解释加以指引。但对本案如何适用法律确没有明确的指引规定,这是造成本案在法律适用上困惑的直接原因。例如,远洋渔业企业利用其自捕水产品免税资格将从公海上收购的水产品报关免税入境的,以及将自捕水产品免税资格出卖给他人获取利益的行为,应明确作为走私犯罪行为打击,但本案的情形却并非如此。需要指出的是,被告单位的行政违法行为在未被行政机关发现并加以处罚的情况下,又冒名将非法捕捞的水产品用形式合法的手段报关入境,达到偷逃税款目的的行为,使后者独立构成走私普通货物罪,该非法自捕水产品仅是被告单位实施犯罪的物质载体,后者的构罪不受前者行政违法行为的影响。行政机关可对被告单位在公海上的违法捕捞行为另行处理。

(二)被告单位违反海关法规,冒用远洋自捕水产品免税资格,逃避海关监管,侵害了海关监管秩序

《暂行管理办法》明确规定:"我国远洋渔业企业在公海或按照有关协议规定,在国外海域捕获并运回国内销售的自捕水产品(及其加工制品),视同国内产品不征收进口关税和进口环节增值税";"远洋渔业企业必须经农业部批准,获得'农业部远洋渔业企业资格证书'方能享受国家上述政策"。同时,《远洋渔业管理规定》中也规定了农业部对远洋渔业实行项目审批管理和企业资格认定制度。可见,远洋渔业企业享受运回自捕水产品不征税政策的必要条件之一是捕捞水产品的渔船须经农业部远洋项目批准。对此,要求企业必须向企业所在地直属海关备案,且在办理自捕水产品不征税手续时,必须向海关提供农业部批准从事远洋捕捞生产的有效批件。不是批件审批确认的船舶,不能享受不征税政策。2006 年海关总署关税征管司作出的《关于远洋渔业自捕水产品运回有关问题的批复》重申了上述条件,并要求海关重点审查审核申报材料记载的有关内容与农业部批准的有关远洋渔船船号、生产海域和生产品种等内容是否一致。2013 年农业部渔业局作出的《对远洋渔业企业自捕水产品政策解释的复函》亦是对《暂行管理办法》的重申,而非扩大解释。该文件明确规定,远洋渔业企业享受远洋渔业自捕水产品不征收关税和进口环节增值税政策须符合一定的条件和程序:一是享受政策的企业应具有农业部远洋渔业企业资格,运回的水产品必须是经农业部批准项目的远洋渔船自捕的水产品;二是符合上述条件的企业运回

自捕水产品前,须按《暂行管理办法》第五条规定的程序申报并取得海关签发的《进口货物免税证明》,并经海关对项目企业申报的不征税产品进行原产地查验、确认无误后方可办理不征税验放手续。不符合上述条件和程序的入境水产品不得享受远洋渔业自捕水产品不征收关税和进口环节增值税政策。对于违反上述条件和程序或利用国家政策非法运回水产品的企业和个人,2007年农业部、外交部、公安部、海关总署联合制定的《关于加强对赴境外作业渔船监督管理的通知》要求根据有关法律法规,严格追究其责任。

本案中,被告单位舟山某公司使用的"烟渔608"船经农业部2008年度第三批远洋渔业项目确认,有效期至2009年3月31日,案发时段已经过期,故其自捕水产品属于普通货物,入境不再享受不征税政策,应适用原产地规则照章征收进口关税和进口环节增值税。该公司办理报关手续时,没有按照相关规定如实填报生产渔船是"烟渔608"船,而是故意填报该公司已获得农业部2009年度第二批远洋渔业项目确认的"舟东远822"船、"新世纪五十三号"船,属于逃避海关监管的伪报行为,具有走私普通货物的主观目的。《中华人民共和国海关法》规定:"进口货物自进境起到办结海关手续止,出口货物自向海关申报起到出境止,过境、转运和通运货物自进境起到出境止,应当接受海关监管";"进口货物的收货人、出口货物的发货人应当向海关如实申报,交验进出口许可证件和有关单证"。所以,舟山某公司的伪报行为客观上侵害了海关监管秩序。

(三)被告单位偷逃应缴税额已达走私普通货物罪的定罪标准

目前,国家对远洋渔业企业自捕水产品实行免税政策,已取消了定额管理的制度,对自捕水产品如何缴纳关税没有明确规定。关于被告单位伪报偷逃的应缴税款数额的核定问题,根据《中华人民共和国海关计核涉嫌走私的货物、物品偷逃税款暂行办法》第十七条第四项的规定,以国内有资质的价格鉴证机构评估的涉嫌走私货物的国内市场批发价格减去进口关税和其他进口环节税以及进口后的利润和费用后的价格,其中进口后的各项费用和利润综合计算为计税价格的20%,来确定涉嫌走私的货物的计税价格。舟山海关缉私分局委托舟山市价格认定中心对秘鲁及附近海域冻鱿鱼的国内市场批发价格进行鉴定,舟山市价格认定中心依委托方提供的相关资料,进行市场调查核实，根据国家有关鉴定的规章和标准，按照涉案物品价格鉴定的程序和原则，确定本案涉案物品的价格，舟山海关据此核定被告单位偷逃进口关税及进口环节增值税共计858 328.8元。在没有相同或相似参考值的情况下，运用此方法核定关税损失，就本案来说也是可行和适当的，且程序合法，对鉴定结果应予采信。

根据2014年最高人民法院、最高人民检察院联合制定的《关于办理走私刑事案件适用法律若干问题的解释》第二十四条第二款"单位犯走私普通货物、物品罪，偷逃应缴税额在二十万元以上不满一百万元的，应当依照刑法第一百五十三条第二款的规定，对单位判处罚金，并对其直接负责的主管人员和其他直接责任人员，处三年以下有期徒刑或者拘役"的规定，本案达到了单位犯走私普通货物罪的入罪标准，被告人李某某作为单位直接负责的主管人员，其行为亦构成走私普通货物罪。

最后，需要指出的是，海洋渔业资源是人类社会的宝贵财富，沿海地区捕捞业是传统产业，国家对发展远洋渔业捕捞，给予造船补贴、燃油补贴等优惠政策，既涉及渔民的基本生计，对促进经济社会发展、增加渔民就业和收入具有重要意义，又涉及远洋渔业产业的长远发展，有利于改善渔业产业结构、拓展渔业发展空间、提高产业综合实力和国际竞争力。因此，规范远洋渔业捕捞行为十分必要。国家为鼓励远洋渔业发展，出台远洋渔业企业运回自捕水产品不征税政策，与加强监管不存在矛盾。相关职能部门通过审批渔业企业、船舶、作业海域、捕捞水产品种类，控制不征税范围，保护和合理利用海洋渔业资源，促进远洋渔业的持续、健康发展，并对不符合规定条件的入境自捕水产品照章征税，进行总量控制，以实现满足国内需求与促进远洋渔业科学发展的平衡。本案被告单位和被告人的行为侵犯了海关监管秩序，亦对远洋渔业的长远发展不利，应依法惩处。浙江省舟山市中级人民法院的判决兼顾了司法公正和裁判的社会效果，在对违法犯罪者依法定罪的同时，也在量刑上考虑到了对远洋渔业企业发展的支持。

（撰稿：浙江省舟山市中级人民法院　董凯友　高光辉
审编：最高人民法院刑五庭　马　岩）

[第 1120 号]

# 梁保权、梁博艺信用卡诈骗案

——透支信用卡用于经营活动导致无法归还的是否构成信用卡诈骗罪

## 一、基本案情

被告人梁保权,男,1969 年 10 月 28 日出生。因涉嫌犯信用卡诈骗罪于 2015 年 4 月 3 日被取保候审。

被告人梁博艺,男,1967 年 7 月 15 日出生。因涉嫌犯信用卡诈骗罪于 2015 年 7 月 12 日被取保候审。

广州市越秀区人民检察院以被告人梁保权、梁博艺犯信用卡诈骗罪,向广州市越秀区人民法院提起公诉。

广州市越秀区人民法院经审理查明:被告人梁保权、梁博艺系兄弟关系,二人共同投资经营广州市番禺区佰鸿电子厂(法定代表人梁保权)和广州市群辉电子有限公司(法定代表人梁博艺)。2013 年 4 月,梁保权、梁博艺经事先商量后,由梁博艺以其本人名义在中国光大银行广州分行越秀支行办理了一张卡号为 6226870030917828 的"光大乐惠金"信用卡。同年 5 月 17 日起,二人共同使用该信用卡进行透支消费且主要用于上述二企业的经营。2014 年 8 月 18 日,二人最后一次持该卡透支消费 13 000 元人民币。同月 21 日该信用卡出现逾期,银行将该卡停卡并开始电话催收还款。同年 10 月 31 日,二人向该卡转账还款人民币 40 000 元(银行按照信用卡合约规则优先视为归还利息、滞纳金等发卡行所收取的费用)后未能继续归还欠款,二人欠款逾期未还后,经中国光大银行广州分行越秀支行多次电话催收、催收函催收、上门催收仍未归还,截至 2015 年 3 月 20 日,按照银行信用卡合约规则的计算方法,涉案信用卡仍有透支款本金合计人民币 167 411.60 元及利息 9 542.38 元未归还。

2015 年 3 月 23 日,被告人梁保权冒用梁博艺名义到广州市天河区天河北路 685 号光大银行大厦协商还款事宜时,银行员工报警,民警到场将梁保权口头传唤至派出所归案。

2015 年 6 月 5 日,被告人梁博艺到公安机关投案自首。

广州市越秀区人民法院认为,本案二被告人将涉案信用卡透支款项用于生产经营,因经营不善、市场风险等客观原因造成透支款项无法偿还,主观上不具有“非法占有目的”,其行为不构成信用卡诈骗犯罪,本案只是一般的民事纠纷。

广州市越秀区人民检察院随即书面申请撤回起诉,广州市越秀区人民法院裁定准许广州市越秀区人民检察院对被告人梁保权、梁博艺信用卡诈骗一案撤诉。

## 二、主要问题

1. 持卡人使用信用卡透支用于生产经营,但因经营不善等客观原因导致信用卡逾期无法偿还的,能否认定为恶意透支型信用卡诈骗犯罪中的“以非法占有为目的”?

2. 持卡人逾期未还款被停卡后至“经催收超过 3 个月未归还”的期限届满之前清偿部分款项,该部分还款在刑事案件中是否全部视为偿还本金并从犯罪数额中予以扣减?

## 三、裁判理由

### (一)行为人将透支款项用于合法经营,因客观原因导致无法归还透支款项的不能认定“以非法占有为目的”

本案在审理中对于被告人梁保权、梁博艺的行为是否构成信用卡诈骗罪,存在两种不同观点:第一种观点认为,二被告人在经营出现困难时明知透支信用卡很可能导致透支款项无法偿还,仍透支用于经营,最终导致无法及时偿还信用卡欠款,属于“明知没有还款能力而大量透支,无法归还”的情形,构成信用卡诈骗罪。第二种观点认为,二被告人将涉案资金用于合法经营,后因客观原因导致无法归还透支款,主观上没有非法占有透支款的目的,不属于恶意透支信用卡的行为,不构成信用卡诈骗罪。

我们同意第二种观点,具体理由如下:

根据刑法第一百九十六条第一款、第二款的规定,持卡人以非法占有为目的,超过规定限额或者规定期限透支,并且经发卡银行催收后仍不归还的行为属于“恶意透支”,构成信用卡诈骗罪。2009年最高人民法院、最高人民检察院发布的《关于办理妨害信用卡管理刑事案件具体应用法律若干问题的解释》(以下简称《解释》)第六条第一款规定,持卡人以非法占有为目的,超过规定限额或者规定期限透支,并且经发卡银行两次催收后超过3个月仍不归还的,应当认定为刑法第一百九十六条规定的“恶意透支”。上述规定明确了恶意透支型信用卡诈骗罪必须同时具备两个条件:第一,主观上行为人“以非法占有为目的”;第二,客观上行为人实施了“超额或者超限透支”且“经两次以上催收不还”的行为。以上两个条件缺一不可,如果持卡人仅仅是经催收不还,但没有非法占有的目的,则不是恶意透支而是善意透支;如果持卡人具有非法占有的目的,但银行没有对持卡人进行催收,或者开始透支时具有非法占有的目的,但在两次催收后3个月内已经归还,则因为不符合法定构成要件而不能认定为恶意透支。本案中二被告人客观上实施了超限透支且“经催收不还”的行为,根据《解释》第六条第二款的规定,二被告人被催收的次数超过两次,且超过3个月仍未全部归还,符合恶意透支型信用卡诈骗罪的客观要件。因此,本案关键在于判断二被告人主观上是否具有非法占有的目的,这也是本案的争议之处。

关于恶意透支型信用卡诈骗罪中“以非法占有为目的”的具体认定,《解释》第六条第二款列举了六种情况:(1)明知没有还款能力而大量透支,无法归还的;(2)肆意挥霍透支的资金,无法归还的;(3)透支后逃匿、改变联系方式,逃避银行催收的;(4)抽逃、转移资金,隐匿财产,逃避还款的;(5)使用透支的资金进行违法犯罪活动的;(6)其他非法占有资金,拒不归还的行为。虽然这六种情形规定得较为具体,但是实践中持卡人使用信用卡的情形较为复杂,个别情况下认定是否“以非法占有为目的”仍有争议。其中最为常见的就是本案这种将透支的信用卡款项用于合法的经营，后因资金困难导致客观上无法偿还的情形。我们认为，信用卡最主要的功能就是透支从而使持卡人得以购买超出自己现有支付能力的商品或服务，银行也以各种各样的促销活动鼓励持卡人进行透支消费，因此若仅凭客观上无法偿还欠款就认定为“以非法占有为目的”的恶意透支型信用卡诈骗，就无法将恶意透支型信用卡诈骗罪和透支不还的民事违约行为进行区分。对“以非法占有为目的”的理解仍应坚持主客观相统一的原则，综合考察行为人申领行为、透支行为、还款行为等各种因素，重点考察以下三方面的因素：

第一，行为人申领信用卡时有无虚构事实、隐瞒真相的行为。这是指行为人在申领信用卡时，因不符合申领条件或不能得到较大的透支额，而伪造部分证明材料，如收入证明、房屋产权证明等虚构其资信能力的材料，但其基本身份属实，如姓名、身份、住址和户籍资料等信息真实。这种情形与刑法第一百九十六条第一款第一项规定的“使用以虚假的身份证明骗领的信用卡”的情形不同，虚假的身份证明是指行为人完全以虚构的身份和虚假的申请资料申领信用卡，使银行无法找到真正的持卡人。而本案情况是，银行仍然能够找到持卡人，但却客观存在催收困难。

第二，行为人透支款项的用途。根据资金用途判断行为人是否具有非法占有目的时，应结合全案分析行为人资金用途的主要方面，对于行为人取得资金后，部分用于非法活动，部分用于合法经营的，如果大部分资金用于合法经营，到期不能归还资金主要是由于经营不善、市场风险等原因造成的，不宜认定“以非法占有为目的”。如果行为人利用信用卡到中介公司大额、频繁套现，或者透支用于不符合其承受能力的奢侈品消费或密集多次无节制的生活消费，则可断定具有非法占有的目的。

第三，透支款项时行为人的还款态度及是否逃避催收。透支额的归还行为反映行为人的信用状况，为了维护自己的信用，行为人在透支后一般会及时还款。如果行为人在透支后对还款期限和还款额根本不关心，连续透支消费，甚至通过变更电话、住址等方式逃避银行催款，这种只透支不还款的态度表明其不打算遵守信用卡合法使用的规定，对透支款项具有较明显的非法占有目的。但如果行为人在银行催收后有积极表示，或者积极还款，或者说明合理的不还款理由,并与银行约定推迟还款的计划等,都可以排除“非法占有目的”。

在本案中,涉案信用卡透支款项大部分用于二被告人的企业经营,其他小部分款项用于正常生活开支,而非奢侈品消费或者无节制消费。二被告人后因经营困难导致信用卡欠款逾期未能归还,但从涉案信用卡还款情况及二被告人应对催收的态度来看,二被告人持卡最后一笔透支消费后不久即被停卡,在银行的催收下,二被告人在两个多月后还向已经被停卡的涉案信用卡账户偿还了一笔4万元的还款,若二被告人是“以非法占有为目的”的恶意透支,就不会在两个多月后还向银行偿还这一笔数额并不小的透支款项。二被告人逾期未能继续归还欠款后,银行数十次电话催收,梁博艺或梁保权接听电话时均表示愿意归还欠款,只是申明企业经营困难希望暂缓还款,且梁保权被抓获归案时正在银行协商还款事宜。可见二被告人一直积极与银行协商还款事宜,未有变更联系电话、变更地址等逃避催收的行为。二被告人的行为不能认定为“以非法占有为目的”,不构成恶意透支型的信用卡诈骗罪。

(二)恶意透支被停卡后至催收后未满3个月期间所偿还款项应视为偿还本金且应从犯罪数额中予以扣除

根据《解释》第六条第四款的规定,恶意透支的数额,是指在第一款规定的条件下持卡人拒不归还的数额或者尚未归还的数额。不包括复利、滞纳金、手续费等发卡银行收取的费用。如果本案构成信用卡诈骗罪,二被告人在停卡后至银行催收未满3个月期间所偿还的4万元能否从犯罪数额中扣除?对此也有两种不同观点:第一种观点认为,二被告人所偿还的款项,按照信用卡合约是优先清偿利息、滞纳金等发卡行收取的费用,因此,不应在犯罪数额中扣除。第二种观点认为,信用卡逾期后二被告人所归还款项应视为偿还本金,而不再是归还利息等发卡行收取的费用,故应在犯罪数额中予以扣除。

我们同意第二种观点,主要理由是:刑事法律关系与民事法律关系不同,刑事法律保护犯罪直接侵犯的财产权益本身,并不直接保护被害人基于被犯罪侵害而损失的孳息。根据银行格式条款的信用卡合约规则,当信用卡出现逾期后，持卡人所需支付的利息、滞纳金及其他发卡行所收取的费用很可能超出24%的民间借贷利率保护上限，虽然信用卡欠款纠纷与一般的民间借贷有所不同，但已有相关民事判决对银行收取超过24%年利率部分的诉求不予支持，在刑事诉讼中更不应该无条件保护这种超高额利息诉求的信用卡还款规则。在涉案信用卡被停卡之后，行为人若部分清偿欠款的，虽然银行按照信用卡合约规则视为优先偿还利息、滞纳金、手续费等发卡行收取的费用，但此时银行与持卡人之间的正常民事合约关系已经终结，在“经两次催收后超过3个月未归还”这一犯罪成立要件达成之前，行为人处于一种从正常民事合约关系到成立犯罪的过渡状态，其在此期间的还款在刑事诉讼中应视为优先偿还本金，而不是优先偿还发卡行所收取的费用，并应将该期间的还款数额从犯罪数额中予以扣除。在“经两次催收后超过3个月未归还”这一要件成立后，行为人所偿还的款项亦视为优先偿还本金，但该部分还款计入犯罪数额，只是在量刑时予以酌情从轻处罚。

综上，原审法院认为本案二被告人将涉案信用卡透支款项用于生产经营，因经营不善、市场风险等客观原因造成透支款项无法偿还，主观上不具有“非法占有目的”，其行为不构成信用卡诈骗犯罪是适当的。

（撰稿：广州市越秀区人民法院　黄　莹　邓　凯
审编：最高人民法院刑四庭　陆建红）

[第 1121 号]

# 欧敏、关树锦非法从事长途大巴客运经营案

——未取得道路运输经营许可擅自从事长途大巴客运经营的行为如何定性

## 一、基本案情

被告人欧敏,男,汉族,1965 年 9 月 22 日出生,高中文化,原系"港粤快车"总经理、珠海市港之游运输有限公司法定代表人。2013 年 2 月 1 日被逮捕。

被告人关树锦,男,汉族,1977 年 6 月 17 日出生,高中文化,原系"港粤快车"股东、办公室主任。2013 年 2 月 1 日被逮捕。

广东省深圳市福田区人民检察院以被告人欧敏、关树锦犯非法经营罪,向福田区人民法院提起公诉。

深圳市福田区人民法院经公开审理查明:2012 年 6 月开始,吴振耀(另案处理)为谋取非法利益,在未取得道路运输管理机关颁发的道路运输经营许可证及工商行政管理机关颁发的工商营业执照的情况下,以"港粤快车"的名义,伙同被告人欧敏、关树锦,租赁港之游公司(公司于 2012 年 3 月 16 日成立,法定代表人欧敏,吴振耀占股 40%,欧敏、李东升各占股 30%,经营范围包括县级包车客运业务等)及其他公司所有的大客车,通过电话订票、发售会员卡或者现场售票的方式,组织经营往返于广东省珠海市、深圳市两地的长途客运业务,单程一般收取乘客人民币(以下币种同)50 元/人次的车费。欧敏系"港粤快车"总经理,关树锦系小股东及办公室主任,罗某系财务人员,吴某系车辆调度员,许某系小股东,张某系发车员。经核实,2012 年 8 月至 9 月,"港粤快车"非法经营长途客运业务金额达 180 余万元;2012 年 8 月 1 日至 10 月 15 日,"港粤快车"违法所得达 90 万余元。

深圳市福田区人民法院认为,被告人欧敏、关树锦违反《中华人民共和国道路运输条例》《无照经营查处取缔办法》的规定,在未取得道路运输经营许可证的情况下,擅自从事道路运输经营,严重扰乱市场秩序,情节严重,其行为构成非法经营罪,且系共同犯罪。欧敏在共同犯罪中起主要作用,系主犯;关树锦起次要作用,系从犯,应当从轻处罚。关树锦归案后能够如实供述所犯罪行,认罪态度较好,有一定悔罪表现,可以从轻处罚,且宣告缓刑对其所居住社区没有重大不良影响,依法对其可以适用缓刑。据此,依照《中华人民共和国刑法》第二百二十五条、第二十五条、第二十六条、第二十七条、第六十七条第三款、第七十二条、第七十三条、第五十二条、第五十三条及第六十四条之规定,福田区人民法院判决如下:

1. 被告人欧敏犯非法经营罪,判处有期徒刑二年,并处罚金人民币三万元;

2. 被告人关树锦犯非法经营罪,判处有期徒刑一年六个月,缓刑二年,并处罚金人民币三万元;

一审宣判后,被告人欧敏不服,向深圳市中级人民法院提起上诉。

深圳市中级人民法院经公开审理认为,原判认定的事实清楚,审判程序合法,适用法律正确,遂驳回上诉,维持原判。

## 二、主要问题

未取得道路运输经营许可擅自从事长途大巴客运经营的行为,如何定性?

## 三、裁判理由

本案审理过程中,对被告人欧敏、关树锦未取得道路运输经营许可擅自从事长途大巴客运经营的行为,如何定性,存在两种意见:

一种意见认为,不构成非法经营罪。其理由是:(1)非法经营罪的范围应当严格限制,在缺乏司法解释规定的情况下,认定被告人欧敏、关树锦的行为构成非法经营罪欠缺法律依据。(2)虽然从事道路客运经营有一定准入条件,但从审批程序来看,客运经营仅为一般行政许可经营,而非与烟草、食盐等相提并论的国家特许经营,故欧敏、关树锦未经许可从事非法客运经营的行为不能适用刑法第二百二十五条第一项的规定。(3)未经许可非法从事客运经营的行为亦不属于“其他严重扰乱市场秩序的非法经营行为”。非法从事客运经营行为虽然在一定程度上破坏了道路客运市场秩序,但没有严重影响特许经营活动的市场秩序,不属于非法经营罪的调整对象。

另一种意见认为,构成非法经营罪。其理由是:欧敏、关树锦的行为违反了《中华人民共和国道路运输条例》(以下简称《道路运输条例》)和《无照经营查处取缔办法》等国家规定,属于非法经营罪中“其他严重扰乱市场秩序的非法经营行为”。未经许可擅自从事非法客运经营的危害不仅体现在结果危害,而且体现在潜在危害,其不仅对正常的客运经营秩序造成严重破坏,而且导致潜在的危险因素大量增加如引发超载以及因超载而频发的交通事故问题。因此,对于未经许可擅自从事非法客运经营的行为,情节严重的,应当按照非法经营罪追究刑事责任。

我们赞同后一种意见。具体理由如下:

（一）未取得道路运输经营许可擅自从事长途大巴客运经营活动,违反了国家规定

根据《道路运输条例》第十条的规定,申请从事客运经营的,应当向相应级别的道路运输管理机构提出申请并提交相关材料。道路运输管理机构经审查作出许可或者不予许可的决定。予以许可的,向申请人颁发道路运输经营许可证,并向申请人投入运输的车辆配发车辆营运证。客运经营者应当持道路运输经营许可证依法向工商行政管理机关办理有关登记手续。根据《道路运输条例》第六十四条的规定,未取得道路运输经营许可,擅自从事道路运输经营的,由县级以上道路运输管理机构责令停止经营;有违法所得的,没收违法所得,构成犯罪的,依法追究刑事责任。同时,根据2011年修订的《无照经营查处取缔办法》第十四条的规定,对于无照经营行为,由工商行政管理部门依法予以取缔,没收违法所得;触犯刑律的,依照刑法关于非法经营罪、重大责任事故罪、重大劳动安全事故罪、危险物品肇事罪或者其他罪的规定,依法追究刑事责任。

根据上述规定,从事客运经营应当具备一定的条件,依照相关规定程序申请获得经营许可。必须具备“有与其(申请人)经营业务相适应并经检测合格的车辆、有符合相关条件的驾驶人员、有健全的安全生产管理制度”三

个条件。申请从事班线客运经营的,还应当有明确的线路和站点方案。符合上述条件的,可以向有关道路运输管理机构提出申请。申请人取得道路运输经营许可证后,向工商行政管理机关办理有关登记手续。可见,欧敏、关树锦未取得道路运输经营许可,擅自从事客运经营的行为违反了《道路运输条例》和《无照经营查处取缔办法》的相关规定。根据《最高人民法院〈关于准确理解和适用刑法中"国家规定"的有关问题的通知〉》(法〔2011〕155号)的规定,《道路运输条例》和《无照经营查处取缔办法》都属于刑法中的"国家规定",因此,欧敏、关树锦的行为违反了国家规定。

(二)非法从事长途大巴客运经营活动属于"其他严重扰乱市场秩序的非法经营行为"

判断某类经营行为是否属于"其他严重扰乱市场秩序的非法经营行为",是对某类非法经营行为的属性进行判断,因此与情节是否严重的认定属于不同层面的问题,应当撇开个案特殊情节,从刑法因果关系的角度把握该类行为产生的实际危害和潜在危害,并以此进行综合认定。

非法从事长途大巴客运经营活动,不但严重扰乱道路运输市场秩序和行业秩序,危害人民群众的生命财产安全,侵害合法经营者的权益,影响行业和社会的稳定,影响道路交通安全和城市形象,而且导致交通事故频发,引发正规营运车主罢工和群众上访甚至暴力抗法的现象在全国范围内都比较普遍。(1)危害人民群众的生命财产安全。在脱离相关主管机关有效监督管理的情况下,非法营运安全隐患只会不断增多。非法营运车辆大都车况不佳、安全性能差、从业人员驾驶技术和交通安全意识良莠不齐,容易导致交通事故多发、频发。(2)引发社会不稳定因素。非法营运与团伙经营、暴力抗法等社会问题往往相伴相生,严重影响社会治安秩序。近年来,各地法院办理的多宗抢劫杀人案件,常有被告人或者被害人从事非法营运的因素。非法营运车辆多数无保险,在营运中一旦发生事故,乘客的合法权益得不到保障,容易激发上访、闹访等群体性事件,严重影响当地社会稳定。可见,非法营运已成为引发社会不稳定因素中一个不容忽视的问题。(3)破坏正常的市场秩序。非法营运公司不缴纳税费,造成国家的税收流失;争抢客源、抢夺市场份额,使正规的客运站点和合法营运者收入减少,损害合法营运车辆的正当权益，影响行业稳定；由于其没有纳入正常的管理体系，相关部门平时也无法对其进行有效管理。（4）激发潜在的犯罪心理。因非法营运利润率极高，绝大多数非法营运车主一直在观望，如果此类行为不能得到有效遏制，将会激发更多的非法营运车辆参与非法营运。

本案中，欧敏、关树锦组织非法营运的规模大，参与非法营运的车辆和人员多，虽无证据证明已发生客观危害结果，但潜在的社会危害严重。综合实际危害结果和潜在危害因素分析，应当认定欧敏、关树锦的非法营运行为属于“其他严重扰乱市场秩序的非法经营行为”。

（三）被告人欧敏、关树锦的非法经营数额、违法所得应当认定为情节严重

本案中，“港粤快车”股东有17人，员工最高峰时有上百名，案发时还有40人左右，且分工明确，车辆调度、发车、跟车、客服均有专门管理人员；深圳和珠海每天至少对发5班车，周末和节假日班次更多，一般一辆车可以载40个左右乘客，周末和节假日几乎是满座（50个左右）。如此大的规模，已远远超出个人自驾“黑车”的性质范围。本案认定的被告人欧敏、关树锦组织非法营运的时间是2012年6月至12月，统计的2012年8月至9月非法经营长途客运业务的金额（180余万元），2012年8月1日至10月15日的违法所得金额（90余万元），即仅统计了其中的一个时间段，其实际经营数额和违法所得数额应当更多。而且欧敏、关树锦在运营车辆多次受到行政处罚的情况下，仍然从事非法营运活动，故从经营数额、违法所得数额以及其他情节来看，应当达到非法经营罪的入罪标准。同时，鉴于非法从事长途大巴客运营运活动的复杂性，对此类行为不宜机械参照适用《最高人民检察院、公安部关于公安机关管辖的刑事案件立案追诉标准的规定（二）》第七十九条第八项的规定，故在暂无相关司法解释对此类行为“情节严重”和“情节特别严重”明确认定标准的情况下，深圳市福田区人民法院认定欧敏、关树锦的行为构成“情节严重”是妥当的。

（四）行政处罚效果不佳体现出对非法从事大巴客运营运活动具有刑事处罚的必要性

对于社会危害严重的非法营运行为，行政处罚体现出威慑效力不足的

问题。本案被告人欧敏、关树锦从事非法营运时间长，在经历多次行政处罚后，依然不断扩大经营规模，体现出交通执法的打击手段和效果不能满足打击此类违法行为的需要。非法从事客运营运的行为屡禁不止，不仅直接侵犯合法经营者的权益，造成行业混乱，且容易引发其他犯罪，故加大打击力度，发挥刑罚的威慑功能具有一定的必要性和合理性。

同时，有必要强调的是，鉴于目前社会上出现的非法营运行为较为普遍，且原因复杂，在司法实践中一定要把握好是否追究刑事责任和追究刑事责任的范围问题。以非法经营罪追究刑事责任，主要是针对非法营运的出资者、组织者和主要管理者，特别是要打击那些欺行霸市、采取非法手段裹挟国家行政执法人员，带有黑社会性质的从事非法营运的团伙和人员。对于个人自驾"黑车"或者少数几个人联合从事非法营运，营运时间短、经营数额不大以及受雇用参与非法营运的，一般不予追究刑事责任，可以行政处罚等方式追究其行政违法责任。

**（撰稿：最高人民法院刑二庭　许建华　刘晓虎**
**审编：最高人民法院刑二庭　王晓东）**

[第1122号]

# 喻江、李强非法从事出租汽车经营活动案

——未取得道路运输经营许可集合社会车辆对不特定的旅客招揽生意、拉客,从事出租汽车经营的行为如何定性

## 一、基本案情

被告人喻江,男,汉族,1979年5月10日出生,高中文化,长沙天之翼汽车租赁服务有限公司法定代表人。2012年5月8日因涉嫌犯非法经营罪被逮捕。

被告人李强,男,汉族,1979年9月20日出生,大学文化,长沙天之翼汽车租赁服务有限公司总经理。2012年2月21日因涉嫌犯非法经营罪被逮捕。

湖南省宁乡县人民检察院以被告人喻江、李强犯非法经营罪,向宁乡县人民法院提起公诉。

宁乡县人民法院经公开审理查明:

2009年4月,被告人喻江在长沙市岳麓区工商局注册成立了长沙天之翼汽车租赁服务有限公司(以下简称天之翼公司),注册资金人民币(以下币种同)50万元,法定代表人为喻江,喻江占股90%,尹某占股10%,经营范围为汽车租赁、婚庆礼仪、商业信息咨询等。2009年9月,被告人李强加入公司,与喻江各占该公司50%的股份。公司又称为"平安车队",喻江、李强以该公司作掩护,在未取得道路运输经营许可证的情况下,集合社会车辆对不特定的旅客招揽生意、拉客,在长沙市城区和宁乡县城之间往返营运,从中牟取高额利润。该公司经营模式是车辆加盟的形式,每台要加入公司的社会车辆先交2 000~3 000元的加盟费,另外公司每月向车主收取1 400~1 600元不等的管理服务费。公司为加盟车辆提供客源、派送乘客、发放名片、提供短信

服务。同时，公司为每台车加入手机集团用户提供内部短号联系，在经营期间为每台车主协调与运政、城管等执法部门的关系，公司承担缴纳因非法营运被执法机关所处的罚款。喻江负责长沙市相关部门的关系协调，李强负责宁乡县相关部门的关系协调。公司还于 2011 年 4 月聘请袁某为车队长，负责收取加盟费和管理费，对车队进行日常管理；另外聘请总台调度员周某、李某负责接听电话和车辆派送。此外，公司分别在长沙、宁乡安排拉客人员各两名，员工从公司中得到相应报酬，车队长每月工资为 3 000 元，喊话员每月工资 2 400 元，调度员每月工资 1 800 元。

2011 年 1 月至 2012 年 1 月，喻江、李强在未取得道路运输经营许可证的情况下，集合近 40 台社会车辆擅自从事道路运输经营，从公司获取服务费 658 465 元，短号车服务收入 68 095 元，加盟费收入 57 950 万元，非法经营数额 784 510 元，除去各项开支 163 005 元，违法所得 621 505 元。

宁乡县人民法院认为，被告人喻江、李强违反《中华人民共和国道路运输条例》的规定，在未取得道路运输经营许可证的情况下，擅自从事道路运输经营，严重扰乱市场秩序，情节严重，其行为构成非法经营罪，且系共同犯罪。喻江、李强在共同犯罪中均起主要作用，系主犯；喻江、李强到案后能够如实供述罪行，依法可以从轻处罚；喻江、李强无前科劣迹，案发后积极退赃，有悔罪表现，可以酌情从轻处罚。据此，依照《中华人民共和国刑法》第二百二十五条第四项，第二十五条第一款，第二十六条第一款、第四款，第六十七条第三款，第七十二条第一款、第三款，第七十三条第二款、第三款，第六十四条之规定，宁乡县人民法院判决如下：

1. 被告人喻江犯非法经营罪，判处有期徒刑二年，宣告缓刑三年，并处罚金人民币二十万元；

2. 被告人李强犯非法经营罪，判处有期徒刑二年，宣告缓刑三年，并处罚金人民币二十万元；

3. 被告人喻江、李强违法所得均予以没收，上缴国库。

一审宣判后，被告人喻江、李强未上诉，检察机关亦未抗诉，该判决已发生法律效力。

## 二、主要问题

未取得道路运输经营许可,集合社会车辆对不特定的旅客招揽生意、拉客,擅自从事出租汽车运输经营的行为如何定性?

## 三、裁判理由

本案审理过程中,对被告人喻江、李强未取得道路运输经营许可,集合社会车辆对不特定的旅客招揽生意、拉客,擅自从事出租汽车经营的行为如何定性,存在两种意见:一种意见认为,被告人喻江、李强人违反《中华人民共和国道路运输条例》的规定,在未取得道路运输经营许可证的情况下,擅自从事道路运输经营,时间长、规模较大,非法经营数额和获利数额均达数十万元,具有较大社会危害性,严重扰乱市场秩序,且情节严重,其行为构成非法经营罪。另一种意见认为,被告人喻江、李强擅自从事道路运输经营的行为是否达到了严重扰乱市场秩序的程度,公诉机关并未提供相关证据证明,法律对该类行为亦无明确规定,故本案不宜按刑法第二百二十五条第四项处理。本案虽有违反行政许可的行为,但是否需要动用刑法值得斟酌。

我们赞同前一种意见。具体理由如下:

(一)未取得道路运输经营许可证、出租汽车经营资格证,擅自从事出租汽车经营活动,违反了国家规定

根据《中华人民共和国道路运输条例》第十条的规定,申请从事客运经营的,应当向相应级别的道路运输管理机构提出申请并提交相关材料。道路运输管理机构经审查作出许可或者不予许可的决定。予以许可的,向申请人颁发道路运输经营许可证,并向申请人投入运输的车辆配发车辆营运证。客运经营者应当持道路运输经营许可证依法向工商行政管理机关办理有关登记手续。根据《无照经营查处取缔办法》第十四条的规定,“对于无照经营行为,由工商行政管理部门依法予以取缔,没收违法所得;触犯刑律的,依照刑法关于非法经营罪、重大责任事故罪、重大劳动安全事故罪、危险物品肇事罪或者其他罪的规定,依法追究刑事责任”。

2005年10月12日国务院法制办公室对建设部《关于无证经营出租汽车行为是否适用〈无照经营查处取缔办法〉(国务院令第370号)的请示》的复函(国法函〔2005〕431号)和对交通部《关于请明确对未取得出租车客运经营许可擅自从事经营活动实施行政处罚法律依据的函》的复函(国法函〔2005〕432号)载明:(经研究并征求建设部、交通部、国家工商总局意见)《国务院对确需保留的行政审批项目设定行政许可的决定》(国务院令第412号)第一百一十二项规定,出租汽车经营资格证的核发由县级以上地方人民政府出租汽车行政主管部门实施。根据《无照经营查处取缔办法》第十七条的规定,相关法律、法规对无证经营出租汽车行为的处罚没有规定的,县级以上地方人民政府出租汽车行政主管部门应当依照《无照经营查处取缔办法》第十四条、第十五条、第十六条的规定处罚。

2005年10月12日《交通部转发国务院法制办关于明确对未取得出租车客运经营许可擅自从事经营活动实施行政处罚法律依据的复函的通知》(交公路发〔2005〕468号)规定:"地方性法规《道路运输管理条例》或《出租汽车管理条例》对无证经营的'黑车'已设定行政处罚的,各地应当按照其规定执行。""未制定《道路运输管理条例》或《出租汽车管理条例》的,应当依据《无照经营查处取缔办法》第十四条对未取得经营许可证件擅自从事出租汽车经营活动的行为实施行政处罚。……构成刑事犯罪的,移交公安机关依法追究刑事责任。"

根据《最高人民法院〈关于准确理解和适用刑法中"国家规定"的有关问题的通知〉》(法〔2011〕155号)的规定,《中华人民共和国道路运输条例》和《无照经营查处取缔办法》都属于刑法中的国家规定,其他规范性文件系落实此两个文件的具体工作细则。从上述文件可知,未取得出租车客运经营许可,擅自从事出租汽车经营活动的行为,属于违反国家规定的行为。同时,《中华人民共和国道路运输条例》和《无照经营查处取缔办法》以及相关法规对此类行为构成犯罪追究刑事责任作了提示性规定,体现了在法律、行政法规制定时,对未取得出租车客运经营许可而擅自从事出租汽车经营活动行为的定性有了充分考虑,并有意对一般违法行为和刑事违法行为作了原则性区分和衔接,故对此类行为追究刑事责任并未违背立法初衷。

(二)未经许可非法从事出租汽车营运活动,属于严重扰乱市场秩序的非法经营行为

主张未经许可非法从事出租汽车营运活动不构成非法经营罪的一个主要理由是,出租汽车营运活动不属于法律、行政法规规定的专营专卖行业,也未有司法解释对其定性予以明确,故不属于刑法第二百二十五条规定的“其他严重扰乱市场秩序的非法经营行为”。我们认为,该观点难以成立。近年来,根据打击犯罪的实际需要,最高人民法院通过出台司法解释性文件不断调整了非法经营罪的适用范围。从这些解释性文件的规定来看,刑法规制的非法经营行为并不要求必须涉及法律、行政法规规定的专营专卖行业。一般性准入经营行业,甚至法律、行政法规未规定准入制度但明显具有严重社会危害的经营行业,也可以成为非法经营罪的打击对象。例如,对于违反国家在预防、控制突发传染病疫情等灾害期间有关市场经营、价格管理等规定,哄抬物价、牟取暴利,严重扰乱市场秩序,违法所得数额较大或者有其他严重情节的,最高人民法院、最高人民检察院于2003年5月14日联合出台的《关于办理妨害预防、控制突发传染病疫情等灾害的刑事案件具体应用法律若干问题的解释》第六条明确规定可以构成非法经营罪。另从司法实践情况来看,各地法院也有根据上述文件精神将司法解释未予明确但性质相同的非法经营行为认定构成非法经营罪的实例,如对非法从事涉外婚姻介绍业务、非法从事出入境中介业务、非法从事保安服务业务、非法从事学历教育活动的行为,以非法经营罪追究刑事责任。

基于上述分析,我们认为,非法从事出租汽车营运活动是否属于严重扰乱市场秩序的非法经营行为,核心要看其经营行为的违法性以及扰乱市场秩序的严重程度,即要从其社会危害性认定其行为性质。从当前各地案发情况来看,非法从事出租汽车营运活动主要危害体现在:(1)所从事的经营行为严重危害人民群众的生命财产安全。非法营运车辆大都车况不佳、安全性能差、从业人员驾驶技术和交通安全意识良莠不齐,从而导致交通事故多发、频发。(2)引发社会不稳定因素。非法营运车主和合法营运车主经常发生冲突,近年来,不少地方因非法营运引发正规营运车主多次停运、罢工、上访。且非法营运车辆多数无保险,在营运中一旦发生事故,乘客的合法权

益得不到保障，给相关部门处理事故造成极大的难度，甚至容易激发上访、闹访等群体性事件，严重影响当地社会稳定。(3)破坏正常的营运秩序。非法营运公司不缴纳税费，造成国家的税收流失；争抢客源、抢夺市场份额，使正规的客运站点和合法营运者收入减少，损害合法营运车辆的正当权益，影响行业稳定；由于其没有纳入正常的管理体系，相关部门平时也无法对其进行有效管理。(4)严重影响城市形象。非法营运车辆不仅车容不整，容易造成城市的视觉污染，而且在城区主要路口及繁华地段聚集候客，或者沿街随意乱停乱靠招客，严重影响道路交通安全。(5)因非法营运利润率极高，绝大多数非法营运车主一直在观望，如果此类行为不能得到有效遏制，将会激发更多的非法营运车辆加入非法营运团伙。

可见，非法从事出租汽车营运活动，严重扰乱道路运输市场秩序和出租汽车行业秩序，危害人民群众的生命财产安全，侵害出租汽车从业人员的合法权益，影响出租汽车行业和社会的稳定，属于刑法第二百二十五条规定的“其他严重扰乱市场秩序的非法经营行为”。严厉打击非法从事出租汽车经营活动，对于改善出租汽车营运环境、保障从业人员和广大群众的合法权益、促进出租汽车行业健康发展、维护市场秩序和市场公平、维护社会稳定具有重要意义。

(三)被告人喻江等人的非法经营数额、违法所得应当认定为情节严重

本案被告人喻江、李强 2011 年 1 月至 2012 年 1 月集合近 40 台社会车辆擅自从事道路运输经营，从公司获取服务费 658 465 元，短号车服务收入 68 095 元，加盟费收入 57 950 万元，非法经营数额 784 510 元，除去各项开支 163 005 元，违法所得 621 505 元。另外，该车队非法营运一年多期间，多次拉拢政府工作人员为其非法活动提供庇护；在其车队加盟车辆因非法营运多次被行政处罚的情况下仍从事非法营运活动。因此，无论是从非法经营数额、违法所得数额，还是从其他情节角度，均应达到入罪标准。同时，鉴于非法从事出租汽车营运活动的复杂性，对此类行为不宜机械参照适用《最高人民检察院、公安部关于公安机关管辖的刑事案件立案追诉标准的规定(二)》第七十九条第八项的规定，故在暂无相关司法解释对此类行为明确“情节严重”和“情节特别严重”认定标准的情况下，宁乡县人民法院认定被

告人喻江、李强的行为构成情节严重是妥当的。

需要说明的是,鉴于"黑的士"等非法营运行为在全国较为普遍,且原因复杂,在具体案件中要注意把握追究刑事责任的范围问题。要严厉打击非法营运的牵头者和组织者,特别是要打击欺行霸市、垄断市场强迫交易,带有黑社会性质的非法营运和扰乱出租汽车市场经营秩序的团伙。对于个人自驾"黑车"或者少数几个人联合从事非法营运,营运时间短、经营数额不大以及被动参与非法营运的,一般不予追究刑事责任,可以行政处罚等方式追究其行政违法责任。

(撰稿:最高人民法院刑二庭　刘晓虎　许建华

审编:最高人民法院刑二庭　苗有水)

[第1123号]

# 马某某故意杀人案

## ——限制民事行为能力人、无民事行为能力人参加刑事附带民事诉讼的若干问题

### 一、基本案情

被告人暨附带民事诉讼被告人马某某,男,1942年5月30日出生。2013年9月13日被逮捕。

附带民事诉讼原告人翟某某,女,系被害人之妻。

附带民事诉讼原告人张某发,男,系被害人之子。

附带民事诉讼原告人张某琴,女,系被害人之长女。

附带民事诉讼原告人张某辉,女,系被害人之次女。

某检察院以被告人马某某犯故意杀人罪,向某法院提起公诉。在诉讼过程中,附带民事诉讼原告人翟某某等人向某法院提起附带民事诉讼,并在审理过程中,向法院申请追加马某某的监护人为附带民事诉讼的共同被告,法院未作答复。

附带民事诉讼原告人及其诉讼代理人提出:追究马某某的刑事责任;依法判令马某某赔偿死亡赔偿金、丧葬费、被抚养人生活费、精神赔偿金共计人民币94.728万元。

被告人马某某对指控的犯罪事实不持异议。其辩护人提出:马某某案发时为限制刑事责任能力,有自首情节且案发时已年满71周岁,案发后其亲属已赔偿被害方3万元。

某法院经审理查明:被告人马某某与被害人张某某系邻居,二人因建房等问题素有矛盾。案发前,马某某怀疑张某某砸其家的土房,遂在张某某家

房东侧挖了一条沟。2013年8月29日16时许,马某某在其家房屋西侧过道内与张某某因为此事发生口角,马某某用铁锨连续击打张某某头部,致张某某颅脑损伤死亡。经鉴定,马某某案发时为偏执性精神病,评定为限制刑事责任能力。案发后,马某某到公安机关投案。因马某某的行为给附带民事诉讼原告人造成物质损失丧葬费等共计人民币21 266元,案发后被告人马某某的亲属已赔偿被害方人民币30 000元。

某法院认为,被告人马某某因建房等问题与被害人发生纠纷并争吵,后持铁锨连续击打被害人头部,致被害人死亡,其行为已构成故意杀人罪,且犯罪后果特别严重,公诉机关指控的罪名成立。马某某患有偏执型精神病,案发时为限制刑事责任能力;案发后主动到公安机关投案,至庭审时能如实供述主要犯罪事实,构成自首,可对其从轻处罚。附带民事诉讼原告人及其诉讼代理人提出,依法判令马某某赔偿附带民事诉讼原告人因被害人死亡导致的死亡赔偿金41万元、丧葬费3万元、被扶养人生活费107 280元、精神赔偿金40万元。经查,因马某某对其犯罪行为给被害方造成的物质损失应予赔偿。附带民事诉讼原告人所提死亡赔偿金、精神赔偿金不属于刑事附带民事诉讼的赔偿范围,不予支持;所提翟某某的扶养费,因被害人案发时已年满60周岁,且没有证据证明其还有劳动能力和收入足以扶养他人,其妻子的扶养责任应由其子女承担,故所提该项费用不予支持。所提丧葬费,应按照本地上一年度职工月平均工资标准以六个月总额计算,计人民币21 266元,予以支持。案发后,马某亲属通过村委会赔偿被害人亲属丧葬费共计人民币30 000元,予以确认。据此,依照《中华人民共和国刑法》第二百三十二条、第五十六条第一款、第十八条第三款、第六十七条第一款、第三十六条第一款及《中华人民共和国民法通则》第一百一十九条的规定,判决如下:

1. 被告人马某某犯故意杀人罪,判处有期徒刑十五年,剥夺政治权利五年;

2. 被告人马某某赔偿附带民事诉讼原告人因被害人死亡产生的丧葬费人民币21 266元(已付清)。

一审宣判后,附带民事诉讼原告人翟某某等人不服,以原审法院诉讼程序违法，适用法律错误，判赔项目、数额不正确为由，提出上诉。

某高级人民法院经审理认为，原审法院在刑事附带民事诉讼中违反了法律规定的诉讼程序。依照《中华人民共和国刑事诉讼法》第二百二十七条第三项、第二百三十三条之规定，裁定将本案附带民事部分发回一审法院重新审判。

## 二、主要问题

1. 限制民事行为能力人、无民事行为能力人能否独立参加刑事附带民事诉讼？

2. 限制民事行为能力人、无民事行为能力人在刑事附带民事诉讼中能否承担民事责任？

## 三、裁判理由

### （一）限制民事行为能力人、无民事行为能力人不能独立地以附带民事被告身份参加附带民事诉讼，应由其监护人作为法定代理人代为诉讼

关于限制民事行为能力人、无民事行为能力人参加刑事附带民事诉讼的问题，刑事诉讼法没有明确的规定。按照《最高人民法院关于适用〈中华人民共和国刑事诉讼法〉的解释》第一百六十三条的规定，应当适用民法通则、民事诉讼法的有关规定。

按照民法学的理论，公民的民事行为能力与其诉讼行为能力有着密切的联系，但在分类上，二者又不完全一致。公民的民事行为能力采用三分法：完全民事行为能力（年满 18 周岁或者年满 16 周岁不满 18 周岁，但是以自己的劳动收入为主要生活来源的）、限制民事行为能力（10 周岁至 18 或 16 周岁，以及不能完全辨认自己行为的精神病人）和无民事行为能力（不满 10 周岁，以及不能辨认自己行为的精神病人）。而公民的诉讼行为能力则采用两分法：有诉讼行为能力和无诉讼行为能力。在民事诉讼中，只有具有完全民事行为能力的公民才具有诉讼行为能力，无民事行为能力和限制民事行为能力的公民都没有诉讼行为能力。

无民事行为能力人，属于不负刑事责任的人，依法不能成为刑事诉讼中

的被告人,但其仍然能够介入到刑事诉讼中成为附带民事诉讼被告人,这主要是指符合《最高人民法院关于适用〈中华人民共和国刑事诉讼法〉的解释》第一百四十三条第一款第一项情形,即未被追究刑事责任的其他共同侵害人,包括该共同侵害人系不负刑事责任的未成年人、无刑事责任能力的精神病人。需要说明的是,这两类人如果单独实施"犯罪"行为,因其不能成为刑事被告人,因而不能对其提起附带民事诉讼诉讼人,对其侵权行为造成的损失只能单独提起民事诉讼。限制民事行为能力人在以下两种情况下可以成为刑事被告人并同时可以成为附带民事诉讼被告人:一是已满十四周岁不满十六周岁的人犯刑法第十七条列举的故意杀人、故意伤害致人重伤或者死亡、强奸、抢劫、贩卖毒品、放火、爆炸、投毒罪的;二是已满十六周岁不满十八周岁的人犯罪以及刑法第十八条第三款规定的"尚未完全丧失辨认或者控制自己行为能力的精神病人犯罪的"。

限制民事行为能力人、无民事行为能力人介入到刑事诉讼中成为附带民事诉讼被告人时,如何参与诉讼?《中华人民共和国民事诉讼法》第五十七条规定:"无诉讼行为能力人由他的监护人作为法定代理人代为诉讼。法定代理人之间互相推诿代理责任的,由人民法院指定其中一人代为诉讼。"《最高人民法院关于适用〈中华人民共和国民事诉讼法〉的解释》第八十三条规定,在诉讼中,无民事行为能力人、限制民事行为能力人的监护人是他的法定代理人。事先没有确定监护人的,可以由有监护资格的人协商确定;协商不成的,由人民法院在他们之间指定诉讼中的法定代理人。因此,在附带民事诉讼中,应由限制民事行为能力人、无民事行为能力人的监护人为其法定代理人代为诉讼,否则,其所为的诉讼行为或者针对其所为的诉讼行为都是无效诉讼行为。

本案中,附带民事诉讼被告人马某是否是限制民事行为能力人呢?按照《中华人民共和国民法通则》的相关规定,不能完全辨认自己行为的精神病人是限制民事行为能力人。被告人是不是不能完全辨认自己行为的精神病人需要进行司法鉴定。对精神病人的司法鉴定,根据鉴定目的,鉴定机构可进行有无刑事责任能力的鉴定和有无民事行为能力的鉴定。要判断精神病人的民事行为能力,当然是进行有无民事行为能力的司法鉴定较为合适。

但是，在刑事附带民事诉讼案件的审判实践中，对被告人所作的精神疾病鉴定往往是基于审理刑事部分的需要，鉴定通常只针对被告人是否具有刑事责任能力的问题，而不涉及对民事行为能力的鉴定。因此，多数情况下，刑事附带民事诉讼案件中公安机关只是委托鉴定机构进行刑事责任能力鉴定，而不做民事行为能力鉴定，本案亦是如此。在此情况下，如何认定患有精神疾病的被告人的民事行为能力？我们认为，本案中虽然只对被告人进行了是否具有刑事责任能力的鉴定，认定被告人为限制刑事责任能力，但是在鉴定的过程中对被告人患有精神疾病这一事实，已经在医学上进行了肯定的判断，在确定被告人是精神病人的基础上，结合本案其他关于被告人平时表现的证据，可以认定其为限制民事行为能力人，作出这样的判断是符合逻辑和法律规定的。

综上，本案被告人暨附带民事诉讼被告人马某某系限制民事行为能力人，没有民事诉讼行为能力，应由其监护人作为法定代理人代为参加附带民事诉讼，以更好地维护当事人的合法权益。

（二）限制民事行为能力人、无民事行为能力人在刑事附带民事诉讼中属于无民事责任能力人，应由其监护人承担民事责任

当刑事附带民事诉讼中的被告人为限制民事行为能力人、无民事行为能力人时，谁来承担民事赔偿责任？《中华人民共和国民法通则》第一百三十三条的规定："无民事行为能力人、限制民事行为能力人造成他人损害的，由监护人承担民事责任。监护人尽了监护责任的，可以适当减轻他的民事责任。有财产的无民事行为能力人、限制民事行为能力人造成他人损害的，从本人财产中支付赔偿费用。不足部分，由监护人适当赔偿，但单位担任监护人的除外。"《中华人民共和国侵权责任法》第三十二条也明确规定："无民事行为能力人、限制民事行为能力人造成他人损害的，由监护人承担侵权责任。监护人尽到监护责任的，可以减轻其侵权责任。有财产的无民事行为能力人、限制民事行为能力人造成他人损害的，从本人财产中支付赔偿费用。不足部分，由监护人赔偿。" 在刑事案件中，侵权行为就是犯罪行为，侵权责任与刑事责任以外的附带民事赔偿责任竞合。因此，根据我国民法的相关规定，如果限制民事行为能力人、无民事行为能力人参与刑事附带民事

诉讼,其监护人依法应当对其犯罪行为造成的损害承担民事赔偿责任,其监护人才是附带民事诉讼中依法负有赔偿责任的人,理应被列为附带民事诉讼的被告人。否则,针对刑事被告人所为的附带民事诉讼行为是无效诉讼行为。本案被告人马某某为限制民事行为能力人,其监护人应对马某某的犯罪行为给他人造成的损害承担民事赔偿责任。当然,根据前述民法的相关规定,马某某本人如果有财产的,赔偿费用应首先从其本人财产中支付,不足部分,由其监护人承担。

综上,一审法院在附带民事诉讼中没有为马某某确定法定代理人,对附带民事诉讼原告人申请追加被告人的监护人为共同被告人的请求不予支持不当,未将限制民事行为能力被告人的监护人列为共同被告,违反了法定诉讼程序。为严格遵守诉讼程序,保障双方当事人的合法权益,二审法院裁定原审法院在刑事附带民事诉讼中程序违法,将附带民事部分发回一审法院重新审判是适当的。

(撰稿:河北省高级人民法院　魏保国
审编:最高人民法院刑四庭　陆建红)

[第 1124 号]

# 吴某某、郑某某故意杀人案

## ——被告人因本人及家人长期遭受被害人家庭暴力而不堪忍受，在被害人再次实施家庭暴力时杀害被害人，能否认定为故意杀人罪情节较轻的情形

### 一、基本案情

被告人吴某某，男，1989 年 4 月 22 日生。2013 年 6 月 24 日因涉嫌犯故意杀人罪被逮捕。

被告人郑某某，女，1972 年 8 月 24 日生。2013 年 6 月 24 日因涉嫌犯故意杀人罪被逮捕。

江苏省淮安市人民检察院以吴某某、郑某某犯故意杀人罪，向淮安市中级人民法院提起公诉。

淮安市中级人民法院经公开审理查明：被害人吴某军（男，殁年 44 岁）与被告人吴某某、郑某某分别系父子、夫妻关系。吴某军婚后经常酗酒闹事、欺负村邻，其父母、兄弟、妻儿均曾遭其辱骂或者殴打致伤。郑某某右眼被吴某军脚踢失明。吴某军之女吴某因不堪忍受虐打曾割腕自杀，后离家外出。2011 年 1 月一天晚上，吴某军在江苏省淮安市淮阴区渔沟镇朱湖村（现韩圩村）家中酒后闹事，无故用农具砸打吴某某头部，致吴某某额部受伤出血。吴某某负气离家外出，后被郑某某劝回。吴某军见郑某某母子二人回家后，找茬辱骂、殴打郑某某。吴某某心生气愤，尾随吴某军至屋外将其推倒，并与吴某军厮打。因吴某军在厮打过程中声称报复，吴某某拾起地上一根废弃电线缠绕吴某军颈部进行勒拽，郑某某在拉拽吴某某时发现该情形，想到已不堪忍受吴某军打骂，便帮助吴某某一起勒拽电线，致吴某军机

械性窒息当场死亡。当晚,郑某某、吴某某将吴某军的尸体埋藏于自家主屋东北角的小棚内。2013年5月23日,吴某某在浙江省湖州市南浔镇被公安机关抓获归案。次日,郑某某到公安机关投案,如实供述了犯罪事实。吴某军的近亲属均对吴某某、郑某某的犯罪行为表示谅解。

淮安市中级人民法院认为,被告人吴某某、郑某某共同以暴力手段非法剥夺他人生命,其行为均已构成故意杀人罪。二被告人系因不堪忍受被害人吴某军的暴戾,出于激愤实施犯罪行为,可以认定为故意杀人罪情节较轻的情形。吴某某首先产生犯意并实施杀人行为,在共同犯罪中起主要作用,系主犯。郑某某在共同犯罪中起次要作用,系从犯,依法予以从轻处罚。郑某某在案发后主动到公安机关投案,如实供述犯罪事实,系自首,依法予以从轻处罚。吴某某在得知郑某某归案后如实供述犯罪事实,依法予以从轻处罚。吴某军长期虐待、打骂家人,其行为违背公序良俗,严重破坏家庭关系,在案发起因上存在重大过错;吴某某、郑某某素无劣迹,是家庭暴力的受害者,因心中积怨爆发失去理智而实施杀人行为,其犯罪行为得到被害人近亲属的谅解及居住地群众的同情,对二被告人从轻处罚符合法律规定及宽严相济刑事政策。吴某某、郑某某犯罪情节较轻,社会危害性相对较小,依法对二被告人在三年以上十年以下有期徒刑的量刑幅度内处罚。根据郑某某的犯罪情节和悔罪表现,对其宣告缓刑不致再危害社会。据此,依照《中华人民共和国刑法》第二百三十二条,第二十五条第一款,第二十六条第一款、第四款,第二十七条,第六十七条第一款、第三款,第七十二条第一款之规定,淮安市中级人民法院以故意杀人罪,分别判处被告人吴某某有期徒刑七年;判处被告人郑某某有期徒刑三年,缓刑四年。

一审宣判后,被告人吴某某、郑某某均未提出上诉,检察机关亦未抗诉,该判决已发生法律效力。

## 二、主要问题

被告人因本人及家人长期遭受被害人家庭暴力而不堪忍受,在被害人再次实施家庭暴力时杀害被害人,能否认定为故意杀人罪情节较轻的情形?

## 三、裁判理由

刑法第二百三十二条对故意杀人罪的规定，设定了两个法定刑幅度，其中情节较轻的，处三年以上十年以下有期徒刑。本案中，被告人郑某某因长期受被害人虐待，在其子被告人吴某某故意杀害被害人过程中提供帮助，共同致被害人死亡，结合该案情况，可以认定郑某某的行为属于故意杀人罪情节较轻的情形。但对吴某某的行为能否认定为故意杀人罪情节较轻的情形，存在两种意见：一种意见认为，吴某某在遭到其父吴某军殴打，其母郑某某亦受吴某军辱骂和殴打后，将吴某军推倒，在吴某军扬言报复时，吴某某拾起地上的废弃电线勒拽吴某军颈部，在郑某某帮助下杀害吴某某，属于故意杀人罪情节较轻的情形。另一种意见认为，吴某某本人受虐并不严重，其是以卑犯上，杀害尊亲属，最先产生犯意，在共同犯罪中起主要作用，杀人后掩埋尸体，因此，对吴某某的行为不应认定为故意杀人罪情节较轻的情形。

我们同意前一种意见，即被告人因本人及家人长期遭受被害人家庭暴力而不堪忍受，在被害人再次实施家庭暴力时杀害被害人，可以认定为故意杀人罪情节较轻的情形。具体分析如下：

故意杀人罪中的“情节较轻”，需由法官结合个案情况具体裁量。从以往的案例来看，对于激情杀人或者义愤杀人等情形，能否认定为“情节较轻”，通常要考虑以下几个因素：一是被告人的主观恶性，包括被害人在案发起因上是否有重大过错、被告人犯罪动机是否卑劣等；二是杀人手段属于一般还是残忍，如以特别残忍手段杀人，则通常不宜认定为情节较轻；三是犯罪后果是否严重，如导致二人以上死亡的严重后果，通常不能认定为情节较轻；四是被害方及社会公众特别是当地群众对被告人行为作出的社会评价。例如，被告人姚国英故意杀人案，被害人徐树生与姚国英系夫妻关系，婚后多年中，姚国英频繁受到徐树生严重虐待。在徐树生再次打骂姚国英后，姚国英趁徐树生熟睡将其杀害，后姚国英自首。法院认为，被告人姚国英杀人故意系因不堪忍受徐树生的长期虐待和家庭暴力而引发，综合考虑上述几个方面的因素，认定姚国英的行为属于故意杀人罪中情节较轻的情形，据此判处姚国英有期徒刑三年,并适用缓刑。[1]

就本案而言,被告人吴某某及其母郑某某、其妹吴某,均长期遭到其父吴某军虐待,郑某某一只眼睛被吴某军殴打失明,吴某因不堪忍受吴某军虐待曾割腕自杀,后离家外出,吴某军的其他家人亦曾遭到吴某军打骂,案发当日,吴某军又对二被告人打骂施虐。因此,从案发起因来看,被害人吴某军存在严重过错,二被告人并无过错。从吴某某的犯罪行为来看,可以认定其系因不堪忍受吴某军长期家庭暴力以及再次施暴报复的现实威胁,激愤之下而杀害吴某军,既无卑劣的犯罪动机,犯罪情节也无特别恶劣之处。吴某某随手从地上捡起废弃的电线勒死吴某军,犯罪手段一般,犯罪后果也不属于特别严重。当地村民对二被告人均持同情态度,对吴某军的施虐言行均表示谴责,要求对二被告人从宽处罚,吴某军的父母兄弟也均对二被告人表示谅解。综合考量以上因素,对吴某某和郑某某的故意杀人犯罪行为均可认定为情节较轻。

关于本案处理,需要注意以下两点:第一,对此类案件,并非被告人本人受到严重虐待才可认定为情节较轻。吴某某本人受到吴某军虐待,其母、其妹受到的虐待更为严重,吴某军的行为甚至已经达到犯罪的程度。吴某某及郑某某、吴某均系家庭成员,在共同受到虐待时有目共睹,作为子女,吴某某对母亲受虐无法视而不见,因此,不能认为只有家庭暴力中受虐最严重的人实施故意杀人行为才能认定为情节较轻,否则,刑事司法就可能会脱离社会普遍认知和评价标准。第二,对于涉及严重家庭暴力的故意杀人案件,卑亲属杀害尊亲属并不是认定情节较轻的障碍。本案中,吴某某系因其及家人长期遭受其父吴某军家庭暴力,在激情或义愤之下加以反抗而实施故意杀人行为,其行为本身就具有一定的防卫性质,依法应予从宽处罚。如果囿于被告人与被害人的身份尊卑关系而不顾案件本身的事实、情节,就将陷入以伦理道德替代法治的误区,这既在理念上违背了现代法治精神,在实践中

---

① 该案具体情形,参见金玉棠、汪琳:《姚国英故意杀人案——因长期遭受虐待和家庭暴力而杀夫能否认定为故意杀人罪中的"情节较轻"?对此类故意杀人犯能否适用缓刑》,载最高人民法院刑事审判一至五庭主办:《刑事审判参考》(总第76集),法律出版社2011年版,第30页。

也不利于贯彻宽严相济刑事政策。

（撰稿：江苏省高级人民法院　陈亚鸣
江苏省淮安市中级人民法院　欧海鸥
审编：最高人民法院刑三庭　罗国良）

［第 1125 号］

# 李虎、李善东等故意伤害案

## ——故意隐瞒自己参与共同犯罪的事实而以“证人”身份按照司法机关安排指认同案犯的行为是否构成立功

### 一、基本案情

被告人李虎，男，1982 年 12 月 29 日出生。2014 年 9 月 26 日因涉嫌犯故意伤害罪被逮捕。

被告人李善东，男，1985 年 7 月 10 日出生。2014 年 9 月 26 日因涉嫌犯故意伤害罪被逮捕。

被告人吴贵德，男，1977 年 1 月 10 日出生。2015 年 4 月 10 日因涉嫌犯故意伤害罪被逮捕。

被告人姜庭、杨华军、黄民赛（基本身份情况略），均于 2014 年 9 月 26 日因涉嫌犯故意伤害罪被逮捕。

浙江省宁波市人民检察院指控被告人李虎、李善东、吴贵德、姜庭、杨华军、黄民赛犯故意伤害罪，向宁波市中级人民法院提起公诉。

被告人李虎的辩护人提出李虎有协助公安机关抓获同案犯的立功表现等法定从轻处罚情节。

宁波市中级人民法院经审理查明：2014 年 8 月 22 日凌晨 1 时许，被告人李虎、李善东、吴贵德、姜庭、杨华军、黄民赛在浙江省宁波市镇海区骆驼街道山外山酒店对面用餐后，李善东、姜庭、杨华军、黄民赛沿骆驼街道兴业路步行返回住处。李虎和吴贵德在山外山酒店门口因故同醉酒的被害人方裕（殁年 44 岁）发生争执。后李虎、吴贵德上车沿兴业路行驶至骆驼街道宜家商务宾馆门口遇见李善东等人。吴贵德停车后，李虎唆使李善东、姜庭、杨华军、黄民赛去教训方裕。该六人返回至兴业路180号东辉羽毛球馆门口附近时，吴贵德发现方裕即向李善东等人指认。李善东、姜庭、黄民赛、杨华军遂上前对方裕拳打脚踢。其间，李善东捡起路边的砖头猛击方裕头部致其重度颅脑损伤死亡。

另查明，公安机关于同日8时许抓获被告人姜庭、杨华军、黄民赛，根据调取的视频监控录像，初步确定共同殴打被害人方裕的有四人（另一人即被告人李善东），而案发前被告人李虎与李善东等人一起就餐，遂将李虎作为知情人员传唤至公安机关询问，李虎未供述指使他人殴打被害人的犯罪事实，但提供了李善东在曙光丽亭酒店附近的饭店工作的信息，后公安机关因证据不足让李虎离开公安机关。同日，公安机关通过调查发现曙光丽亭酒店附近粒粒香饭店内的一名厨师的体貌特征与监控视频中的一名嫌疑人相似，遂秘密对该饭店进行布控，并将李虎带至该饭店进行指认。李虎确认该嫌疑人即是李善东，公安机关将李抓获归案。经审讯，李善东供述了受李虎指使殴打被害人的犯罪事实，公安机关遂于同日13时许将李虎抓获归案。

宁波市中级人民法院认为，被告人李虎、李善东、吴贵德、姜庭、杨华军、黄民赛的行为均已构成故意伤害罪。公安机关经侦查发现李善东有犯罪嫌疑，并在李善东工作单位将其控制。在此情况下，将李虎带至该饭店对李善东进行指认，李虎只是指认以确定同案犯李善东的身份，不属于协助公安机关抓获同案犯。故李虎的行为不构成立功。在共同犯罪中，李善东、李虎起主要作用，系主犯；吴贵德、姜庭、杨华军、黄民赛起次要作用，系从犯。李善东、李虎能如实供述犯罪事实，并有一定的赔偿表现，均予以从轻处罚。吴贵德系从犯，予以减轻处罚。姜庭、杨华军、黄民赛系从犯，并能如实供述犯罪事实，有一定的赔偿表现，均予以减轻处罚。依照《中华人民共和国刑法》第二百三十四条，第二十五条第一款，第二十六条第一款、第四款，第二十七条，第六十七条第三款，第四十八条第一款，第五十七条第一款，第五十五条第一款，第五十六条第一款，《最高人民法院关于对故意伤害、盗窃等严重破坏社会秩序的犯罪分子能否附加剥夺政治权利问题的批复》之规定，以故意伤害罪分别判处被告人李善东死刑，缓期二年执行，剥夺政治权利终身；判处被告人李虎有期徒刑十三年，剥夺政治权利三年；判处被告人吴贵德有期徒九年;判处被告人姜庭、杨华军、黄民赛各有期徒刑五年。

宣判后,被告人李虎、李善东、吴贵德均不服,分别提出上诉。其中,李虎提出其具有立功表现等上诉理由。

浙江省高级人民法院经审理认为,上诉人李虎、李善东、吴贵德及原审被告人姜庭、杨华军、黄民赛故意伤害致人死亡的事实清楚,证据确实、充分,其行为均已构成故意伤害罪。关于李虎所提构成立功的上诉理由,经查,李虎在接受公安机关询问时故意隐瞒其指使他人殴打被害人的事实,公安机关亦未掌握其犯罪事实,故李虎协助司法机关指认同案犯的行为系作为证人身份所为,彼时其尚未归案,因而不构成立功。二审期间,李虎、吴贵德家属分别代为赔偿被害人家属经济损失人民币五万元、二万元,获得被害人亲属的谅解,可在原判基础上再予从宽处罚。据此,以故意伤害罪改判李虎有期徒刑十年,剥夺政治权利一年;吴贵德有期徒刑七年。

## 二、主要问题

故意隐瞒自己参与共同犯罪的事实,按照司法机关安排以"证人"身份指认同案犯的行为是否构成立功?

## 三、裁判理由

### (一)如何理解把握"协助司法机关抓捕其他犯罪嫌疑人"

刑法第六十八条规定了立功制度,但条文规定比较原则,在司法实践中出现了适用标准不统一等问题。为此,最高人民法院陆续颁布了多个司法解释或规范性文件予以规范指导。其中,《最高人民法院关于处理自首和立功具体应用法律若干问题的解释》(以下简称《解释》)第五条将"协助司法机关抓捕其他犯罪嫌疑人(包括同案犯)"作为立功表现的一种类型加以规定,2010年出台的《最高人民法院关于处理自首和立功若干具体问题的意见》(以下简称《意见》)进一步明确协助抓捕其他犯罪嫌疑人主要包括:(1)按照司法机关的安排,以打电话、发信息等方式将其他犯罪嫌疑人(包括同案犯)约至指定地点;(2)按照司法机关的安排,当场指认、辨认其他犯罪嫌疑人(包括同案犯);(3)带领侦查人员抓获其他犯罪嫌疑人(包括同案犯);(4)提供司法机关尚未掌握的其他案件犯罪嫌疑人的联络方式、藏匿地址的,等等。《解释》和《意见》的出台,为司法机关准确认定"协助司法机关抓捕其他犯罪嫌疑人"型立功起到了重要指导作用。我们认为,鉴于立功情节作为法定从宽处罚情节的重要性,而实践中协助抓捕的情形又千差万别,因此,对《意见》所列部分协助行为,不能仅作形式上或类型性的把握,还要同时从实质上予以"量"的把握。换言之,虽然协助行为对司法机关抓捕其他犯罪嫌疑人的确起到了一定作用,但不具有决定作用,而是可有可无,那么,就不宜不加区分,简单援引《意见》的规定一律认定构成立功。例如,公安机关实际上已经控制犯罪嫌疑人,但为防止错误抓捕,遂安排行为人进行指认以进一步核实确定嫌疑人身份的,不能说行为人的指认不起任何作用,但不宜认定其构成立功。

本案中,公安机关经侦查发现被告人李善东涉嫌犯罪,但不了解李善东的具体身份情况。公安机关根据李虎提供的李善东工作单位等信息,进一步调查发现该单位一名厨师的体貌特征与监控视频中的一名嫌疑人相似,于是秘密对该饭店进行布控。但是公安机关尚未确认该厨师就是李善东,也没有控制李善东。在这种情况下,李虎按照公安机关安排,到该饭店进行指认。经李虎指认,公安机关始确认李善东身份并将其抓获。应该说,李虎所实施的一系列协助行为,对公安机关顺利抓捕李善东具有一定实质作用,属于《意见》所列立功行为类型。

(二)如何理解把握构成立功所要求的"到案后"

刑法第六十八条并未对构成立功时间条件进行限定,根据《解释》第五条的规定,"犯罪分子到案后有检举、揭发他人犯罪行为……应当认定为有立功表现",由此可见,司法解释采取了限制解释的立场,只有"到案后"才可能构成立功。本案中,在认定被告人李虎指认同案犯的行为属于"协助抓捕其他犯罪嫌疑人"的前提下,对该行为是否能够认定为发生在"到案后"有较大分歧:

一种意见认为,被告人李虎在接受公安机关第一次询问时,已经在司法机关的控制之下,此时李虎已经归案,其后协助司法机关抓捕同案犯的行为应当认定为立功。

另一种意见认为,被告人李虎协助司法机关抓捕同案犯时,司法机关尚未掌握其涉案,李虎有完全的人身自由。故李虎协助司法机关抓捕同案犯的行为并非在“到案后”实施,其行为不构成立功。

我们同意第二种意见,即被告人李虎实施的协助抓捕行为并非发生在到案后,不符合构成立功的时间条件,具体理由如下:

立功制度蕴含的功利主义价值取向更为突出,其基本出发点就在于,通过对立功的犯罪分子在量刑时从宽处罚,鼓励犯罪分子检举、揭发他人犯罪,协助司法机关侦破案件,抓获其他犯罪嫌疑人,或者做出其他对社会有贡献的行为。换言之,立功是一种“将功赎罪”的刑罚奖励制度。为了克服追求功利主义可能带来的负面影响,对可构成立功的领域范围(主要限于与查缉犯罪相关)及时间条件予以限制,以体现公正价值,确有必要性。特别是从司法实践来看,因《解释》将“其他有利于国家和社会的突出表现”也视为立功,如果不将立功限定为“到案后”,则立功的范围漫无边际、认定上流于随意,将给犯罪分子逃避法律制裁以可乘之机,有损法律的权威和公正。“到案后”一般情况下,意味着犯罪分子的人身自由已受到一定程度的控制,犯罪分子将功赎罪的主观愿望才明晰化,也能防止立功制度的滥用。因此,《解释》将立功的起始时间明确为“到案后”,是科学的。“到案后”一般应理解为犯罪分子在被有关机关或个人控制之下或者其自愿置于有关机关或个人的控制之下。当然,对“到案后”也不能机械地理解为司法机关为办案之目的而控制犯罪分子之后,还可以包括其他有关机关、单位等发现犯罪分子有违法犯罪嫌疑而接触、控制犯罪分子之后。实践中,犯罪分子主动到有关机关投案交代自己的罪行并揭发他人犯罪,只是由于种种原因公安司法机关对其犯罪行为未予及时立案的,也不影响对其立功情节的认定。[①]《解释》所规定的“到案后”虽然主要是限定立功成立的时间要件,但从一定程度上,也可体现犯罪分子“将功赎罪”的主观意愿。对实践中存在的犯罪分子虽尚未置于有关机关控制之下(即现实到案),但有证据证实其确已准备投案或者在投案途中,其实施协助抓捕同案犯、向司法机关提供侦破其他案件的线

① 赵俊甫:《张俊兰受贿案——投案后、立案前协助公安机关抓获其他犯罪嫌疑人的,可以认定为立功》,载张军、黄尔梅主编:《最高人民法院自首、立功司法解释案例指导与理解适用》,法律出版社2012年版。

索等符合立功客观要件行为的，对其应当认定为立功。例如，被告人伙同同案犯实施抢劫后潜逃，得知被通缉后，向公安机关打电话表示准备投案，同时应公安机关要求，与同案犯进行联系并会面，配合公安机关抓获同案犯的，对被告人上述协助抓捕行为可以解释为是“到案后”所实施。

本案中，被告人李虎在第一次接受询问时，公安机关虽然有条件对李虎进行约束、控制，但因未发现其有犯罪嫌疑而在客观上没有对李虎采取强制措施，而是让其自行离开，李虎故意隐瞒涉案事实，也没有任何投案的意愿。因此，李虎在接受公安机关第一次询问时，不属于“到案”。李虎故意隐瞒自己指使李善东等人殴打被害人的犯罪事实，有逃避法律追究的意图；其后以“证人”身份协助司法机关对同案犯李善东进行指认，也未体现任何“将功赎罪”的意愿。因此，严格来讲，即使被告人李虎指认同案犯的行为对司法机关抓捕同案犯起到一定协助作用，也不能认定是发生在“到案后”。法院对其协助抓捕行为不认定为立功，是正确的。

需要指出的是，还有一种意见认为，被告人李虎的行为可以构成重大立功，其理由是：《解释》第五条对立功的认定有“到案后”的明确规定，而《解释》第七条对重大立功没有规定“到案后”，按照罪刑法定原则，构成重大立功不需要“到案后”。因此，李虎协助抓捕的同案犯李善东依法被判处死刑，缓期二年执行，其协助抓捕行为虽发生在到案前，但仍然构成重大立功。

我们认为，被告人李虎的行为不构成立功，更不构成重大立功。理由是：从逻辑上分析，立功与重大立功的区别主要在于所起作用的大小不同，但在构成立功的最低条件要求上，二者不存在也不应有区别。从法律效果方面分析，构成重大立功对犯罪分子从宽处罚的力度更大，那么对重大立功的限制条件亦应当更加严格，才符合逻辑和常理。在《解释》第五条已经规定了犯罪分子“到案后”才能构成立功的情况下，举轻以明重，《解释》第七条的规定虽无“到案后”的表述，但只有理解为同样要求“到案后”方为符合体系解释原则的妥当结论。

（撰稿：浙江省高级人民法院　侯天柱
审编：最高人民法院刑一庭　杜国强）

[第1126号]

# 李英俊故意伤害案

——在自家院内搜寻藏匿的不法侵害人时发生打斗，致人死亡的，构成正当防卫

## 一、基本案情

被告人李英俊，男，1966年10月20日出生。2011年9月30日因涉嫌犯故意伤害罪被逮捕。

辽宁省抚顺市人民检察院以被告人李英俊犯故意伤害罪，向抚顺市中级人民法院提起公诉。

被告人李英俊辩称其系为了保护家人的安全才持铁管打了被害人，没有伤害被害人的故意。

抚顺市中级人民法院经公开审理查明：被告人李英俊系辽宁省抚顺市顺城区会元乡马金村村民。2011年8月26日4时许，李英俊夫妇在家中睡觉时被院内狗叫声吵醒，其妻刘占元走到院门口，看见刘振强（被害人，男，殁年42岁）持尖刀刺其院门，并声称要"劫道"。李英俊随后赶来，见状立即回院内取来一根铁管，并打电话通知村治保主任刘首钢等人前来帮忙。刘振强又来到李英俊家厨房外，用尖刀割开厨房纱窗，被刘占元发现后躲进院内玉米地。李英俊持铁管进玉米地寻找刘振强，在玉米地里与持尖刀的刘振强相遇，二人发生打斗。李英俊持铁管击打刘振强头部，致其倒地。后刘振强被送往医院救治，因颅脑损伤于次日死亡。

抚顺市中级人民法院认为，被害人刘振强在凌晨4时许持刀砍击被告人李英俊家大门并声称要"劫道"，后又闯入李家带有围墙的后院，划开厨房纱窗，其行为已经严重危害李家人的人身和财产安全。李英俊为保护自己及

家人的安全持铁管击打刘振强，致其死亡，该行为符合无过当防卫的条件，构成正当防卫。公诉机关指控李英俊犯故意伤害罪的罪名不能成立。据此，依照《中华人民共和国刑法》第二十条第三款之规定，判决如下：被告人李英俊无罪。

一审宣判后，抚顺市人民检察院提出抗诉。其抗诉意见是：(1)被害人躲进玉米地后，不法侵害的现实威胁已消失，不存在实施防卫的紧迫性，被告人李英俊的行为不具有防卫性质。(2)李英俊系故意伤害未对其与家人实施任何不法侵害的被害人，不具备正当防卫的前提条件。(3)李英俊主观上具有主动加害意图，不具有防卫目的。

二审中，辽宁省人民检察院提出如下意见：(1)本案不属于无过当防卫。被害人刘振强在凌晨到被告人李英俊家用刀劈刺大门，并闯入李家后院划开纱窗，其行为已严重危及李英俊及其家人的人身安全。数名村民闻讯赶到李家后，能够控制现场局势，且刘振强已躲进李家玉米地，严重危及人身安全的危险及防卫的紧迫性均已消失，因而不构成无过当防卫。(2)本案属一般的正当防卫，但防卫明显过当。刘振强持刀劈刺李家院门并进入李家院内后，不法侵害已经开始，刘振强躲进院内玉米地后，李英俊持铁管进入玉米地搜索时，对可能发生的致人伤亡的后果持希望或放任态度，二人相遇后李英俊持铁管击打刘振强头部，致刘振强死亡，防卫明显超过必要限度，但应当减轻或免除处罚。

被告人李英俊及其辩护人提出，其为了保护家人的安全持铁管击打被害人，没有伤害故意，其行为构成正当防卫。

辽宁省高级人民法院经公开审理认为，被告人李英俊对正在进行的行凶暴力犯罪采取防卫行为，造成不法侵害人死亡，不属于防卫过当，不负刑事责任。李英俊持铁管进玉米地寻找被害人刘振强时，虽然在场人员已经报警，但现场局势并未得到控制，持刀藏匿在李家封闭院落内的刘振强依然对李家人构成现实威胁，且其后续行为足以证实其并未放弃实施不法侵害。李英俊持械进入玉米地寻找刘振强，属于公民依法行使保护自身权利的行为，不能据此认定李英俊有加害故意。刘振强藏匿在李家封闭院落内的玉米地里，并持尖刀刺扎李英俊，故其行为属于正在进行的严重危及人身安全的行凶暴力犯罪,李英俊的防卫行为应适用刑法关于无过当防卫的规定,构成正当防卫。据此,依照《中华人民共和国刑事诉讼法》第二百二十五条第一款第一项之规定,裁定驳回抗诉,维持原判。

## 二、主要问题

不法侵害人持刀闯进院内并躲进玉米地后,被告人搜寻不法侵害人时发生打斗,造成不法侵害人死亡的,是否构成正当防卫?

## 三、裁判理由

如何认定正当防卫,是司法实践中的一个难题。尽管近年来已出现一些认定为正当防卫的案件,但由于案件之间的差别较大,分析案件性质的视角又各有不同,故对于新出现的案件,认定上仍然容易引发争议。本案审理过程中,对被告人李英俊的行为是否构成正当防卫有三种意见:第一种意见认为,被害人躲进玉米地后,不法侵害的现实威胁已消失,不具备构成正当防卫的前提条件。李英俊持铁管寻找被害人时有加害故意,故其构成故意伤害罪。第二种意见认为,被害人躲进玉米地后不法侵害仍在继续,但并未严重危及李家人的人身安全,李英俊寻找被害人时对可能发生的危害后果持希望或放任态度,后在打斗中打死被害人,其防卫明显超过必要限度,构成防卫过当。第三种意见认为,被害人躲在玉米地内对李家仍有现实威胁,李英俊持械进入玉米地寻找被害人的行为具有正当性、合理性,其在遭到被害人持刀攻击时击打被害人致死,符合刑法关于无过当防卫的规定,构成正当防卫。

根据刑法第二十条第三款的规定,对正在进行行凶、杀人、抢劫、强奸、绑架以及其他严重危及人身安全的暴力犯罪,采取防卫行为,造成不法侵害人伤亡的,不属于防卫过当,不负刑事责任。刑法理论上一般将这种情形称为无过当防卫或特殊防卫。构成无过当防卫,除了在防卫目的、防卫起因、防卫客体、防卫时间等方面要符合正当防卫的一般要求外,还要具备两个条件:一是行为人面临行凶、杀人、抢劫、强奸、绑架以及与前述行为危害程度相当的严重暴力犯罪,行为人的人身安全受到严重威胁,甚至是侵害;二是行为人实施防卫不受防卫限度条件的限制,即使造成不法侵害人伤亡,也不属于防卫过当。结合本案的具体情况,我们认为被告人李英俊的行为构成无过当防卫,具体分析如下:

(一)被害人刘振强躲进玉米地后其实施的不法侵害并未结束

刘振强凌晨持刺刀砍击被告人李英俊家大门,后翻墙进入李家院内划割厨房纱窗,其行为严重威胁李英俊及家人的人身安全,属正在进行的不法侵害。刘振强划割纱窗被李英俊妻子发现后躲入院内的玉米地,虽未继续行凶,但其躲避的目的是准备逃离现场还是伺机行凶,根据现有证据无法查明。同时,在案证据证实刘振强患有精神病,案发时处于精神异常状态,攻击他人的可能性较大。由于该玉米地与李家住房均用围墙围在一个大院落内,且玉米地与住房距离较近,刘振强躲在玉米地内对李家人仍有现实威胁,也可认为是侵害状态的延续,故认为被害人躲入玉米地后不法侵害仍然存在的意见有一定道理。

(二)被告人李英俊在多名村民前来帮助的情况下持械进入玉米地寻找被害人刘振强的行为具有正当性、合理性,不应认定其具有加害故意

面对躲在自家院内玉米地里的持刀男子,由于不能确定其是否再次实施侵害,李英俊有权利保护自身及家人的安全,其进玉米地搜寻持刀人的目的是排除现实危险,携带铁管防身也是人之常情,即使其认识到可能与对方发生打斗,对对方造成伤害,也不影响其目的的正当性。刑事诉讼法第八十二条规定,对正在实行犯罪或者在犯罪后即时被发觉的人,任何公民都可以立即扭送公安机关、人民检察院或者人民法院处理。如将在自家院内搜捕潜在侵害人的行为认定为意图加害他人的行为,则是对公民自行抓捕、扭送犯罪嫌疑人权利的不当限制,与刑法鼓励、提倡同犯罪分子作斗争的立法目的不符。有意见认为,多名村民到场后李家人的安全已有保证,李英俊应等待警察到场处置,其直接持械进入玉米地进行搜索,处理不当,应承担相应的法律责任。我们认为,选择等待警察到场处置虽然也是一种处理方式,但在自家院内搜捕潜在侵害人是公民应有的权利,况且案发时为凌晨,光线较暗,刘振强躲过在场人员的监控潜入室内行凶的可能性是客观存在的。因此,李英俊在警察到来之前自行搜捕不法侵害人,既是合法的,也是合理的。

（三）被告人李英俊在玉米地中与被害人刘振强发生打斗，并将刘振强打倒的行为属于无过当防卫

根据李英俊的供述，二人相遇后刘振强首先持刀攻击，李英俊在还击中将刘振强打倒。李英俊供述的二人在玉米地里发生打斗的情节无其他人目击，但当时在院内的多名证人均证实李英俊进入玉米地后听到铁器撞击声，一定程度上印证了李英俊所供打斗情节。结合李英俊打倒刘振强后立即呼叫他人，其家人积极协助救治的情节看，其在打斗中无明显的杀伤意图，打击手段亦有节制，对其供述应予采信。因此，李英俊在遭到刘振强持刀攻击的情况下持铁管还击并将刘振强打倒的行为，符合刑法第二十条第三款规定的无过当防卫的构成要件，系正当防卫，依法不负刑事责任。一、二审法院认定李英俊无罪是正确的。

**（撰稿：辽宁省高级人民法院　欧阳宁疆　张利晨**

**审编：最高人民法院刑五庭　马　岩）**

[第 1127 号]

# 潘光荣、赖铭有抢劫案

## ——保外就医期限届满后未归监又重新犯罪的应如何计算余刑

### 一、基本案情

被告人潘光荣,男,1969 年 7 月 25 日生。1990 年 4 月 22 日因犯抢劫罪被判处无期徒刑,剥夺政治权利终身,判决生效后在 A 监狱服刑。1993 年 7 月 3 日减刑为 19 年,剥夺政治权利 5 年;1995 年减刑 1 年 9 个月,剥夺政治权利 5 年不变(服刑期至 2010 年 10 月 2 日止)。A 监狱报广西壮族自治区劳改局于 1996 年 11 月 6 日获得批准,1996 年 11 月 29 日给潘光荣办理了监外执行(保外就医)一年的手续,2000 年 8 月 16 日,广西壮族自治区监狱管理局要求对潘光荣收监检查病情,A 监狱多次联系潘光荣的保证人及去潘光荣居住地均未找到潘光荣本人。2012 年 3 月 29 日潘光荣因本案被刑事拘留,同年 5 月 3 日被逮捕。

被告人赖铭有,男,1968 年 2 月 3 日生,1990 年 5 月 12 日因犯抢劫罪被判处无期徒刑,剥夺政治权利终身。经减刑,于 2008 年 11 月 13 日释放。2012 年 5 月 3 日因本案被逮捕。

广西壮族自治区北海市人民检察院以被告人潘光荣、赖铭有分别犯抢劫罪、故意杀人罪,向北海市中级人民法院提起公诉。

被告人潘光荣对指控的犯罪事实、罪名均无异议,辩称系赖铭有提起犯意并掐死被害人。其辩护人提出,潘光荣的供述比赖铭有的供述可信度高,且认罪态度好,可以从轻处罚。

被告人赖铭有对指控的犯罪事实、罪名均无异议,辩称系潘光荣提起犯意,并在共同犯罪中起组织、指挥作用。其辩护人提出,在共同犯罪中潘光荣系主犯,赖铭有系从犯,且认罪态度好,可不判处死刑。

北海市中级人民法院经审理查明：被告人潘光荣、赖铭有曾在同一监狱服刑而相识。2012年2月，潘光荣、赖铭有共谋抢劫，并准备了电话卡、铁铲等作案工具。同月29日9时许，潘光荣、赖铭有以出去玩为由将北海市一保健城的足疗按摩师张燕（被害人，女，殁年35岁）诱骗上了赖铭有驾驶的华普小轿车。之后，赖铭有驾驶该车，潘光荣驾驶其租来的海马小轿车，三人来到一练车场停车后，潘光荣进入赖铭有驾驶的小轿车内。潘光荣、赖铭有以殴打、威胁等手段共同劫取了张燕的银行卡两张，威逼张燕说出银行卡密码后，潘光荣、赖铭有合力将张燕掐死，并将张燕的尸体移到潘光荣驾驶的海马小轿车上。潘光荣、赖铭有四处寻找埋尸地点，直至次日凌晨，二人将张燕的尸体转移到北海市海边沙滩上挖坑掩埋，随后将张燕的衣物及埋尸工具铁铲等丢弃。同年3月14日凌晨，潘光荣在银行自动取款机上取走张燕银行卡内人民币5 000元（以下币种均为人民币）。同月16日凌晨，潘光荣、赖铭有一同在自动取款机上取走张燕银行卡内14 000元后分赃。

北海市中级人民法院认为，被告人潘光荣、赖铭有以非法占有为目的，使用暴力手段劫取他人财物，数额巨大，并致人死亡，其行为均构成抢劫罪。潘光荣、赖铭有实施犯罪的最根本目的是劫财，在抢得被害人少量现金及银行卡、得知密码后对被害人杀人灭口是两被告人抢劫行为的延续，以抢劫罪一罪对二被告人定罪处罚能更加准确地反映被告人的犯罪本质，体现罪刑相适应的原则。在共同犯罪中，虽然被告人潘光荣、赖铭有在提出犯意、准备作案工具、殴打威胁被害人和掐死被害人等重要环节上互相推诿，但是，二人共谋抢劫，共同以暴力、胁迫的手段实施抢劫，合力掐死被害人并且共同处理尸体、作案工具和被害人的衣物等重要物证，行为积极主动、相互配合密切、作用相当，均起主要作用，均是主犯，依法应按照其参与的全部犯罪进行处罚。被告人潘光荣曾因犯抢劫罪被判处无期徒刑，在服刑期间保外就医，仍不思悔改，又实施严重损害他人生命和财产权利的抢劫犯罪行为，应数罪处罚。被告人赖铭有曾因犯抢劫罪被判处无期徒刑，在刑罚执行完毕以后仍不思悔改，五年以内再犯应当判处有期徒刑以上刑罚之罪，是累犯，依法应从重处罚。二被告人犯罪主观恶性大，犯罪手段特别残忍，罪行极其严重，不具有法定的从轻或减轻处罚情节。据此，判决如下：

1. 被告人潘光荣犯抢劫罪,判处死刑,剥夺政治权利终身,并处没收个人全部财产;曾因犯抢劫罪被判处无期徒刑,剥夺政治权利终身,经减刑后尚未执行完毕的刑期为十三年十个月二十七天,剥夺政治权利五年。数罪并罚,决定执行死刑,剥夺政治权利终身,并处没收个人全部财产。

2. 被告人赖铭有犯抢劫罪,判处死刑,剥夺政治权利终身,并处没收个人全部财产。

一审宣判后,被告人潘光荣、赖铭有均提出上诉。被告人潘光荣及其辩护人提出,被害人系赖铭有骗出,潘光荣认罪悔罪,请求改判。被告人赖铭有及其辩护人提出,赖铭有没有与潘光荣共谋抢劫,赖铭有系从犯,请求从轻处罚。

广西壮族自治区人民检察院认为,原判认定事实清楚,证据确实、充分,审判程序合法,但潘光荣、赖铭有是劫财后为杀人灭口而实施杀人行为,应以抢劫罪和故意杀人罪分别定罪处罚;原判认定潘光荣曾因犯抢劫罪被减刑后,于1996年11月6日被予以监外执行,本案案发时,其刑罚已执行完毕,本案不应对其数罪并罚,原判定性不正确,量刑不当,请求二审依法判处。

广西壮族自治区高级人民法院经审理认为,被告人潘光荣、赖铭有在抢劫前为了劫取他人财物而预谋抢劫杀人,并准备了埋尸的工具铁铲,明显有抢劫而预谋杀人的故意,且在抢劫中虽然取得了被害人的银行卡及密码,但未实际掌握银行卡内财物,为了不让被害人报案,进一步取得财物排除障碍而将被害人杀害,可见杀害被害人并不超出其预谋抢劫杀人的范畴,原判以抢劫罪定罪处罚有事实及法律依据。潘光荣于1996年11月29日因保外就医,被予以监外执行一年。期满后,其未取得继续保外就医亦未被收监,属在暂予监外执行期间脱逃、漏管,脱逃的期间不计入执行刑期。潘光荣从1997年11月29日起至2010年10月2日止,尚有余刑共12年10个月3天未执行,其在服刑期间重新犯罪,对尚未执行的刑罚应与所犯新罪所判处的刑罚进行数罪并罚。二上诉人抢劫致一人死亡,虽能供述抢劫杀人的犯罪事实,但二人曾因抢劫被判处过无期徒刑的刑罚,仍不思悔改又实施抢劫犯罪,二人主观恶性深、人身危险性大、所犯罪行极其严重,依法应予以严惩。原审判决认定事实清楚,证据确实、充分,定罪准确,适用法律正确,审判程

序合法。原判计算潘光荣余刑有误,予以纠正。据此,判决如下:

1.维持北海市中级人民法院对被告人赖铭有以抢劫罪判处死刑,剥夺政治权利终身,并处没收个人全部财产的判决;

2.撤销北海市中级人民法院对被告人潘光荣的判决;

3.被告人潘光荣犯抢劫罪,判处死刑,剥夺政治权利终身,并处没收个人全部财产。与原抢劫罪尚未执行完毕的刑期十二年十个月三天,剥夺政治权利五年,实行数罪并罚,决定执行死刑,剥夺政治权利终身,并处没收个人全部财产。

广西壮族自治区高级人民法院将判决依法报请最高人民法院核准。

最高人民法院经复核认为,被告人潘光荣、赖铭有结伙采用暴力手段劫取他人财物,致人死亡,其行为均已构成抢劫罪,应依法惩处。第一审、第二审判决认定的事实清楚,证据确实、充分,定罪准确,审判程序合法。第二审判决量刑适当。据此,裁定核准广西壮族自治区高级人民法院维持第一审对被告人赖铭有以抢劫罪判处死刑,剥夺政治权利终身,并处没收个人全部财产;对被告人潘光荣以抢劫罪判处死刑,剥夺政治权利终身,并处没收个人全部财产,与前罪尚未执行完毕的刑期并罚,决定执行死刑,剥夺政治权利终身,并处没收个人全部财产的刑事判决。

## 二、主要问题

保外就医期限届满后未归监又重新犯罪的应如何计算余刑?

## 三、裁判理由

本案在审理过程中,对于被告人潘光荣的余刑应如何计算的问题,存在较大分歧。公诉机关认为,被告人潘光荣曾因犯抢劫罪被减刑后,于1996年11月6日被予以监外执行,2002年还继续治疗,本案证据没有证明监狱执行机关的保外就医、通知潘光荣收监的行为有不当之处,可以认定潘光荣的刑罚已经于2010年10月2日执行完毕,本案不应对其数罪并罚。一审法院认为,潘光荣从1996年11月6日起至2010年10月2日止,余刑为13年10个月27天,剥夺政治权利5年。二审法院认为,潘光荣于1996年11月29日因保外就医被予以监外执行一年，期满后潘光荣没有取得继续保外就医亦未被收监，属于在暂予监外执行期间脱逃、漏管，期满后的时间不应计入已执行刑期，潘光荣从1997年11月29日起至2010年10月2日止，余刑共12年10个月3天，剥夺政治权利5年。

我们同意二审法院的观点。理由如下：

（一）被告人潘光荣保外就医一年的时间应计入已执行刑期

根据刑事诉讼法和监狱法有关条文的规定，保外就医是指对于被判处无期徒刑、有期徒刑或者拘役的罪犯，因患有严重疾病，暂予监外执行不致危害社会的，依照法定的程序审批后，由监内执行刑罚变更为暂予监外执行刑罚的一种特殊的刑罚执行方式。保外就医属于暂予监外执行①的一种，与缓刑、假释期间的法律效果不同，暂予监外执行期间刑期持续计算，即罪犯在监外治疗疾病的期间计入刑罚执行期间。本案中A监狱于1996年对被告人潘光荣办理的保外就医一年，是依法定程序报省级监狱管理部门批准的，合法有效，故该一年的保外就医期间应计入刑罚执行期间。一审法院在没有任何证据的情况下否定潘光荣保外就医一年的合法性，在计算潘光荣的余刑时没有扣除合法的保外就医期间是错误的。

（二）被告人潘光荣保外就医期满后的时间不应计入已执行刑期

关于保外就医期满后未收监的，如何计算已执行刑期，现行法律法规的相关规定如下：

刑事诉讼法第二百五十七条规定："对暂予监外执行的罪犯，有下列情形之一的，应当及时收监：（一）发现不符合暂予监外执行条件的；（二）严重违反有关暂予监外执行监督管理规定的；（三）暂予监外执行的情形消失后，罪犯刑期未满的。……罪犯在暂予监外执行期间脱逃的，脱逃的期间不计入执行刑期。"《最高人民法院、最高人民检察院、公安部、国家安全部、司法部、全国人大常委会法制工作委员会关于实施刑事诉讼法若干问题的规定》第三十四条规定："刑事诉讼法第二百五十七条第三款规定：'不符合暂予监外执行条件的罪犯通过贿赂等非法手段被暂予监外执行的，在监外执行的

① 根据刑事诉讼法的规定，暂予监外执行有三种情形：一是患有严重疾病需要保外就医的；二是怀孕或正在哺乳自己婴儿的妇女；三是生活不能自理，适用暂予监外执行不致危害社会的。

期间不计入执行刑期。罪犯在暂予监外执行期间脱逃的,脱逃的期间不计入执行刑期。'对于人民法院决定暂予监外执行的罪犯具有上述情形的,人民法院在决定予以收监的同时,应当确定不计入刑期的期间。对于监狱管理机关或者公安机关决定暂予监外执行的罪犯具有上述情形的,罪犯被收监后,所在监狱或者看守所应当及时向所在地的中级人民法院提出不计入执行刑期的建议书,由人民法院审核裁定。"

从上述规定可以看出,虽然现行法律法规对保外就医期限届满未收监又重新犯罪的,如何计算余刑没有具体的规定,但基本原则是明确、一致的,即保外就医期间违反相关监管规定脱管、脱逃的,脱管、脱逃期间不计入执行刑期。我们认为,这种规定有利于更好地实现保外就医制度的法律效果与社会效果。保外就医制度的本质在于彰显人道主义精神,体现刑罚执行的人性化,是对患严重疾病罪犯的一种人道主义待遇。但在司法实践中,由于监管不力、法律规定缺失等诸多原因,导致"一保到底"、"保而不医"等保外就医后脱管、漏管问题频繁发生,甚至出现罪犯持续数年脱管,流散社会威胁社会稳定和安全的情况,如本案中的潘光荣就是在脱管后再次实施严重暴力犯罪。因此,对于保外就医如何计入刑罚执行期间的问题,应当以更加严格和审慎的标准来认定,如果将罪犯保外就医期满后未办理延期手续、未归监的时间都计入刑罚执行期间,无异于引导和鼓励保外就医的罪犯违反规定和脱管,这显然与保外就医制度设立的初衷相背离。

本案中,被告人潘光荣保外就医的期限为一年,2000年8月16日广西壮族自治区监狱管理局批示要求对潘光荣"收监检查病情"之后,监狱方面多次寻找潘光荣无果,并于2009年3月27日决定以脱逃罪对潘光荣立案,实施网上追捕。A监狱多份文件均明确:潘光荣1996年保外就医一年,收监日期为1997年11月28日,保外就医期满之日起之后的刑期不计入执行刑期。可见,自保外就医期满后,潘光荣就处于脱管状态,其保外就医期满后的时间不应计入刑罚执行期间。公诉机关的观点与潘光荣监外执行期满后脱管、漏管直到脱逃被立案、网上追捕的事实不符。

(三)对被告人潘光荣的余刑应从保外就医一年期满后第二日起算

1994年6月18日《最高人民法院研究室关于服刑罪犯保外就医期限届

满后未归监又重新犯罪应如何计算前罪余刑问题的答复》(以下简称《答复》)曾作出明确的规定:“服刑罪犯经批准保外就医期应计入执行期,保外就医期限届满后未归监的时间不得计入执行期;又重新犯罪的,其前罪的余刑应从保外就医期限届满第二日起计算至前罪刑满之日为止。”该《答复》虽然已于2013年1月18日被废止,但在本案的处理中仍可以参照《答复》的精神。本案中,虽然A监狱于1996年11月6日批准潘光荣保外就医,但卷内证据显示,1996年11月29日潘光荣才实际办理保外就医手续出监,1996年11月6日至11月29日期间仍属于在监内服刑期间,因此潘光荣的余刑应该从1996年11月29日至1997年11月28日一年期满后的第二日,即1997年11月29日开始计算。一审法院将潘光荣的余刑自1996年11月6日开始计算至2010年10月2日,共计13年10个月27天,除了前述未将合法的保外就医期限计入刑罚执行刑期的问题外,还存在两个问题:一是与实际案情不符,1996年11月6日至11月29日期间潘光荣仍在监内服刑;二是计算上有误,即使从1996年11月6日开始计算,至2010年10月2日,也应为13年10个月26天,而不是13年10个月27天,即11月6日当天应计算为服刑日。二审法院计算潘光荣的余刑从1997年11月29日至2010年10月2日止,共12年10个月3天,是准确、适当的。

此外,本案在审理中,对于定抢劫一罪还是定抢劫罪、故意杀人罪两罪的问题,存在争议。我们认为,根据《最高人民法院关于抢劫过程中故意杀人案件如何定罪问题的批复》“行为人为劫取财物而预谋故意杀人,或者在劫取财物过程中,为制服被害人反抗而故意杀人的,以抢劫罪定罪处罚。行为人实施抢劫后,为灭口而故意杀人的,以抢劫罪和故意杀人罪定罪,实行数罪并罚”的规定,本案定抢劫罪一罪更适当。理由在于:本案中,潘光荣、赖铭有在抢劫前为了劫取财物而预谋抢劫杀人,并准备了埋尸的工具铁铲,明显有为抢劫而预谋杀人的故意,在抢劫中虽然取得了被害人的银行卡及密码,但未实际掌握银行卡内财物,为了不让被害人报案,为进一步取得财物排除障碍而将被害人杀害,可见杀害被害人并不超出其预谋抢劫杀人的范畴,符合该批复所规定的为劫取财物而预谋故意杀人的情况,定抢劫罪一罪完全可以涵盖二被告人的主观故意和客观行为。

本案系共同抢劫致一人死亡,但被告人潘光荣、赖铭有参与预谋、共同实施抢劫,二人均系主犯,在共同犯罪中的地位、作用相当。考虑到本案系为劫取财物而预谋故意杀人,犯罪性质十分恶劣,情节、后果特别严重;潘光荣曾因抢劫罪被判处无期徒刑,在刑罚执行完毕以前又犯罪,虽不属于累犯,但在前罪执行脱管期间犯罪,其主观恶性、人身危险性不亚于累犯,且前罪也是严重危害社会治安的抢劫犯罪;被告人赖铭有是累犯,前罪被判处无期徒刑,也是严重危害社会治安的暴力犯罪,二人均主观恶性极深,人身危险性极大,判处二人死刑适当。

(撰稿:最高人民法院刑四庭　杨　华

审编:最高人民法院刑四庭　陆建红)

［第 1128 号］

# 张万盗窃案

## ——盗窃罪中数额巨大与减半认定情形并存的如何适用法律

### 一、基本案情

被告人张万，男，1982 年 6 月 13 日生。2002 年 8 月 26 日因犯盗窃罪被判处有期徒刑一年；2005 年 11 月 9 日因犯盗窃罪被判处有期徒刑五年；2011 年 3 月 10 日因犯盗窃罪被判处有期徒刑三年，并处罚金人民币二千元，2013 年 10 月 8 日刑满释放。2014 年 5 月 12 日因涉嫌犯盗窃罪被逮捕。

无锡市南长区人民检察院以被告人张万犯盗窃罪，向南长区人民法院提起公诉。

无锡市南长区人民法院经审理查明：2014 年 3 月 11 日凌晨 4 时许，被告人张万至无锡市人民医院心肺大楼 5 楼 62 号病床所在房间内，趁他人熟睡之机，盗窃得陪护父亲住院治疗的戴锡明的皮包 1 只，内有人民币 53 000 元。盗窃后，张万携款离开无锡至上海，在上海将该人民币 53 000 元存入自己的银行卡。2014 年 3 月 14 日，张万又至湖南省怀化市第三人民医院行窃时被抓获。次日，怀化市公安局鹤城分局决定对张万行政拘留十五日；同年 3 月 28 日，张万因涉嫌犯盗窃罪被怀化市公安局鹤城分局刑事拘留，同年 4 月11 日，因怀化市鹤城区人民检察院作出不批准逮捕决定，张万被释放。同日，张万被移交给无锡市公安局南长分局。张万到案后，如实供述了自己的罪行。案发后，公安机关扣押张万人民币 53 000 元并已发还戴锡明。

无锡市南长区人民法院认为，被告人张万以非法占有为目的，秘密窃取他人财物，数额巨大，其行为已构成盗窃罪，依法应处三年以上十年以下有期徒刑，并处罚金。张万曾因故意犯罪被判处有期徒刑，在刑罚执行完毕以后五年内再故意犯应当判处有期徒刑以上刑罚之罪，是累犯，依法应当从重处罚。张万虽未自动投案,但归案后能如实供述自己的罪行,依法可以从轻处罚。张万在医院内盗窃病人亲友财物,酌情予以从重处罚。公诉机关指控被告人张万犯盗窃罪的事实清楚,证据确实、充分,适用法律正确,指控成立。综合被告人张万的犯罪情节和量刑情节,公诉机关提出的判处其有期徒刑三年六个月至五年六个月,并处罚金的量刑建议适当。综上,依照《中华人民共和国刑法》第二百六十四条、第六十五条第一款、第六十七条第三款及《最高人民法院、最高人民检察院关于办理盗窃刑事案件适用法律若干问题的解释》第十四条之规定,以盗窃罪判处被告人张万有期徒刑四年六个月,并处罚金人民币五千元。

一审宣判后,被告人张万未提起上诉,检察机关没有抗诉,一审判决已发生效力。

## 二、主要问题

盗窃罪中数额巨大与减半认定情形并存的,应如何适用相关法律及司法解释?

## 三、裁判理由

《最高人民法院、最高人民检察院关于办理盗窃刑事案件适用法律若干问题的解释》(以下简称《解释》)第一条和第二条对盗窃罪的入罪和法定刑升格标准采取了"数额+情节"的规定方式。但实践中,当行为人盗窃数额满足入罪或者法定刑升格标准的同时,又具有第二条、第六条所规定的八种特定情形时,数额和情节条款的适用次序问题便引发了争议。如本案中,行为人盗窃的数额已满足数额巨大的标准,又具有减半认定的情形之一,即"在医院盗窃病人或者其亲友财物",遂产生两种意见:第一种意见认为,应当直接以盗窃数额巨大标准确定刑格,减半情节作为酌定情节考虑;第二种意见认为,既然《解释》对盗窃罪的减半情节予以了明确规定,就应当首先根据"减半情节+减半数量"确定刑格,多出的数额作为量刑情节考虑。两种意见不仅所折射的理念不同,而且最终量刑结果相差较大。

我们认为,从盗窃罪的保护法益、法条和解释的逻辑性等方面综合考虑,第一种意见更为适当。

(一)数额与情节间的特殊关系决定了数额在入罪量刑中的首要地位

根据刑法第二百六十四条的规定,盗窃罪的升格刑分为两种:一种以数额为标准,即数额巨大、数额特别巨大;另一种以情节为标准,即其他严重情节、其他特别严重情节。数额标准与情节标准应为一般与特殊的关系,具体理由如下:

首先,盗窃罪所侵犯的法益决定了数额在量刑中的首要地位。我国刑法将盗窃罪规定在侵犯财产罪一章中,表明其所侵犯的主要法益为财产权,而财产权最重要的衡量标准便是数额大小。因为,一方面,被盗财物的经济价值越高,被害人所遭受的损失就越大,行为的社会危害性也就越大,故盗窃数额是衡量盗窃行为社会危害性大小最直观的标尺。正确区别盗窃违法行为与盗窃犯罪行为的基本界限,主要是盗窃数额。另一方面,盗窃数额也是盗窃罪法定刑升格的重要标准之一,只有达到数额巨大、数额特别巨大或者有其他相应情节时才可能判处更高的刑罚。

其次,语言间的逻辑结构决定了数额相对于其他情节的首要地位。根据逻辑规则,特殊 + 排除特殊的其他 = 全部,即数额巨大 + 排除数额巨大的其他严重情节 = 严重情节,数额特别巨大 + 排除数额特别巨大的其他特别严重情节 = 特别严重情节。换言之,盗窃罪中法定刑升格的标准为严重情节和特别严重情节,鉴于数额在盗窃罪中的特殊地位,数额巨大和数额特别巨大作为严重情节和特别严重情节中的主要情形,在罪状中予以特别规定。从语言间的逻辑结构也可见立法者的用意所在。

因此,在审理盗窃案件时,若行为人的涉案财物数额已达到相应数额标准,应当直接在相应的刑罚幅度内量刑;只有盗窃数额未达到相应标准,才根据相关司法解释的规定进行二次判断,如是否有减半认定的情形等。本案中,行为人盗窃的财物价值已达 53 000 元,符合所在地区的数额巨大的标准,直接在三年以上十年以下有期徒刑的幅度内量刑即可。

(二)《解释》所列情形均系对法条相关情节的诠释,需符合解释的初衷和法条的内在逻辑

根据《解释》第六条的规定,行为人盗窃公私财物,具有在医院盗窃病人

或者其亲友财物等六种情形之一，或者入户盗窃、携带凶器盗窃，且数额达到数额巨大、数额特别巨大的百分之五十的，可以分别认定为其他严重情节或者其他特别严重情节。我们认为，对《解释》相关条款规定应当注意以下几个方面：

首先，相关条款是对"唯数额论"不足的矫正。《解释》第二条出台的初衷在于：就盗窃犯罪而言，数额固然是影响定罪量刑的重要情节，但除此之外，行为人的一贯表现、犯罪方式、盗窃对象等也是影响社会危害性的重要因素。在综合考虑有关情节的基础上，对盗窃"数额较大"的标准作出特殊规定，可以避免"唯数额论"的不足，更好地贯彻罪责刑相适应、主客观相统一的刑法原则。可见，《解释》第二条所规定之情形固然是为了更好地严密刑事法网，防止实践中"唯数额论"，但其他情节相较于数额情节而言，仍处于相对次要的地位。

其次，《解释》的表述本身蕴含了情节效力的高低。《解释》对于数额情节和一般情节的诠释分别使用了"应当"和"可以"，如《解释》第一条规定"盗窃公私财物价值……应当……"，第六条规定"盗窃公私财物……数额达到本解释第一条规定的'数额巨大'、'数额特别巨大'百分之五十的，可以……"。根据刑法用语的规范性，"应当"是一种命令性法律规范，而"可以"则是授权性法律规范的表达方式，具有允许、许可的意思。相对于"应当"规制的强制性，"可以"则有特殊情况下的例外之意，反映出立法者的倾向必然是"应当"大于"可以"，两者冲突时，前者优先适用。

因此，行为人在医院盗窃病人亲友财物已达到数额巨大标准时，应直接适用刑法第二百六十四条关于数额巨大的升格刑规定，在三年以上十年以下有期徒刑内量刑。

(三)未作为确定量刑起点和基准刑的减半情节应作为二次量刑情节予以考虑

罪责刑相适应原则要求对行为人判处的刑罚要与其所犯的犯罪行为相适应，与其行为的社会危害性相适应。而犯罪的社会危害性是一个内涵十分广泛的范畴，它既体现着主观的内容，又具有客观属性。因此，完整评价行为的社会危害性需综合考量客观方面和主观方面。作为财产类犯罪的一种,盗窃罪侵犯的主要客体是财产权,造成的主要社会危害是财产损失,将数额作为盗窃罪的主要定罪量刑标准合乎法益保护原则。但数额仅是其社会危害性的客观表现之一,不能涵盖诸如行为人的人身危险性、犯罪情节、造成后果的严重程度等情节所体现出的社会危害性。基于此,《解释》才在数额的基础上列举了特殊的减半情节。此等情节即使不能作为确定量刑起点和法定刑的依据,也应当作为宣告刑的重要考量因素。

综上,原审法院以被告人盗窃数额 53 000 元在三年以上十年以下有期徒刑内确定起点刑,并充分考虑到其盗窃对象系在医院陪护病人的家属这一特定情节,最终判处其有期徒刑四年六个月,并处罚金人民币五千元是适当的。

（撰稿:江苏省无锡市中级人民法院　王星光　杨　柳
无锡市南长区人民法院　周　群
审编:最高人民法院刑四庭　陆建红）

[第1129号]

# 谢志喜、曾和平盗掘古文化遗址案

## ——盗掘确定为全国重点文物保护单位的古文化遗址，但犯罪情节较轻的，如何量刑

### 一、基本案情

被告人谢志喜，男，1979年8月26日出生。2012年12月21日被逮捕。

被告人曾和平，男，1978年10月13日出生。2012年12月21日被逮捕。

江西省吉安县人民检察院以被告人谢志喜、曾和平犯盗掘古文化遗址罪，向吉安县人民法院提起公诉。

吉安县人民法院经公开审理查明：2012年11月15日10时许，被告人谢志喜携带手电、手套、不锈钢碗等工具，前往吉州窑遗址公园，在一个因栽树形成的地洞内横向挖掘洞壁，挖了一尺深左右，挖到几块带花纹的碗碎片。当日11时许，被告人曾和平到达现场，进洞后沿着谢志喜挖掘的洞壁继续深挖。谢志喜、曾和平二人协作将洞壁又掘了一尺余深，挖到了些碎瓷片、一个碎瓶嘴。该地洞位于全国重点文物保护单位吉州窑遗址保护范围内。

吉安县人民法院认为，被告人谢志喜、曾和平以非法占有为目的，违反文物保护法规，擅自在确定为全国重点文物保护单位的吉州窑遗址保护范围内挖掘古文物，其行为均已构成盗掘古文化遗址罪。据此，依照《中华人民共和国刑法》第三百二十八条第一款、第二十五条第一款之规定，吉安县人民法院判决如下：

1. 被告人谢志喜犯盗掘古文化遗址罪，判处有期徒刑十年，并处罚金五千元；

2. 被告人曾和平犯盗掘古文化遗址罪,判处有期徒刑十年,并处罚金五千元。

一审宣判后,被告人谢志喜、曾和平不服,向吉安市中级人民法院提出上诉。

上诉人谢志喜、曾和平的上诉意见及其辩护人的辩护意见是:二上诉人主观上不明知该处属于国家重点保护的古文化遗址范围内,客观上也没有实施挖掘行为,只是在政府搞开发所挖的树洞内捡碎瓷片,不构成盗掘古文化遗址罪;即使二人的行为构成犯罪,但犯罪情节显著轻微,社会危害程度不大,应当减轻或者免予处罚。

吉安市中级人民法院经审理认为,上诉人谢志喜、曾和平违反国家文物保护法规,擅自在全国重点文物保护单位吉州窑遗址的保护范围内挖掘古文物,其行为均已构成盗掘古文化遗址罪。二上诉人提出不知道所挖掘的树洞处于吉州窑遗址保护范围内以及没有挖掘行为的辩解意见与二上诉人在公安机关的供述不符,不予采纳;鉴于二上诉人是在政府为绿化而挖的树洞内盗掘,主观恶性较小,根据罪刑相适应原则,对二上诉人依法可予以减轻处罚。原判认定事实清楚,证据充分,定罪准确,审判程序合法。依照《中华人民共和国刑法》第三百二十八条第一款、第二十五条第一款、第六十三条第二款以及《中华人民共和国刑事诉讼法》第二百二十五条第一款第二项之规定,吉安市中级人民法院以盗掘古文化遗址罪,分别改判上诉人谢志喜有期徒刑四年,并处罚金五千元;上诉人曾和平有期徒刑三年零六个月,并处罚金五千元。

江西省高级人民法院在复核期间认为,原审上诉人谢志喜、曾和平违反国家文物保护法规,擅自在全国重点文物保护单位江西省吉安县吉州窑遗址的保护区范围内挖掘古文物,其行为均已构成盗掘古文化遗址罪。鉴于谢志喜、曾和平是在政府为绿化而挖的树坑内进行盗掘,盗掘行为亦未给国家重点保护遗址造成严重破坏,故其犯罪情节较轻,又有悔罪表现。据此,依照《中华人民共和国刑法》第六十三条及《最高人民法院关于适用〈中华人民共和国刑事诉讼法〉的解释》第三百三十六条之规定,裁定撤销吉安市中级人民法院的刑事判决,发回吉安市中级人民法院重新审判。

吉安市中级人民法院经再次审理,以盗掘古文化遗址罪判处谢志喜、曾和平有期徒刑三年,缓刑三年,并处罚金五千元。该判决逐级层报至最高人民法院,最高人民法院认为该判决认定的事实清楚,证据确实、充分,定罪准确,量刑适当,审判程序合法,裁定予以核准。

## 二、主要问题

1. 在全国重点文物保护单位的区域内对政府为栽树而挖的树坑进行盗掘的行为是否构成盗掘古文化遗址罪?

2. 盗掘确定为全国重点文物保护单位的古文化遗址,犯罪情节较轻,依法决定在法定刑以下判处刑罚的,可否适用缓刑?

## 三、裁判理由

### (一)在确定为全国重点文物保护单位的区域内盗掘古文化遗址的行为,依法应当以盗掘古文化遗址罪定罪处罚

古文化遗址、古墓葬,作为人类活动的实物遗存,从不同的侧面和领域揭示了一定的历史现象,体现了我国祖先的思想道德和科学文化水平,其价值和作用是永恒的,是连接过去、现在和未来的历史文化纽带。这些前人给我们留下的珍贵宝藏,不可再生、无法复制,一旦受损则无法挽回。盗掘古文化遗址、古墓葬的违法犯罪活动会使大量未出土的文物脱离特定的环境而失去珍贵的科学价值,也为非法倒卖文物提供了文物源,因此,刑法设立盗掘古文化遗址、古墓葬罪,是保护文物、制止倒卖文物犯罪活动的有效手段。根据刑法第三百二十八条的规定,盗掘具有历史、艺术、科学价值的古文化遗址、古墓葬的行为,构成盗掘古文化遗址、古墓葬罪。这里的盗掘,是指以出卖或者非法占有为目的,私自秘密挖掘古文化遗址和古墓葬的行为。古文化遗址是指在人类历史发展中由古代人类创造并留下的表明其文化发展水平的地区,如周口店;古墓葬是指古代(一般指清代以前,含清代)人类将逝者及其生前遗物按一定方式置于特定场所并建造的固定设施。辛亥革命以后,与著名历史事件有关的名人墓葬、遗址和纪念地,也视同古墓葬、古遗址,受国家保护。对于盗掘古文化遗址罪,一般可以从以下几个方面进行

分析认定：

1. 从主观方面进行判断。本罪在主观上表现为故意，并且以非法出卖或者非法占有为目的。犯罪的故意由认识因素和意志因素组成，对本罪来说，认识因素表现为明知，最重要的是要求行为人明知自己盗掘的是具有历史、艺术、科学价值的古文化遗址；意志因素表现为希望。由于盗掘古文化遗址罪是以非法出卖或者非法占有为目的的犯罪，因此只能出于直接故意。国家文物主管部门对本案所涉及的江西省吉州窑遗址属于全国重点文物保护单位已予以立碑公布，被告人谢志喜、曾和平长期生活在当地，凭借其知识、经验，应当能够鉴别其挖掘目标的价值。谢志喜供述："我在吉州窑公园看到一个为栽树而挖的树坑里被挖掘机挖出少许碎瓷片，便返回永和镇购买了一个手电筒，又拿来一双黄色皮手套和一个钢碗，于当日来到该树坑内开始挖掘，与曾和平说好挖到的东西一人一半，我知道所掘位置处于吉州窑遗址范围内。"曾和平供述："我前两天听说吉州窑作坊后面有碎瓷片捡，遂带了一个橘红色的手电筒来到现场，看见谢志喜戴着手套蹲在洞口耙土，谢告诉我已经捡了一些碎瓷片。然后我与谢志喜轮流耙土，谁耙到东西就算谁的。我们知道现场为吉州窑遗址范围内，想搞些碎片自己玩和卖钱。"从二被告人的供述亦可以看出，二人不仅明知挖掘地属于吉州窑遗址范围内，还具有盗掘古文化遗址并非法占有、非法出卖遗址中文物的目的。

2. 从客观方面进行判断。学界对本罪客观方面中的"盗掘"是单一行为还是复合行为，即盗掘行为是否包含盗窃文物行为存在两种截然不同的观点："窃得文物说"认为，本罪客观方面应当包含实施了挖掘行为并且窃得内藏的物品；"盗掘行为说"认为，只要行为人实施了盗掘行为便构成本罪。我们同意"盗掘行为说"，即只要行为人客观上实施了挖掘古文化遗址的行为就足以构成本罪。首先，从立法规定来看，刑法第三百二十八条将"盗掘古文化遗址、古墓葬，并盗窃珍贵文物或者造成珍贵文物严重损坏"的情形作为本罪的加重处罚情节，而不是规定为犯罪构成要件。其次，在实践中，有些破坏古文化遗址的案件，尽管情况严重，却未窃得文物或者因文物被毁无法窃取，但对古文化遗址本身的破坏是显然存在的。可见，是否盗窃珍贵文物或者造成珍贵文物严重被破坏，是决定对犯罪分子在哪一个法定刑幅度内量刑的依据,而不是判断其行为是否构成犯罪的依据。本案中,被告人谢志喜供述其为盗掘文物事先准备挖掘工具,曾和平到达之前其一个人在洞内横向挖掘洞壁,挖了一尺深左右,挖到几块带花纹的碗碎片。曾和平到达现场进洞后沿着其挖掘的洞壁用手、码钉继续深挖,二人协作将洞壁又掘了一尺余深。二被告人挖掘行为持续了一个多小时,对古文化遗址已经造成破坏,客观上完成了盗掘国家重点保护的古文化遗址的行为。其仅挖到几块带花纹的碗碎片,只是犯罪情节的内容,而不是行为是否构成犯罪的判断依据。

3. 将本罪与盗窃罪区别开来。盗掘古文化遗址罪,是指盗掘具有历史、艺术、科学价值的古文化遗址的行为。在刑法规定本罪之前,我国法律对于私自挖掘古文化遗址的行为,一般以盗窃罪论处。由于盗掘古文化遗址的犯罪活动猖獗,给国家珍贵历史文化遗产造成无法估量的损失,从保护文物的角度出发,1991年6月29日第七届全国人民代表大会常务委员会第二十次会议通过了《关于惩治盗掘古文化遗址古墓葬犯罪的补充规定》(已废止)对刑法补充规定了盗掘古文化遗址罪,由此正式确立了相关保护古文化遗址的罪名、罪状及严厉的法定刑。1997年刑法基本沿用了该补充规定。因此两罪很容易混淆。两罪相比较,区别主要在于:首先,侵犯的客体不同。盗掘古文化遗址罪侵犯的客体是复杂客体,即国家对古文化遗址的管理秩序和国家财产所有权;而盗窃罪侵犯的是单一客体,即公私财产所有权。其次,侵犯的对象不同。盗掘古文化遗址罪侵犯的对象是古文化遗址,是不可再生物,一般不能以金额计算,一旦遭到破坏,损失无法挽回;而盗窃罪侵犯的对象为公私财物。最后,客观表现不同。盗掘古文化遗址罪表现为秘密或者公开地私自掘取行为,不论是否窃得财物,只要实施了盗掘行为就构成该罪。盗掘既不是单纯的盗窃,也不是单纯的损毁,而是指未经国家文物主管部门批准,私自挖掘,盗掘可谓集盗窃与损毁于一体,其侵害程度相当重。而且,盗掘并不限于挖掘埋藏于地下的古文化遗址、古墓葬,打捞被水淹没的古文化遗址、古墓葬的,掘出掩埋于其他物体中的古文化遗址、古墓葬的,也应认定为盗掘。而盗窃罪只能表现为秘密窃取公私财物数额较大的行为。

（二）盗掘确定为全国重点文物保护单位的古文化遗址，犯罪情节较轻，依法决定在法定刑以下判处刑罚的，可以根据犯罪情节、悔罪表现等因素决定是否适用缓刑

根据刑法第三百二十八条第一款规定，只要实施了盗掘具有历史、艺术、科学价值的古文化遗址、古墓葬行为的，就构成盗掘古文化遗址、古墓葬罪。而盗掘确定为全国重点文物保护单位和省级文物保护单位的古文化遗址的，则应当处十年以上有期徒刑、无期徒刑，并处罚金或者没收财产。本案二被告人盗掘确定为全国重点文物保护单位的古文化遗址的，则应当在十年以上有期徒刑或者无期徒刑的法定刑幅度内处罚。但是，根据本案的具体情节，可以在法定刑以下判处刑罚，并适用缓刑。首先，二被告人有别于有预谋、有准备、携带专业挖掘工具流窜作案的专业盗掘文物人员，系临时起意。二被告人不是刻意去寻找挖掘对象，而是在政府为绿化而挖的树洞内实施盗掘行为，因而主观恶性相对较小。其次，二被告人的挖掘持续时间不长，既未给吉州窑遗址造成实质性的严重破坏，也未盗得有价值的文物，与采取捣毁、损坏、拆除、焚烧、爆炸等不计后果的破坏性手段盗掘古文化遗址，大肆倒卖、走私文物的犯罪相比，犯罪情节相对较轻。再次，二被告人归案后均如实供述犯罪事实，且悔罪态度较好。最后，二被告人平时表现较好，无前科劣迹，均系初犯，归案后认罪悔罪，能够坦白罪行。综上，吉安市中级人民法院经综合评估，认为二被告人的犯罪情节较轻，有悔罪表现，且没有再犯罪的危险，宣告缓刑对所居住社区没有重大不良影响，故对被告人谢志喜、曾和平分别以盗掘古文化遗址罪判处有期徒刑三年，缓刑三年，并处罚金五千元，是妥当的。

（撰稿：江西省高级人民法院　王长河　张超平
审编：最高人民法院刑四庭　陆建红）

[第1130号]

# 韩涛、胡如俊盗掘古墓葬案

## ——盗掘古墓葬石像生的如何定罪

### 一、基本案情

被告人韩涛,男,1981年2月12日生。因涉嫌犯盗掘古墓葬罪于2013年8月9日被逮捕。

被告人胡如俊,男,1982年3月27日生。因涉嫌犯盗掘古墓葬罪于2014年2月27日被逮捕。

江苏省镇江市润州区人民检察院以被告人韩涛、胡如俊犯盗掘古墓葬罪,向江苏省镇江市润州区人民法院提起公诉。

被告人韩涛、胡如俊对起诉书指控的事实没有异议,未作辩解。被告人胡如俊的辩护人辩称:被告人胡如俊系初犯,在共同犯罪中所起作用相对较小,且赃物已被追回,建议法庭对其从轻处罚并适用缓刑。

江苏省镇江市润州区人民法院经审理查明:2007年,被告人韩涛(古玩爱好者)在江苏省镇江市南山风景区五凤口社区谈家湾村口(现镇江市旅游学校正大门对面)山坡下发现一只石马(长1.8米,高1.45米,宽0.4米)半埋于地下,根据其经验判断该石马为明清年代用于墓道上的石雕。2012年6月,韩涛与被告人胡如俊经实地调查商议后,于当月的一天晚上,分别联系吊车、货车等起重、运输车辆到达现场,由胡如俊用铁锹将覆盖在石马周围的土挖开,把钢丝绳固定在石马下,通过吊车将石马吊装到货车上将石马运走并存放于韩涛事先联系好的龚恩同经营的镇江恒达物资回收有限公司院内。2013年7月2日,韩涛通过程敏的联系,欲将该石马以5万~6万元的价格销售给他人。当日10时许,韩涛联系了吊车在镇江恒达物资回收有限公司院内搬运该石马时,被公安机关当场抓获。经镇江市文物局鉴定,该石马系放置于坟丘前神道两侧的石像生，为明代三级文物，是明代古墓葬的组成部分。

江苏省镇江市润州区人民法院认为，被告人韩涛、胡如俊共同盗窃具有历史、艺术、科学价值的古墓葬，其行为均已构成盗掘古墓葬罪，依法应予惩处。韩涛、胡如俊归案后能够如实供述自己的犯罪事实，依法可从轻处罚。公诉机关指控被告人韩涛、胡如俊犯盗掘古墓葬罪的事实清楚，证据确实充分，指控的罪名正确，予以采纳。依照《中华人民共和国刑法》第三百二十八条第一款，第二十五条第一款，第六十七条第三款，第七十二条第一款、第三款，第七十三条第二款、第三款之规定，判处被告人韩涛有期徒刑三年六个月，并处罚金人民币三万元；判处被告人胡如俊有期徒刑三年，缓刑三年，并处罚金人民币二万五千元。

宣判后，被告人韩涛、胡如俊在法定期限内未提出上诉，公诉机关也未提出抗诉，判决已发生法律效力。

## 二、主要问题

行为人未直接挖掘古墓葬的墓室，而是以非法占有为目的，偷挖古墓葬墓室以外墓道上的石像生，是否能够认定为"盗掘古墓葬"行为？

## 三、裁判理由

本案在审理中，对于被告人偷挖石像生的行为如何定罪有两种不同观点：一种观点认为，被告人的行为不构成盗掘古墓葬罪，只能以盗窃罪论处。盗掘古墓葬罪的犯罪对象仅指古墓葬的墓室，而不包括墓室以外的附属物，对于墓室以外的附属物的挖掘不是刑法意义上的"掘"。另一种观点认为，被告人的行为构成盗掘古墓葬罪。不能狭义地理解"古墓葬"及"掘"的含义，盗掘古墓葬罪的犯罪对象不仅包括古墓葬的主体——墓室，也包括墓室外的一些重要附属物，如墓道、石像生、碑刻等，对附属物的偷挖同样应当认定为刑法意义上的"盗掘"。

我们同意第二种观点，即对被告人应按照盗掘古墓葬罪定罪处罚，理由如下：

(一)石像生是古墓葬的重要组成部分,具有重要的历史、艺术、科学价值

盗掘古墓葬罪规定在刑法第六章第四节"妨害文物管理"中,表明盗掘古墓葬罪侵犯的是复杂客体,不仅侵犯了国家对古墓葬的所有权,还侵犯了国家对古墓葬的管理秩序。古墓葬的所有权归属于国家,未经批准盗掘古墓葬的行为,无论是否窃得古墓葬中的可移动文物,都是对国家所有权的侵犯。同时,盗掘古墓葬的行为不但会造成文物的严重流失,而且使许多文物因缺乏保护而丧失其历史、艺术、科学价值,有时甚至造成文物的直接毁坏,因而这种行为还侵犯了国家对古墓葬的管理秩序。刑法第三百二十八条对盗掘古墓葬罪规定了三年以上有期徒刑,最高可处无期徒刑的刑罚,只有情节较轻的,处三年以下有期徒刑、拘役或者管制。刑法之所以将盗掘古墓葬罪作为重罪惩处,不仅是为了保护古墓葬的所有权和古墓葬中的珍贵文物,更重要的是古墓葬及其文物中所蕴含的重要历史、艺术、科学价值。因此,判断石像生是否是"古墓葬",不能仅从其是位于墓室内还是墓室外来判断分析,更应当从本质属性上分析是否具有古墓葬的重要历史、艺术和科学价值。

石像生又称石像、石俑、翁仲,指的是用巨石琢成的仿动物或人物的石像,如古代帝陵神道两侧的石兽、石人等。石像生的设置始于秦汉时期,以后历代帝王、重臣沿用不衰。石兽有麒麟、狮子、辟邪、龙马、象、虎、牛、羊、玄鸟等,石人分文、武、勋三臣,以象征文武百官。我国唐乾陵、明孝陵、明十三陵、清东陵、清西陵等均有大型石像生雕塑群。因此,石像生实际已经成为古墓葬不可分割的一部分,古墓葬由地上遗迹和地下遗迹组成,古墓葬的墓室、葬具、随葬品、壁画、神道、石像生、碑刻、地面建筑等形成一个有机整体,离开了其中任何一部分,古墓葬都是不完整的。因此,上述对象都应当成为盗掘古墓葬罪所要保护的对象。

石像生的作用主要是显示墓主人的身份等级地位,也有驱邪、镇墓的作用。我国古代墓葬大多是通过随葬品来判断墓主人的身份,从明清时代开始,墓葬的墓室内部已经不是主要放置随葬品了,主要还是通过摆放在外面的一些物品来反映墓主人的身份和地位。石像生一般只有在帝王陵或者等级极高的大臣墓才有,因而相对于其他附属物而言,石像生具有更高的研究

价值。在文物保护手段还不够成熟、考古发掘还存在一定技术性障碍的情况下,古墓葬附属物的完整保存对研究一定地区的历史事件、经济发展水平、丧葬习俗及民俗等具有重要价值。对那些年代和墓主身份难以认定的古墓,石像生对判明墓主人的身份等具有重要的参考价值。本案中,镇江市博物馆的专家发现现场还有其他坟丘、石刻存在,通过考察查扣的石马的工艺水平、雕刻方式等,结合证人证言提到的此前在此曾有石碑刻有“大明开国世公”字样,在没有挖掘墓室的情况下,主要根据被偷挖的石马最终认定这是一处品级很高的明朝开国功臣之墓,对研究镇江南山风景区的历史、文化具有极高的价值。由此可见,涉案的石马完全具有古墓葬所体现出的重要历史、艺术和科学价值,应当认定为古墓葬。

(二)偷挖石像生的行为属于“盗掘”古墓葬行为

对于盗掘古墓葬罪中的“盗掘”的含义,实践中有不同理解。有种观点认为,“盗掘古墓葬”中的“掘”仅指向下挖掘,通俗地讲就是“挖坟掘墓”,是对墓室的开挖,并且通过开挖来达到占有随葬文物的目的。我们认为这种观点有失偏颇。从字面上看,“掘”是由“手”和“屈”两部分组合而成,意为弓着身体用手掏挖,在现代汉语中“掘”是指刨、挖,[①]即通过清除土的方式实现行为的既定目的。但对刑法语词的解释不能仅限于文义解释。由于我国幅员辽阔,民族众多,各地的丧葬风俗也各不相同,有土葬、火葬、水葬、塔葬、天葬、树葬、崖葬等多种,很多墓葬并非位于地面以下,如果将“掘”仅作狭义理解的话,势必使得刑法保护的古墓葬范围大大缩小,不利于对散落于全国各地不同种类古墓葬的保护。因此,对什么是刑法上的“盗掘”,不能完全拘泥于“掘”的字面含义,即狭义地理解为“向下挖掘”“刨开泥土”或者是“在地面以下挖掘”,而应作广义的理解。

我们认为,从盗掘古墓葬罪所要保护的法益的角度出发,凡是具备以下两个特征的“破坏性手段”,都可以视为盗掘古墓葬罪的行为方式:(1)行为人秘密实施的行为,旨在破坏古墓葬及其附属物的完整性或者使其离开原处;(2)行为客观上破坏了古墓葬及其附属物所蕴含的历史、艺术、科学价

① 中国社会科学院语言研究所词典编辑室编:《现代汉语词典》(第4版),商务印书馆2002年版,第691页。

值。本案被告人偷挖石马的行为就属于秘密实施的使古墓葬的附属物离开原处的行为,符合“盗掘”古墓葬的行为特征。

(三)对偷挖石像生的行为不宜以盗窃罪定罪处罚,而应当以盗掘古墓葬罪定罪处罚

从法理上分析,盗掘古墓葬罪与盗窃罪之间的区别比较明显:(1)两罪的主观方面不同。盗掘古墓葬罪的行为人虽然大多出于获得墓葬内的珍贵文物高价卖出后牟取暴利的目的,但本罪并未将该目的作为犯罪构成要件,无论出于何种目的,也无论是否实际取得文物,只要行为人实施了盗掘古墓葬的行为都足以成立本罪;而盗窃罪的主观方面表现为行为人以非法占有为目的,构成犯罪一般以盗窃数额较大、多次盗窃入户盗窃、携带凶器盗窃、扒窃等情节为前提。(2)两罪所侵犯的客体不同。如前所述,盗掘古墓葬罪所侵犯的客体是复杂客体,即国家对古墓葬的所有权和国家对古墓葬的管理秩序;而盗窃罪侵犯的是简单客体,即公私财产所有权。虽然文物也可以成为盗窃的对象,但不包括尚未脱离古墓葬的文物。(3)两罪客观方面不同。盗掘古墓葬罪表现为行为人未经国家有关主管部门批准而擅自挖掘古墓葬的行为;盗窃罪则表现为以秘密窃取的方法,将公私财物转移到自己的控制之下,并非法占为己有的行为。

在1997年之前,盗掘古墓葬的行为一般以盗窃罪定罪处罚,1997年刑法将盗掘古墓葬罪作为一个单独的罪名予以规定,旨在加强对具有历史、艺术、科学价值的古墓葬及其附属物的保护,故而对盗掘古墓葬罪设置的法定刑明显重于盗窃罪的法定刑。鉴于盗挖石像生的行为人大多是以转卖牟利为目的,在多数情况下,可以将盗挖石像生的行为理解为行为人以非法占有为目的,秘密窃取属于国家所有的文物,这种行为同时构成盗窃罪和盗掘古墓葬罪,属于想象竞合犯。根据想象竞合犯“从一重处断”的原则,应以盗掘古墓葬罪定罪处罚。

另外,从司法实践来看,如果将盗挖石像生的行为认定为盗掘古墓葬罪,该罪作为行为犯,其定罪标准容易掌握。如果以盗窃罪定罪处罚则会面临两个难题:一是盗窃罪必须以窃得文物的数量、等级作为定罪量刑的依据,而实践中因盗掘行为导致文物毁坏、缺损、灭失而无法进行等级鉴定的

比比皆是。二是根据《最高人民法院、最高人民检察院关于办理盗窃刑事案件适用法律若干问题的解释》的规定,按照等级来定罪量刑的仅限于国有馆藏文物,民间文物需要按照评估价格来确定盗窃数额。但实践中,文物管理部门往往对民间文物只鉴定等级而不鉴定价格,物价部门也往往以无专业知识为由拒绝对文物价格进行鉴定;同时我国文物市场还不健全,文物交易也不够规范,文物交易价格根据市场行情往往波动较大,因此按照文物的销赃价格来认定盗窃数额也不够准确。

综上,对盗挖石像生的行为以盗掘古墓葬罪定罪处罚既符合法理,又便于司法实践操作,更有利于对古墓葬的保护。本案被告人韩涛、胡如俊以非法占有为目的,盗掘属于国家三级文物的明代古墓葬,原审法院以盗掘古墓葬罪对两被告人定罪处罚是正确的。

**(撰稿:江苏省镇江市润州区人民法院　岳益民　余　波**

**审编:最高人民法院刑四庭　陆建红)**

[第 1131 号]

# 曾某平等贩卖、运输毒品案

## ——在上诉案件中,对于公诉机关指控但一审没有认定的犯罪事实,二审能否审理并予以认定

### 一、基本案情

被告人曾某平,男,1983 年 8 月 27 日生。2010 年 9 月 22 日因涉嫌犯贩卖、运输毒品罪被逮捕。

(其他同案被告人略)

某市人民检察院以被告人曾某平等人犯贩卖、运输毒品罪,向某市中级人民法院提起公诉。

某市中级人民法院经审理查明:

被告人曾某平、吴某某系夫妻关系。2010 年,曾某平、吴某某多次向杨某某、申某某出售毒品甲基苯丙胺片剂(俗称“麻古”)。付某某负责为曾某平、吴某某运输毒品。曾某某为他人窝藏毒品。具体如下:

1. 2010 年 8 月 9 日,被告人曾某平、吴某某向他人出售甲基苯丙胺片剂,交由付某某运输。付某某将毒品从某市运至某县牛滩镇交给买家后,将收取的 2 万元毒资存入吴某某银行账户。8 月 14 日,付某某携带甲基苯丙胺片剂乘坐大巴车前往某市,在高速公路某服务区被公安机关抓获。公安机关当场从其挎包内查获甲基苯丙胺片剂 3 000 颗,净重 274.61 克。

2. 2010 年 8 月 15 日 20 时许,杨某某以贩卖为目的从被告人曾某平处购买毒品甲基苯丙胺片剂,二人在曾某平驾驶的车辆上完成交易后,被公安机关抓获。公安机关当场在该车烟灰缸位置查获毒资人民币(以下币种同)2 万元,从杨某某身上查获甲基苯丙胺片剂 1 009 颗,净重 90.81 克。

3.2010 年间，申某某多次在被告人曾某平、吴某某处购买甲基苯丙胺片剂贩卖。同年 8 月初，申某某向曾某平、吴某某购买甲基苯丙胺片剂后，贩卖给熊某 250 颗。8 月 17 日，申某某在某市某区东门口一美发店被公安机关抓获，公安机关在其随身携带的提包内查获甲基苯丙胺（冰毒）7 包，净重 10.65 克，甲基苯丙胺片剂 4 袋，净重 2.63 克。

4.2010 年 8 月 15 日 21 时 40 分许，公安机关对被告人曾某平、吴某某位于某市某区美领居二期三号楼 37 号的租住房进行搜查，吴某某在公安人员进入房间搜查前，将家中所藏毒品“麻古”从阳台处扔出。经搜查，公安机关在该租住房中查获现金 58 万元和电子秤、银行卡等物，在该房阳台下负一楼雨棚上发现一个浅蓝色“劲浪体育”包装袋，内有甲基苯丙胺片剂 2 300 颗，净重 203.5 克。

5. 2010 年 8 月 24 日，公安机关从曾某某位于某省某县马岭镇盘田村三社 43 号的住所内，查获甲基苯丙胺片剂 363.59 克。

6.2010 年 9 月 17 日，公安机关从被告人曾某平、吴某某在某市某区堰塘湾 23 号楼 4 楼 20 号的租住房内查获甲基苯丙胺片剂 16 000 颗，净重 1 461.3克。

某市中级人民法院认为，被告人曾某平违反毒品管理规定，明知是毒品而贩卖，并指使他人运输，其行为已构成贩卖、运输毒品罪。公诉机关指控付某某运输 274.61 克甲基苯丙胺片剂系受曾某平夫妇安排的证据不足；指控曾某某处查获的 363.59 克甲基苯丙胺片剂系曾某平委托曾某某保管的证据不足，不予认定。曾某平贩卖毒品（含甲基苯丙胺、甲基苯丙胺片剂）1 768.89克及甲基苯丙胺片剂 250 颗，运输甲基苯丙胺片剂约 800 颗。在贩卖、运输共同犯罪中，曾某平系主犯。曾某平多次贩卖、运输毒品，且数量大，依法应当严惩。据此，依照《中华人民共和国刑法》第三百四十七条、第二十五条第一款、第二十六条第一款、第四十八条、第五十七条第一款、第五十九条、第六十四条之规定，以贩卖、运输毒品罪判处被告人曾某平死刑，剥夺政治权利终身，并处没收个人全部财产。

一审宣判后，被告人曾某平提出上诉。上诉理由如下：(1)原判认定其与杨某某有毒品交易的事实不成立；(2)原判认定两处租住房内查获的毒品是其用于贩卖的毒品的事实错误;(3)原判量刑过重,请求从轻处罚。其辩护人提出,本案存在犯意引诱的可能。

某省高级人民法院经审理确认,原判认定从申某某处查获的10.65克甲基苯丙胺系被告人曾某平、吴某某贩卖给申某某的证据不足;原公诉机关指控付某某运输274.61克甲基苯丙胺片剂系受曾某平夫妇安排的事实成立,原判未予认定,应予纠正;原公诉机关指控曾某某处查获的363.59克甲基苯丙胺片剂系曾某平委托曾某某保管的事实成立,原判未予认定,应予纠正。曾某平及其辩护人所提辩解理由和辩护意见不能成立(具体理由略),不予采纳。原判认定被告人曾某平犯贩卖、运输毒品罪的主要犯罪事实清楚,定罪准确,量刑适当,审判程序合法。据此,依照《中华人民共和国刑法》第三百四十七条第一款、第二款第一项、第七款,第二十五条第一款,第二十六条第一款、第四款,第四十八条,第五十七条第一款,第五十九条,第六十四条和《中华人民共和国刑事诉讼法》第五十三条、第二百二十五条第一款第一项之规定,判决维持原审对被告人曾某平的定罪量刑,并依法报请最高人民法院核准。

最高人民法院经审理认为,被告人曾某平违反国家毒品管理规定,明知是毒品而伙同他人予以贩卖,还雇用他人运输毒品,其行为已构成贩卖、运输毒品罪。曾某平在共同犯罪中起组织、指挥作用,系罪责最为严重的主犯。曾某平多次贩卖毒品,贩卖毒品数量大,社会危害极大,所犯罪行极其严重,应依法惩处。第二审判决认定曾某平安排付某某运输甲基苯丙胺片剂274.61克、委托曾某某保管甲基苯丙胺片剂363.59克的事实错误,应予纠正。第一审判决、第二审判决认定曾某平伙同他人贩卖、运输1 852.74克甲基苯丙胺片剂的事实清楚,证据确实、充分,定罪准确,量刑适当。审判程序合法。依照《中华人民共和国刑事诉讼法》第二百三十五条、第二百三十九条和《最高人民法院关于适用〈中华人民共和国刑事诉讼法〉的解释》第三百五十条第二项的规定,以贩卖、运输毒品罪判决核准被告人曾某平死刑。

## 二、主要问题

在上诉案件中,对于公诉机关指控但一审没有认定的犯罪事实,二审能否审理并予以认定?

## 三、裁判理由

司法实践中,对于一些涉及多起犯罪事实的案件,一审法院经审理后认为,公诉机关指控的部分犯罪事实清楚,证据确实、充分,但也有部分犯罪事实不清楚或者证据不足,进而依法认定达到法定证明标准的部分犯罪事实,对未达到法定证明标准的部分犯罪事实不予认定。此种情况下,如果被告人提起上诉,公诉机关未提起抗诉,二审法院是否需要审查一审法院未予认定的部分犯罪事实,进而能否追加认定该部分犯罪事实,值得研究。

该问题涉及二审程序的审理原则和审查范围。许多国家的二审都实行法律审,并且实行有限审理,即主要限定为对上诉理由的审理。根据我国刑事诉讼法第二百二十二条第一款的规定,第二审人民法院应当就第一审判决认定的事实和适用法律进行全面审查,不受上诉或者抗诉范围的限制。可见,我国刑事二审程序实行全面审理原则,且不是单纯的法律审,而是一并审理事实问题和法律问题。尽管如此,并不意味着二审程序的审查范围毫无边界,法律其实已经对此作出了适当的限制,即二审应当对"一审判决认定的事实和适用法律"进行审查。进一步来讲,对于一审判决没有认定的部分犯罪事实(抗诉案件除外),二审法院无须(或者不应当)进行审查,更不能追加认定该部分犯罪事实。

将二审程序的审理范围限定于"一审判决认定的事实和适用法律",符合二审程序的功能定位和相应的诉讼原则。

从二审程序的功能定位来看,因被告人上诉而启动的二审程序,主要功能是为被告人提供法律救济。实践中,被告人对一审判决认定的事实或者适用法律不服,可以依法提出上诉,请求二审法院对相关问题进行审理,以期获得有利于己方的裁判。对于因被告人上诉而启动的二审案件,如果二审法院审查一审未予认定的部分犯罪事实,进而追加认定该部分犯罪事实,不仅未能为被告人提供法律救济,反而作出不利于被告人的认定,这显然与二审程序的法律救济功能相悖。

同时,为确保被告人的上诉权,刑事诉讼法确立了上诉不加刑的基本原则。第二百二十六条第一款明确规定,第二审人民法院审理被告人或者他的法定代理人、辩护人、近亲属上诉的案件,不得加重被告人的刑罚。据此,对于被告人一方上诉的案件,二审法院追加认定一审未予认定的部分不利于被告人的犯罪事实,即使最终并未加重被告人的刑罚,这种做法也有违上诉不加刑原则的基本精神。

此外,对于一审法院未予认定的部分犯罪事实,检察机关并未提出抗诉,就表明检察机关对此并无异议。此种情况下,对于原本不属于二审审查范围的事项,二审法院基于不告不理原则的基本精神,不应当主动审查并追加认定。

本案中,公诉机关指控被告人曾某平实施多起贩卖、运输毒品事实,一审法院认定其中两起犯罪事实证据不足。具体如下:其一,公诉机关指控,2010年8月14日早上,付某某受曾某平、吴某某指使,在某市驿通车站乘坐大巴车将274.61克甲基苯丙胺片剂运往某市。一审法院认为,认定曾某平、吴某某指使付某某运输该宗毒品的证据不足,不能确定该宗毒品为曾某平夫妇所有,据此笼统认定付某某是为他人运输毒品。其二,公诉机关指控2010年8月24日,从曾某某住处查获的甲基苯丙胺片剂363.59克,是曾某平交由曾某某保管的。一审法院认为,认定曾某平委托曾某某保管该宗毒品的证据不足,不能确定该宗毒品是曾某平委托保管,据此笼统认定在曾某某住处查获该宗毒品的犯罪事实。二审法院认为,一审应当认定该两起犯罪事实系曾某平实施,进而对曾某平追加认定该两起犯罪事实,这种做法不符合法律规定的要求。最高人民法院在死刑复核过程中,依法对该两起犯罪事实不予认定,并对事实作出改判,是妥当的。

有意见认为,对类似案件,二审法院经审查认为,现有证据足以认定一审未予认定相关的犯罪事实,可以启动审判监督程序。我们倾向于认为,尽管我国法律并未明确规定一事不再理原则,但对于一审未予认定的犯罪事实,在被告人提出上诉且检察机关未提出抗诉的情况下,也不宜启动审判监督程序。

(撰稿:最高人民法院刑三庭　夏建勇
审编:最高人民法院刑三庭　姜永义)

[第 1132 号]

# 易卜拉欣·阿卜杜西默德·阿布多什走私毒品案

## ——对走私恰特草的行为如何定罪量刑

### 一、基本案情

被告人易卜拉欣·阿卜杜西默德·阿布多什(英文名 Ibrahim Abdulsemed Abdosh),男,1989 年 11 月 29 日出生,埃塞俄比亚国籍。2014 年 2 月 20 日因涉嫌犯走私毒品罪被逮捕。

浙江省杭州市人民检察院以被告人易卜拉欣·阿卜杜西默德·阿布多什犯走私毒品罪,向杭州市中级人民法院提起公诉。

被告人易卜拉欣·阿卜杜西默德·阿布多什辩称其不知道恰特草在中国属于违法物品,其携带恰特草入境是用于自己食用。其辩护人提出,易卜拉欣·阿卜杜西默德·阿布多什有正当职业,所带恰特草是用于自己食用,与一般的走私毒品犯罪分子相比,主观恶性明显较小;涉案毒品被当场查获,未流入社会,建议对其从轻处罚。

杭州市中级人民法院经公开审理查明:2013 年 1 月 6 日,被告人易卜拉欣·阿卜杜西默德·阿布多什携带 5.73 千克恰特草入境,被杭州萧山机场入境检验检疫部门查获并没收,并被告知恰特草禁止携带进入我国境内。2014 年 1 月 13 日 19 时许,易卜拉欣·阿卜杜西默德·阿布多什乘坐 ET688 航班从埃塞俄比亚首都亚的斯亚贝巴飞抵杭州萧山机场,入境时选择无申报通道入关,未向海关申报任何物品。经杭州萧山机场海关关员查验,从其随身携带的双肩包内查获用锡纸包裹的三捆疑似恰特草植株。经鉴定,该三捆植株为卫矛科巧茶属巧茶,又名恰特草等,净重 630 克,检出卡西酮成分。

杭州市中级人民法院认为,被告人易卜拉欣·阿卜杜西默德·阿布多什违反我国法律,逃避海关监管,携带毒品恰特草入境,其行为已构成走私毒品罪。关于易卜拉欣·阿卜杜西默德·阿布多什所提其不知道恰特草在中国属于违法物品,且被查获的恰特草系其用于自己食用的辩解,经查,易卜拉欣·阿卜杜西默德·阿布多什在本案发生前曾因携带恰特草入境而被我国出入境管理部门没收,其知道我国禁止恰特草入境,且其长期食用恰特草,也应当知道恰特草具有使人兴奋、易于上瘾等特性,但其此次选择无申报通道入关,再次将恰特草带入我国境内,具有走私毒品的主观故意和客观行为,其走私毒品的目的、用途不影响走私毒品罪的成立。易卜拉欣·阿卜杜西默德·阿布多什的上述辩解与事实及相关法律不符,不予采纳。易卜拉欣·阿卜杜西默德·阿布多什此次出于经商目的入境我国,根据其携带恰特草的数量,不能排除自己食用的可能性,相较于走私毒品入境贩卖牟利的犯罪分子,其主观恶性较小,且本案涉案毒品均被查获,未流入社会,故可予从轻处罚。据此,依照《中华人民共和国刑法》第六条,第三百四十七条第一款、第四款,第三百五十七条,第五十二条之规定,以走私毒品罪判处被告人易卜拉欣·阿卜杜西默德·阿布多什有期徒刑七个月,并处罚金人民币三万元。

一审宣判后,被告人易卜拉欣·阿卜杜西默德·阿布多什未上诉,检察机关亦未抗诉,该判决已发生法律效力。

## 二、主要问题

1. 对于将恰特草走私入境我国的行为,能否认定为走私毒品罪?

2. 我国法律及相关司法解释尚未对恰特草的定罪量刑数量标准作出规定,对走私恰特草的行为应当如何量刑?

## 三、裁判理由

本案是一起走私新类型毒品恰特草的案件,也是恰特草在我国被作为第一类精神药品管制以来第一起被定罪判刑的案件。恰特草又称东非罂粟,俗称阿拉伯茶、巧茶,形似苋菜,广泛分布于热带非洲、阿拉伯半岛。恰特草中含有兴奋物质卡西酮,对人体中枢神经具有刺激作用,并容易成瘾,具有社会危害性。世界卫生组织将恰特草归类为Ⅱ类软性毒品,但埃塞俄比亚、也门、英国、荷兰等少数国家未将其列为毒品进行管制。恰特草不仅价格低廉,而且食用方便,在我国蔓延速度极快。据统计,仅2013年,杭州海关缉私部门查获恰特草总计达140余千克,在其他城市如广州、昆明海关也均有大量查获。但以往较长时间,恰特草在我国并未被作为精神药品进行管制,故只能将查获的恰特草没收了事。鉴于恰特草在我国有一定的滥用人群且呈蔓延趋势,国家食品药品监督管理总局、公安部、国家卫生和计划生育委员会在2013年11月11日新公布的《精神药品品种目录(2013年版)》中,将恰特草作为第一类精神药品进行管制。该目录自2014年1月1日起施行,故此后对于非法种植、非法持有、贩卖、走私、服食恰特草的行为均可按照违法犯罪行为处理。本案发生在2014年1月,恰特草在我国刚刚被作为第一类精神药品进行管制,而在本案被告人的国籍国埃塞俄比亚,恰特草则是可以合法交易和食用的,因此需要考察行为人对其行为的社会危害性及违法性是否存在认识。同时,由于我国法律及相关司法解释尚未对恰特草的定罪量刑数量标准作出规定,如何对被告人定罪量刑亦值得探讨。

(一)对非法携带恰特草入境我国的行为,应以走私毒品罪论处

本案中,被杭州海关查获的恰特草尽管在我国已经被作为第一类精神药品进行管制,但在被告人易卜拉欣·阿卜杜西默德·阿布多什(以下简称易卜拉欣)的国籍国埃塞俄比亚却未被列入毒品范畴,是可以合法交易和食用的。在这种情况下,能否将被告人携带恰特草入境我国的行为认定为走私毒品罪?我们认为,答案是肯定的。我国刑法在第八条中规定了保护管辖原则:"外国人在中华人民共和国领域外对中华人民共和国国家或者公民犯罪,而按本法规定的最低刑为三年以上有期徒刑的,可以适用本法,但是按照犯罪地的法律不受处罚的除外。"该条表明,外国人在其本国针对中国国家或者公民实施的犯罪,如果根据其本国法律不作为犯罪处理的,在我国亦不得作为犯罪处理。这就意味着,针对外国人在其本国实施的行为,需要考察其国籍国是否作为犯罪处理。然而,本案的犯罪行为发生在我国境内,故不能适用保护管辖原则,而应当直接适用属地管辖原则。根据我国刑法第六条第一款的规定:"凡在中华人民共和国领域内犯罪的,除法律有特别

规定的以外,都适用本法。"这里的"犯罪"的认定依据当然是我国刑法及相关规定,而并非被告人国籍国的法律规定。因此,针对发生在我国领域内的犯罪行为,无须考察该行为在行为人的国籍国是否构成犯罪,即使在行为人国籍国不认为是犯罪,在我国仍然应当作为犯罪处理。

此外,我们还需要审查行为人是否具有违法性认识,因为这在一定程度上会影响到行为人对其行为社会危害性的认识,进而影响到主观故意要件的成立与否。我国刑法第十四条第一款明确规定:"明知自己的行为会发生危害社会的结果,并且希望或者放任这种结果的发生,因而构成犯罪的,是故意犯罪。"据此,在我国犯罪构成主观要件中,行为人只需要认识到其行为具有社会危害性即可,并不要求其对行为的违法性有认识。具体来说,就是不需要行为人认识到自己的行为在刑法上构成犯罪,即"不知法亦不赦"。当然,对于传统自然犯来说,由于这些行为长期被作为犯罪处理,普通民众不仅能够认识到行为的社会危害性,对其刑事违法性同样也具有认识,因此无论是在社会危害性还是违法性认识上都不存在问题。但对于行政犯,由于某种行为长期以来并未被作为犯罪处理,行为人就有理由相信实施这样的行为不具有社会危害性。而随着新法的颁布,这种行为被纳入犯罪中,由于法制宣传不到位等原因,一些行为人难以很快认识到这种行为的违法性,进而会影响到其对行为社会危害性的判断。因此,对于此类行为,在司法实践中有必要审查行为人是否具有违法性认识及其可能性的大小。

本案中,恰特草在我国一直未被列入毒品范畴,直到2013年11月11日才首次被列管,并自2014年1月1日开始实施。构成走私毒品罪,主观上不仅要求行为人认识到自己的行为属于走私行为,还要求行为人明知其走私的物品系毒品。本案发生在2014年1月,是恰特草在我国被作为精神药品列管后查获的第一起案件,加之恰特草在埃塞俄比亚非常普遍,销售和使用均为合法,故被告人携带恰特草入境我国时主观上是否已经认识到恰特草是毒品,即是否具有社会危害性与违法性认识,对于认定其行为是否构成走私毒品罪尤为重要。我们认为,本案被告人知道其走私的恰特草系毒品。具体理由如下:

首先,被告人易卜拉欣曾于2013年1月6日从杭州萧山机场入境我国,当时即被查获并没收5.73千克恰特草。尽管当时恰特草尚不属于毒品,但海关人员已经明确告知易卜拉欣恰特草系违禁品,并予以没收。2014年1月13日,易卜拉欣再度携带630克恰特草入境,其主观上应明知恰特草是违禁品,携带入境属于违法行为。其次,在查验行李的X光机前贴有《中华人民共和国禁止进境物品表》,其中第五条明确规定,鸦片、吗啡、海洛因、大麻以及其他能使人成瘾的麻醉品、精神药物禁止进境。海洛因、大麻等属于众人皆知的毒品,其他能使人成瘾的麻醉品、精神药物与海洛因、大麻等并列,可知这类物品也属于毒品行列。易卜拉欣自己长期食用恰特草,完全知道恰特草具有使人兴奋、易于上瘾等特性。再次,在查验行李的X光机前,还贴有禁止携带恰特草的标识,海关关员也数次提醒、询问易卜拉欣是否带有恰特草,易卜拉欣均予以否认。易卜拉欣被带至查验房后,还趁海关关员不备,欲将恰特草予以隐匿,其逃避惩处的意图明显。最后,易卜拉欣选择无申报通道入关,未向海关申报任何物品。综上,易卜拉欣在明知恰特草系毒品的情况下,仍意图携带入境,法院据此认定其构成走私毒品罪是正确的。

(二)对于没有定罪量刑数量标准的毒品,应综合考虑其致瘾癖性、社会危害性、数量、纯度、非法交易价格等因素依法量刑

在本案审理期间,我国法律及相关司法解释尚未对走私恰特草的定罪量刑数量标准作出规定。对尚未明确规定量刑数量标准的毒品,最高人民法院在2008年印发的《全国部分法院审理毒品犯罪案件工作座谈会纪要》第五条中规定,"对于国家管制的精神药品和麻醉药品,刑法、司法解释等尚未明确规定量刑数量标准,也不具备折算条件的,应由有关专业部门确定涉案毒品毒效的大小、有毒成分的多少、吸毒者对该毒品的依赖程度,综合考虑其致瘾癖性、戒断性、社会危害性等依法量刑。因条件限制不能确定的,可以参考涉案毒品非法交易的价格因素等,决定对被告人适用的刑罚"。最高人民法院2015年印发的《全国法院毒品犯罪审判工作座谈会纪要》也规定:"对于既未规定定罪量刑数量标准,又不具备折算条件的毒品,综合考虑其致瘾癖性、社会危害性、数量、纯度等因素依法量刑。"

在本案审理过程中,针对恰特草的毒性问题,一审法院向浙江省公安司法鉴定中心进行了咨询,鉴定中心的鉴定人员表示,该中心目前只能检测出

恰特草所含物质,对于其具体毒性等无法测算;作为新类型毒品,1克恰特草相当于多少大麻或者相当于多少甲基苯丙胺等,需要公安部组织专家搜集资料、研讨认证。在这种情况下,只能参考恰特草的社会危害性、数量、非法交易价格等因素,来决定对被告人适用的刑罚。本案中,630克恰特草本身价值不高,在毒品地下交易市场价格为人民币600元左右,而按照被告人供述,其在埃塞俄比亚的购买价格仅为300埃塞俄比亚比尔,折合人民币约为90元。此外,恰特草作为植株形态,既可以直接像吃生菜一样嚼食,又可以将其晒干做成茶叶或者研磨成粉冲服,属于天然毒品。根据已有的定罪量刑数量标准,传统的天然毒品如罂粟壳达到50千克以上、大麻叶达到30千克以上的,才能认定为"数量较大",而本案涉案恰特草仅630克。综合考虑上述因素,本案毒品数量应认定为"少量毒品",量刑档次上应选择在三年以下有期徒刑、拘役或者管制幅度内量刑。考虑到本案被告人从埃塞俄比亚入境我国,目的是进货,携带少量恰特草主要是供自己食用,没有证据证明其有贩卖恰特草的目的,其主观恶性小于其他走私毒品的犯罪分子;加之恰特草在被告人的国籍国属于合法物品,在我国也是2014年年初刚刚被列入管制范围,且涉案恰特草全部被缴获,没有流入社会,综合考虑上述因素,对被告人易卜拉欣可以从宽处罚。

值得注意的是,2016年4月11日起施行的《最高人民法院关于审理毒品犯罪案件适用法律若干问题的解释》,新规定了芬太尼等12类新类型毒品的定罪量刑数量标准,其中就包括恰特草。该解释第二条规定:"走私、贩卖、运输、制造、非法持有下列毒品,应当认定为刑法第三百四十七条第三款、第三百四十八条规定的'其他毒品数量较大':……(十三)阿普唑仑、恰特草二十千克以上不满一百千克……"本案虽然在该解释实施前审理,但判决结果和该解释的规定是一致的。

(撰稿:浙江省高级人民法院　聂昭伟

浙江省杭州市中级人民法院　刘　云

审编:最高人民法院刑五庭　马　岩)

**[第1133号]**

# 王某传播性病案

## ——明知自己携带艾滋病病毒而卖淫的如何定性

### 一、基本案情

被告人王某,女,1981年9月20日出生。2013年10月10日因涉嫌犯传播性病罪被逮捕。

广东省东莞市第一市区人民检察院以被告人王某犯传播性病罪,向东莞市第一人民法院提起公诉。

被告人王某对公诉机关指控的犯罪事实无异议。

东莞市第一人民法院经不公开审理查明:2007年1月被告人王某经某县艾滋病性病皮肤病防治中心确诊为HIV-1抗体呈阳性。2013年9月5日16时许,王某与陆某商定在出租屋进行性交易,嫖资为30元。陆某在未使用安全套的情况下与王某发生性关系。后二人被巡查的公安人员抓获。经东莞市疾病预防控制中心检验,王某的HIV-1抗体呈阳性。

东莞市第一人民法院认为,被告人王某明知自己患有严重性病而实施卖淫活动,其行为已构成传播性病罪。鉴于王某归案后如实供述犯罪事实,认罪态度较好,依法可以从轻处罚。据此,依照《中华人民共和国刑法》第三百六十条、第六十七条第三款、第五十二条之规定,以王某犯传播性病罪,判处有期徒刑十个月,并处罚金人民币二千元。

一审宣判后,被告人王某未上诉,公诉机关亦未抗诉,判决已发生法律效力。

### 二、主要问题

对明知自己系艾滋病病毒携带者,仍从事卖淫活动的行为,如何定性?

## 三、裁判理由

艾滋病是一种人类免疫缺陷病毒(艾滋病病毒)引起的获得性免疫缺陷综合征,极大威胁人类的健康、生命,目前尚无有效的治疗手段。同时,艾滋病还具有较强的传染性,自从被发现以来已在全球蔓延。近年来,性传播成为其扩散的主要途径,卖淫嫖娼人员作为高危人群,一旦感染艾滋病病毒,极易在卖淫嫖娼活动中将病毒传染给他人,因此有必要采取法律等手段对此类不安全性行为进行严格管控。但是,实践中对明知自己感染艾滋病病毒仍进行卖淫嫖娼的行为如何定性,存在不同认识。本案审理中,对被告人王某的行为应如何定性,有两种意见:一种意见认为,刑法第三百六十条未明确列举艾滋病属于"严重性病",《性病防治管理办法》亦未明确规定艾滋病属于性病,故王某的行为不构成传播性病罪,可结合具体案情认定为故意伤害罪或者以危险方法危害公共安全罪。另一种意见认为,艾滋病属于刑法第三百六十条规定的"严重性病",王某的行为构成传播性病罪。

我们同意第二种意见,具体分析如下:

(一)无论从医学角度还是法律角度分析,艾滋病均属于危害性与梅毒、淋病相当的严重性病

所谓性病,是以性接触为主要传播途径的疾病。艾滋病主要有性接触、母婴传播、血液传播等传播途径,其中通过性接触传染艾滋病病毒已成为最主要的传播途径。因此,1991年8月12日施行的《性病防治管理办法》[①](以下简称《办法》)第二条规定:"本办法所称性病包括:(一)《中华人民共和国传染病防治法》乙类传染病中的艾滋病、淋病和梅毒……"根据该规定,艾滋病是与淋病、梅毒同一等级的性病。同年9月4日施行的《全国人民代表大会常务委员会关于严禁卖淫嫖娼的决定》(以下简称《决定》)第五条第一款规定,"明知自己患有梅毒、淋病等严重性病卖淫、嫖娼的,处……",从而创设了传播性病罪的立法例。从刑事法律与行政法律的衔接关系来看,当时艾滋病显然属于传播性病罪中的"严重性病"。1997年刑法沿袭了《决

① 2013年1月1日,新修订的《性病防治管理办法》施行,1991年8月12日卫生部公布的《性病防治管理办法》同时废止。

定》对传播性病罪的规定，艾滋病仍属于刑法意义上的“严重性病”。随着对艾滋病的危害及防治措施的认识不断深入，国家意识到艾滋病防治工作已不仅仅是卫生行政管理部门的职能，而是需要全社会共同参与的系统工程，单纯依靠作为部门规章的《办法》开展相关工作，已不能满足实践需要，必须制定比《办法》层级更高的行政法规，以整合所有与艾滋病防治工作相关的行政部门的职能，有效遏制艾滋病蔓延，增强预防措施的针对性。在此背景下，2006 年国务院出台了《艾滋病防治条例》（以下简称《条例》），对艾滋病防治管理工作作出规定，充分体现了国家对艾滋病防治工作的高度重视。因此，2013 年施行的新《办法》中未明确规定艾滋病系性病，而是将艾滋病单列出来，规定其防治管理工作依照《条例》的有关规定执行，以理顺《条例》与《办法》的关系。新《办法》缩小了调整范围，不再规定艾滋病的防治管理问题，这并不意味着艾滋病在医学和法律层面上被排除出性病的范畴，而是将其视为特殊性病。这种行政法层面上的立法变动并不影响刑法上“严重性病”的认定范围，更不能否定艾滋病作为性病的医学属性。同时，从疾病的传染性、危害程度看，艾滋病与淋病、梅毒同属于《传染病防治法》规定的乙类传染病，对健康的危害更是远远大于淋病、梅毒的，理应视为“严重性病”。

（二）HIV－1 抗体呈阳性的行为人符合传播性病罪的主体要件

梅毒、淋病等性病潜伏期较短，感染病菌后短时间内即会出现相应症状，因此通过化验及诊断症状，较容易判定行为人是否患有性病。艾滋病与梅毒、淋病相比有一定的特殊性：艾滋病病毒侵入人体后，一般要经过七至十年的潜伏期感染者才会发病，成为艾滋病患者。因此，从医学上说，HIV－1 抗体呈阳性只是表明该人系艾滋病病毒携带者，如无相应症状，还不能将其视为艾滋病患者。刑法规定传播性病罪的主要目的是遏制严重性病以性交易的方式传播、蔓延，保护公民健康，维护公共卫生秩序。考虑到艾滋病病毒携带者（HIV－1 抗体呈阳性）具有较强的传染性，其携带的病毒可以通过血液、性接触或者母婴进行传播、传染，将艾滋病病毒携带者视为严重性病患者，运用刑法手段遏制艾滋病以性交易的方式传播、蔓延，符合传播性病罪的立法目的，也是十分必要的。本案中，被告人王某经检测，体内 HIV－1 抗体呈阳性，说明其系艾滋病病毒携带者，虽无证据证明其已发病，但仍可认定其患有严重性病,符合传播性病罪的主体要件。

(三)明知自己携带艾滋病病毒而卖淫的,可以构成传播性病罪

根据前面的分析,被告人王某明知自己携带艾滋病病毒而卖淫,符合刑法关于传播性病罪的规定,可以认定其构成传播性病罪。但是,也有意见认为,对王某的行为应认定为故意伤害罪或者以危险方法危害公共安全罪,我们不同意这种意见。从司法实践来看,艾滋病病毒携带者或艾滋病患者进行卖淫嫖娼活动,对他人人身权利可能造成不同程度的损害,甚至危害公共安全,同时行为人的犯意亦有不同,根据案件的具体情况,认定行为人构成故意伤害罪或者以危险方法危害公共安全罪并无问题。但基于本案中查明的事实和确认的证据,认定王某构成传播性病罪较为稳妥。主要理由是:(1)王某不构成故意伤害罪。故意伤害罪是结果犯,构成该罪必须造成被害人轻伤以上的后果。王某从事卖淫活动,与嫖娼人员并无仇怨,对可能发生的致使嫖娼人员感染艾滋病病毒的结果只持放任心态,同时无证据证实嫖娼人员陆某因与王某进行性交易而感染艾滋病病毒。出于间接故意实施的犯罪行为未发生危害结果的,不构成犯罪,故王某不构成故意伤害罪。如果王某出于希望或放任他人感染艾滋病病毒的心理进行卖淫嫖娼活动,并使对方感染艾滋病病毒(或发病死亡),可以认定其构成故意伤害(致死)罪。(2)王某不构成以危险方法危害公共安全罪。有意见认为,王某主观上对于他人可能感染艾滋病病毒存在间接故意,客观上与不特定多数人发生了性关系,极易引起艾滋病病毒的扩散,给公共安全带来潜在危害,构成以危险方法危害公共安全罪。我们认为,本案现有的证据尚未达到以危险方法危害公共安全罪的证明标准。从主观上看,王某供称其知道自己携带的艾滋病病毒可能会传染给他人,也学习了相关知识,知道女性艾滋病病毒携带者传染的可能性相对于男性而言较小;进行性交易时其会要求对方使用安全套,如果对方不愿意使用,考虑到自己的艾滋病病毒传染给对方的可能性较小,也会同意。可见王某并无恶意传播艾滋病病毒以报复社会的意图,只是为了牟利而在一定程度上放任危害结果的发生。从客观上看,虽然王某供述称其知道自己携带艾滋病病毒后仍进行卖淫活动长达三年,但该情节无其他证据佐证,亦不能证实其与多少人进行过性交易,现有证据仅能证实其

与嫖娼人员陆某有一次性交易。因此,根据在案证据尚不足以认定王某的行为造成了广泛的社会危害,故王某也不构成以危险方法危害公共安全罪。如有充分证据证实其得知自己系艾滋病病毒携带者后仍长期卖淫,与其进行性交易的人员众多,甚至导致艾滋病的进一步扩散,可认定其构成以危险方法危害公共安全罪。

综上,东莞市第一人民法院认定被告人王某构成传播性病是正确的。

**(撰稿:广东省东莞市第一人民法院　陈　雯**
**审编:最高人民法院刑五庭　马　岩)**

[第 1134 号]

# 沈某某滥用职权案

## ——滥用职权罪追诉时效期限的起算点应如何认定

### 一、基本案情

被告人沈某某,男,1952 年 9 月 21 日出生。因涉嫌犯滥用职权罪于 2012 年 12 月 26 日被取保候审。

某县人民检察院以被告人沈某某犯滥用职权罪,向某县人民法院提起公诉。

被告人沈某某对指控的犯罪事实无异议,请求法庭对其从轻并免予刑事处罚。

某县人民法院经审理认为,被告人沈某某的行为属于犯罪已过追诉时效期限且不是必须追诉的情形,依照《中华人民共和国刑法》第三百九十七条第一款、第八十七条第一项,《中华人民共和国刑事诉讼法》第十五条第二项及《最高人民法院关于适用〈中华人民共和国刑事诉讼法〉若干问题的解释》第二百四十一条第一款第八项的规定,裁定本案终止审理。

一审宣判后,某县人民检察院提出抗诉。

某县人民检察院抗诉认为,一审认定事实确有错误。滥用职权罪系以危害结果为构成条件的渎职犯罪,其行为追诉时效期限应当从危害结果发生或者呈现后符合本罪构成要件之日起计算,并非以行为实施之日计算追诉时效期限。本案中,被告人沈某某滥用职权的行为虽然发生在 2007 年,但直至 2011 年 9 月在逃犯张某青在部队落网之日,其为被上网追逃的抢劫犯罪嫌疑人张某青"漂白"身份,致使其长期潜逃并以"合法"身份混入部队,造成恶劣社会影响的结果才得以发生并呈现,且随着该事件的曝光,在较大范围内弱化和降低了国家机关及其工作人员在人民群众中的执法威信,对党和国家形象造成不可避免的负面影响。上述危害结果属于《最高人民检察院关于渎职侵权犯罪案件立案标准的规定》中"严重损害国家声誉,或者造成恶劣社会影响"的具体体现,即沈某某滥用职权的行为是在2011年9月造成上述危害后果时才符合本罪构成要件的,依法应当从2011年9月起计算追诉时效期限。依法应追究沈某某的刑事责任。

某市人民检察院支持上述抗诉意见。

被告人沈某某及其辩护人对公诉机关的抗诉提出异议,认为本案在2007年10月24日沈某某签署同意更改户籍登记时危害结果已发生,同年11月18日,张某青通过征兵政审是最后一个危害后果,被告人的犯罪行为已超过追诉时效期限。本案的后果造成有多方面责任,不应由被告人一人承担。

某市中级人民法院经审理查明,罪犯张某青因涉嫌犯抢劫罪,于2007年9月20日被某县公安局上网追逃。同年10月,张某青的父亲张某某打算送其去当兵,因其未达到法定服兵役年龄,便以张某青户口簿在录入填报时有错为由,到村委会出具张某青出生日期录错的相关证明材料,后到公安机关办理申请更正张某青出生日期的有关事宜。同年10月24日,时任某县公安局城东派出所教导员的被告人沈某某在办理张某青的户口项目变更申请时,违反公安机关户政管理的有关规定,在张某青的《户口项目变更更正申请审批表》中"申请人签名""监护人情况""受理单位派出所承办人意见和签名"等项目欠缺填写,更改出生日期所必需的原始材料严重欠缺,审批程序手续不齐全的情况下,不按规定要求当事人提供张某青的《出生证》或其他有效的原始凭证,不调取张某青前入户的户籍信息档案对比核实,不派员或自行对申请人的情况进行调查核实,就直接办理审批同意张某青的变更户籍信息申请。

2007年10月29日,某县公安局户政股股长刘某某(另案处理)在审批张某青更改出生日期时,在审批手续不齐全的情况下,轻信所在派出所审核把关,同意张某青更改出生日期。同年11月2日,张某青的出生日期由1991年12月7日更改为1989年12月7日,身份证号码也相应变更,变更后的出生日期和身份证号码被重新录入户政管理系统,致使张某青原网上追逃的身份证号码在全国人口信息系统中无法找到，致使张某青抢劫的犯罪事实得不到及时的追究。

被告人沈某某在任某县公安局城东派出所教导员期间，负责所在辖区征兵政审工作。2007年11月18日，沈某某在办理张某青的征兵政审工作期间，没有认真执行公安部、总参谋部、总政治部颁发的《关于征兵政治审查组织实施工作的规定》的有关规定，在没有对张某青的情况进行调查核实的情况下，就在张某青的《应征公民政治审查表》上签署"张某青符合征兵政审条件"的审查意见，后又在张某青的《接兵干部走访调查表》上签署"该青年无违法违纪及不良行为"的意见，致使张某青于2007年12月1日政审合格并应征入伍，参加中国人民解放军部队，服役至2011年9月。2011年9月，某县公安机关在"清网"行动中，经进一步核查张某青的真实身份，将其从服役的部队抓获归案。2012年8月10日，某县人民法院以抢劫罪判处张某青有期徒刑一年十个月，并处罚金人民币二千元。

潮州市中级人民认为，被告人沈某某的行为已构成滥用职权罪，依照《中华人民共和国刑法》第三百九十七条第一款的规定，被告人应"处三年以下有期徒刑或者拘役"。依照《中华人民共和国刑法》第八十七条第一项的规定："犯罪经过下列期限不再追诉：(一)法定最高刑为不满五年有期徒刑的，经过五年……"沈某某于2007年10月24日违法行使审批权，致张某青的出生时间和身份信息于2007年11月2日被重新录入户政管理系统，使其抢劫的犯罪事实得不到及时的追究。后又于11月18日在张某青的征兵政审工作中不负责任地出具张某青符合征兵政审条件和无违法违纪及不良行为的意见，致张某青于2007年12月1日应征入伍服兵役，至此犯罪结果发生，沈某某的行为符合滥用职权罪的构成要件，应认定为《中华人民共和国刑法》第八十九条第一款规定的"犯罪之日"，并由此时起算追诉时效，至2012年11月30日追诉期限届满。2012年12月26日检察机关对沈某某立案侦查时，已超过追诉时效。一审裁定认定事实清楚，适用法律正确，处理恰当，审判程序合法。抗诉机关的抗诉理由不能成立，不予支持。依照《中华人民共和国刑事诉讼法》第二百二十五条第一款第一项之规定，裁定驳回抗诉，维持原审裁定。

## 二、主要问题

滥用职权罪作为以危害结果为条件的渎职犯罪，应如何认定追诉时效期限的起算点？

## 三、裁判理由

近年来，在公安机关开展的“清网行动”中，不时发现一些被通缉人员通过公安机关有关人员的渎职行为，在户口登记过程中，违反规定办理身份证，从而“漂白”了身份，给通缉工作带来巨大困难。但是此类案件中，违规办理身份证的时间和“清网行动”中发现通缉犯的时间往往相距较长，如何把握渎职罪的追诉时效期限，成为疑难问题。根据刑法第八十九条第一款的规定，追诉期限从犯罪之日起计算；犯罪行为有连续或者继续状态的，从犯罪行为终了之日起计算。关于“犯罪之日”的含义，司法实践中存在“犯罪成立之日”“犯罪行为实施之日”“犯罪行为发生之日”“犯罪行为完成之日”“犯罪行为停止之日”等不同理解。本案在审理中，对于如何认定被告人沈某某滥用职权的追诉时效期限，以及是否已超过追诉时效期限的问题就存在两种不同意见：第一种意见，即公诉机关的意见是，滥用职权罪的追诉时效期限应当从危害结果发生或者呈现后，即符合构成要件之日起计算，并非以行为实施之日计算。本案中，沈某某滥用职权的行为虽然发生在2007年，但直至2011年9月在逃犯张某青在部队落网之日，沈某某滥用职权的行为才造成恶劣社会影响，从而符合滥用职权罪的构成要件，应当从2011年9月起计算追诉时效期限，本案没有超过追诉时效期限，应追究被告人的刑事责任。第二种意见，即一、二审法院的意见是，“犯罪之日”应当理解为犯罪成立之日，即犯罪行为符合全部构成要件之日。沈某某滥用职权行为的犯罪后果，在张某青更改身份证号码后于2007年12月1日应征入伍时已全部产生，沈某某的行为在当时已经符合滥用职权罪的犯罪构成要件，故追诉期限应从2007年12月1日起算，本案已超过五年的追诉时效期限。

我们同意一、二审法院的意见，具体理由如下：

### （一）本案追诉期限应从沈某某滥用职权全部犯罪后果产生之日起算

依照刑法第三百九十七条第一款的规定，滥用职权罪属于结果犯，即除了有犯罪行为外,还应该致使公共财产、国家和人民利益遭受重大损失这一后果发生才构成犯罪。根据《最高人民法院、最高人民检察院关于办理渎职刑事案件适用法律若干问题的解释(一)》第六条的规定,以危害结果为条件的渎职犯罪的追诉期限,从危害结果发生之日起计算;数个危害结果的,从最后一个危害结果发生之日起计算。

首先,本案中需要明确被告人沈某某犯罪行为发生的时间。2007年10月24日,沈某某签署同意张某青变更户籍信息申请;同年10月29日,同案人刘某某审批同意更改;同年11月2日,公安网上系统审批同意更改,张某青出生时间由1991年12月7日更改为1989年12月7日,后身份证号码也作了相应更改。2007年11月18日,沈某某在张某青《应征公民政治审查表》上"常住户口所在地公安派出所审查意见"栏上签署意见,此时其犯罪行为已实施完毕。

其次,本案中需要明确被告人沈某某犯罪行为的危害结果发生时间。检察机关认为,2011年9月张某青被抓获时,沈某某渎职行为的危害后果才发生,追诉期限应从此时起算;而一、二审法院认为,县武装部出具张某青"政审合格"的意见,2007年12月1日张某青入伍之时,沈某某渎职行为的危害后果已经发生,追诉期限应从此时起算。我们同意后一种观点,司法实践当中,渎职犯罪的情况复杂,渎职行为造成损害后果的情形也较为复杂,有生命损害、健康损害、物质损害等,不同的损害后果,在认定发生时间上也不尽相同。就本案而言,沈某某滥用职权造成的后果有两个:一是因为张某青原来网上追逃的身份证号码在全国人口信息系统中无法找到,致使其抢劫的犯罪事实得不到及时的追究;二是张某青于2007年12月1日应征入伍,参加中国人民解放军部队。如果从"漂白"身份妨害司法机关及时追究张某青刑事责任的角度来看,沈某某渎职行为的危害后果从其违反规定为张某青更改户口登记,导致张某青身份证号码被更改时就已经开始产生,到张某青应征入伍时,沈某某渎职行为的危害后果已全部产生。因为从张某青入伍之日起,司法机关查处逃犯的难度大大增加,妨害了司法机关的追逃行动,从而危害社会的安全,此时的损害后果也可以理解为"其他致使公共财产、国家和人民利益遭受重大损失的情形",因此,2007年12月1日张某青入伍时,沈某某渎职行为的危害后果已经产生,其滥用职权行为符合犯罪构成要件,构成滥用职权罪,追诉期限应从该日起算。

检察机关认为沈某某滥用职权行为的犯罪后果至2011年9月张某青被抓获时才发生,实际上是混淆了刑法理论中的继续犯和状态犯的概念。继续犯也称持续犯,是指作用于同一对象的一个犯罪行为从着手实行到行为终了,犯罪行为与不法状态在一定时间内同时处于不间断的持续状态的犯罪,如非法拘禁罪、窝藏罪等。继续犯有以下几个特征:第一,行为人出于一个故意,实施一个犯罪行为。第二,犯罪行为必须持续一定的时间。第三,犯罪行为与犯罪造成的不法状态同时继续,这是继续犯重要的特征。继续犯实施的犯罪行为往往一经实施,犯罪造成的不法状态即犯罪客体遭受侵害的状态就已经形成。犯罪行为的继续,也就意味着犯罪不法状态的继续。而状态犯,是指犯罪行为已经实施完毕,但犯罪行为所造成的不法状态仍在继续。状态犯的典型特征是属于构成要件的犯罪行为先行结束、不法状态单独继续着。继续犯与状态犯,虽然都有不法状态的继续,但两者的本质区别在于:继续犯的不法状态从犯罪实行时就已产生;而状态犯的不法状态产生于犯罪行为实行终了。继续犯是实行行为本身的持续,行为的持续导致不法状态也在持续,也即继续犯的行为对法益的侵犯在持续,行为的构成要件符合性在持续;而状态犯发生侵害结果后,行为的构成要件符合性没有持续,仅仅是犯罪的不法状态的继续。因此,刑法第八十九条规定,犯罪行为有连续或者继续状态的,追诉期限从犯罪行为终了之日起计算,这是刑法对连续犯和继续犯的追诉期限所做的特殊规定。

我们认为,滥用职权罪属于状态犯,而非继续犯。滥用职权罪的犯罪行为实行终了后产生不法状态,即侵害结果,此后,侵害结果虽然一直存在,但滥用职权行为本身已经实行终了,没有持续,因此,追诉期限仍应从滥用职权行为造成的侵害结果发生之日起算,而不能以侵害结果终了之日起算。本案中,被告人沈某某违法行使审批权,致张某青的出生日期和身份信息被重新录入户政管理系统,使其抢劫的犯罪事实得不到及时的追究。后又在张某青的征兵政审工作中不负责任地出具张某青符合征兵政审条件和无违法违纪及不良行为的意见,致张某青于2007年12月1日应征入伍服兵役等危害后果发生后。在危害后果持续期间，沈某某再没有实施其他滥用职权的行为，追诉期限应从2007年12月1日起算，之后张某青继续服兵役至2011年9月才被抓获归案，这期间是不法状态的持续，而不是犯罪行为的持续。

（二）本案属于超过追诉时效期限，应裁定中止审理

根据检察机关指控的情节，“沈某某违反公安机关户政管理制度，滥用职权，擅自办理审批他人更正出生日期业务，致使他人逃避刑事处罚，造成恶劣社会影响”，依照刑法第三百九十七条第一款的规定，被告人应“处三年以下有期徒刑或者拘役”。依照刑法第八十七条第一项的规定：“犯罪经过下列期限不再追诉：（一）法定最高刑为不满五年有期徒刑的，经过五年……”被告人沈某某犯滥用职权罪，于2007年12月1日起算追诉期限，至2012年11月30日追诉期限届满。2012年12月26日检察机关对沈某某立案侦查时，已超过追诉时效期限，且本案不是必须追诉的情形，根据刑事诉讼法的相关规定应裁定终止审理。

综上，一、二审法院从被告人沈某某滥用职权犯罪后果产生之日起算本案的追诉时效期限，据此认定本案已超过追诉时效期限，裁定终止审理是适当的。

（撰稿：潮州市中级人民法院　林钟彪　林伟桐
审编：最高人民法院刑四庭　陆建红）

[第 1135 号]

# 任尚太等三人食品监管渎职案

## ——食品监管渎职罪的司法认定

### 一、基本案情

被告人任尚太,男,1962 年 3 月 15 日生,原系河南省罗山县卫生监督执法所城市科科长。2012 年 5 月 25 日被取保候审。

被告人杨柏,男,1963 年 12 月 26 日生,原系罗山县卫生监督执法所城市科副科长。2012 年 5 月 25 日被取保候审。

被告人黄磊,男,1961 年 5 月 19 日生,原系罗山县卫生监督执法所城市科职工。2012 年 5 月 25 日被取保候审。

河南省罗山县人民检察院以被告人任尚太、杨柏、黄磊犯食品监管渎职罪向罗山县人民法院提起公诉。三被告人对检察院指控的罪名和犯罪事实均无异议,请求从轻处罚。被告人任尚太的辩护人提出任尚太的职务行为与 79 人食物中毒的后果不存在刑法意义上的必然的、直接的因果关系,建议宣告其无罪。

罗山县人民法院经审理查明:被告人任尚太、杨柏、黄磊分别为罗山县卫生监督执法所城市科科长、副科长、职工,负责本县卫生监督执法。按照内部分工,罗山县新都国际大酒店食品安全属任尚太、杨柏、黄磊三人监管辖区内。因三被告人对该酒店食品安全监管不到位,没有完全正确履行监管职责,造成 2012 年 5 月 8 日中午在该酒店参加婚宴的客人中有 79 人陆续发生食物中毒。经罗山县疾病预防控制中心鉴定,该起食物中毒事件为沙门氏菌感染所致。

罗山县人民法院认为,被告人任尚太、杨柏、黄磊身为卫生监督执法人员,未认真履行食品安全监管职责,导致 79 人食物中毒的严重后果,其行为均已构成食品监管渎职罪,检察机关指控罪名成立。被告人任尚太的辩护人提出任尚太不构成食品监管渎职罪的辩护意见,经查,《中华人民共和国食品安全法》第八十七条明确规定,食品监管部门应当对食品进行定期或不定期抽样检验,但三被告人在工作中从未对新都国际大酒店进行过食品抽检,属玩忽职守行为。虽然本案的发生有多种原因,但与三被告人的渎职有着必然的因果关系,故辩护人的辩护理由不能成立,不予采纳。案发后三被告人积极配合办案机关办案,认罪态度好,依法可以从轻处罚。且该案的发生系多因一果,综合本案案情,三被告人犯罪情节轻微,依法可免予刑事处罚。据此,依据《中华人民共和国刑法》第四百零八条之一、第六十七条第三款、第三十七条之规定,以食品监管渎职罪判处被告人任尚太、杨柏、黄磊免予刑事处罚。

一审宣判后,三被告人均未提出上诉,检察机关亦未抗诉,判决已发生法律效力。

## 二、主要问题

在司法实践中如何认定食品监管渎职罪。

## 三、裁判理由

近年来,食品安全事件高发频发,严重危害了人民群众的生命健康安全,也严重破坏了社会主义市场经济秩序。为了保护公众健康以及加大对食品安全犯罪的打击力度,同时为食品监管人员的追责提供更为明确的刑事立法依据,2011年2月25日,全国人大常委会通过的刑法修正案(八)中,增设了刑法第四百零八条之一,该条规定:"负有食品安全监督管理职责的国家机关工作人员,滥用职权或者玩忽职守,导致发生重大食品安全事故或者造成其他严重后果的,处五年以下有期徒刑或者拘役;造成特别严重后果的,处五年以上十年以下有期徒刑。徇私舞弊犯前款罪的,从重处罚。"同年4月28日,最高人民法院、最高人民检察院发布《关于执行〈中华人民共和国刑法〉确定罪名的补充规定(五)》,正式将第四百零八条之一确定为食品监管渎职罪。所谓食品监管渎职罪,是指负有食品安全监督管理职责的国家机关工作人员,滥用职权或者玩忽职守,导致发生重大食品安全事故或者造成其他严重后果的行为。

本案是刑法修正案(八)实施以来,人民法院较早审结的食品监管渎职案。该案在社会上影响较大,群众关注度高,特别是对于能否认定三被告人的行为构成食品监管渎职罪控辩双方存在分歧。我们认为,根据刑法和相关司法解释的规定,任尚太等被告人的行为均构成食品监管渎职罪,理由如下:

### (一)三被告人均应以负有食品安全监督管理职责的国家机关工作人员论

根据刑法规定,食品监管渎职罪的犯罪主体,是负有食品安全监督管理职责的国家机关工作人员。《中华人民共和国食品安全法》(以下简称《食品安全法》)第六条第二款规定:"县级以上地方人民政府依照本法和国务院的规定,确定本级食品药品监督管理、卫生行政部门和其他有关部门的职责。有关部门在各自职责范围内负责本行政区域的食品安全监督管理工作。"具体来说,食品监管渎职罪的犯罪主体主要是县级以上的食品药品监督管理、卫生行政部门和其他有关部门中负有食品安全监督管理职责的国家机关工作人员。

具体到本案,三被告人是否属于国家机关工作人员,是本案能否认定为食品监管渎职犯罪的关键和前提。在卷证据表明,本案三被告人均为罗山县卫生监督执法所的工作人员。根据罗山县机构编制委员会提供的文件,罗山县卫生监督执法所系财政全供事业编制;根据该执法所提供的文件,三被告人的职责是罗山县城关西城区餐饮环保卫生监督工作。我们认为,三被告人的身份虽然是事业编制,但所履行的职责为国家行政执法机关的职责。《最高人民法院、最高人民检察院关于办理渎职刑事案件适用法律若干问题的解释(一)》第七条规定:"依法或者受委托行使国家行政管理职权的公司、企业、事业单位的工作人员,在行使行政管理职权时滥用职权或者玩忽职守,构成犯罪的,应当依照《全国人民代表大会常务委员会关于〈中华人民共和国刑法〉第九章渎职罪主体适用问题的解释》的规定,适用渎职罪的规定追究刑事责任。"《全国人民代表大会常务委员会关于〈中华人民共和国刑法〉第九章渎职罪主体适用问题的解释》规定:"在依照法律、法规规定行使国家行政管理职权的组织中从事公务的人员，或者在受国家机关委托代表国家机关行使职权的组织中从事公务的人员，或者虽未列入国家机关人员编制但在国家机关中从事公务的人员，在代表国家机关行使职权时，有渎职行为，构成犯罪的，依照刑法关于渎职罪的规定追究刑事责任。”三被告人应当以负有食品安全监督管理职责的国家机关工作人员论，均能够成为食品监管渎职罪的犯罪主体。

（二）三被告人具有玩忽职守的行为

食品监管渎职罪要求行为人必须有“滥用职权或者玩忽职守”的行为，“滥用职权”是指负有食品安全监督管理职责的人员超越职权，违法决定、处理其无权决定、处理的事项，或者违反规定处理公务的行为。“玩忽职守”，是指负有食品安全监督管理职责的人员严重不负责任，不履行或者不认真履行其职责的行为。

就本案而言，三被告人的行为属于玩忽职守的行为。被告人任尚太的辩护人提出，任尚太依法履行了食品监管工作职责，不存在玩忽职守行为。我们认为，被告人是否存在玩忽职守行为，要根据在案证据分析判断。本案中罗山县新都国际大酒店厨师长李作勇证实，罗山县卫生监督执法所来检查，主要是检查健康证及卫生条件，看冰箱生、熟食品是否分开；新都国际大酒店负责酒店采购工作的廖广新证实，罗山县卫生监督执法所来检查，主要是检查调味品是否过期变质，购物登记簿填写及相关购物票证是否保存。任尚太、杨柏均供认对新都国际大酒店的食品没有进行定期或不定期抽样检查，在案亦没有其他证据显示三被告人曾对该酒店的食品进行过抽样检查。《中华人民共和国食品安全法》第八十七条规定：“县级以上人民政府食品药品监督管理部门应当对食品进行定期或者不定期的抽样检验，并依据有关规定公布检验结果，不得免检。”本案证据充分表明被告人任尚太等没有认真履行其食品安全监督管理的职责，在工作中从未依法对新都国际大酒店进行过食品抽检，可以认定三被告人的行为属于玩忽职守行为。

（三）本案致79人食物中毒的严重后果，属于刑法规定的“重大食品安全事故”

根据刑法第四百零八条之一的规定，“发生重大食品安全事故或者造成其他严重后果”,是食品监管渎职罪成立的必备要件,即负有监督管理职责的国家机关工作人员,不仅要有滥用职权或者玩忽职守的行为,而且还要发生重大食品安全事故或者造成其他严重后果,才能构成本罪。如果存在滥用职权或者玩忽职守的行为,但未发生重大食品安全事故或者造成其他严重后果,是不能认定构成犯罪的。

被告人任尚太的辩护人提出,依据河南省人民政府发布的《河南省食品安全事故应急预案》的规定,本案发生 79 人食物中毒,未出现死亡病例,不属于重大食品安全事故,应是一般的食品安全事故。侦查机关依据 2006 年 7 月 26 日施行的《最高人民检察院关于渎职侵权犯罪案件立案标准的规定》(以下简称《立案标准》)中玩忽职守“导致 20 人以上严重中毒”的立案标准来办案,但该标准实际是针对刑法第四百零八条环境监管渎职罪设定的,而本罪是刑法修正案(八)新设罪名,使用 2006 年发布的《立案标准》于法无据。

关于“重大食品安全事故”的具体认定标准,现有司法解释确实没有明确规定。我们认为,从食品监管渎职罪与一般滥用职权罪和玩忽职守罪的关系来看,前者是从后者分离出来而单设的新罪名,两者是特殊罪名与一般罪名的关系。从两者的法定刑配置来看,食品监管渎职罪与刑法第三百九十七条第二款规定的徇私舞弊情节下的滥用职权罪和玩忽职守罪的量刑幅度相同。因此,前述《立案标准》第一条的立案标准是具有参考价值的。既然前述《立案标准》以玩忽职守“导致 20 人以上严重中毒”为刑事立案标准,那么,食品监管渎职导致 79 人中毒这一结果远远超过《立案标准》的 20 人以上的标准,当然就可以认定为“重大食品安全事故”。具有中毒人员死亡情形的,属于“重大食品安全事故”,但是“中毒人员死亡”不是认定“重大食品安全事故”的必要条件。本案发生之后,最高人民法院、最高人民检察院出台的《关于办理渎职刑事案件适用法律若干问题的解释(一)》(自 2013 年 1 月 9 日起施行)也体现了重大食品安全事故不以出现中毒人员死亡为必需条件。该解释第一条对刑法第三百九十七条滥用职权罪、玩忽职守罪中“致使公共财产、国家和人民利益遭受重大损失”的认定作了具体的规定,第九条还规定:“负有监督管理职责的国家机关工作人员滥用职权或者玩忽职守,致使不符合安全标准的食品、有毒有害食品、假药、劣药等流入社会,对人民群众生命、健康造成严重危害后果的,依照渎职罪的规定从严惩处。”

此外,被告人任尚太的辩护人提出应参照《河南省食品安全事故应急预案》的规定来认定食品监管渎职罪是不妥当的,将地方性法规作为犯罪构成标准来适用,必然导致各地标准不统一,有悖公平正义。

(四)三被告人的玩忽职守行为与重大食品安全事故的发生具有刑法上的因果关系

在食品监管渎职罪中,行为人对重大食品安全事故或者其他严重后果承担刑事责任的前提是该严重后果是其实施的滥用职权行为或者玩忽职守行为造成的。也就是说,行为人的渎职行为与该严重后果必须具有刑法上的因果关系,否则行为人的行为不构成食品监管渎职罪,自然也不能承担刑事责任。被告人任尚太的辩护人提出,虽然《食品安全法》规定食品监管部门应当定期或不定期对监管食品抽样检测,但上级没有在被告人所在工作单位配备专职检验人员和检验设备,且在抽检时间之外,仍然排除不了发生酒店食品中毒的可能,故被告人的职务行为与79人食物中毒的后果不存在刑法意义上的必然的、直接的因果关系。

《食品安全法》第一百零七条规定:“调查食品安全事故,除了查明事故单位的责任,还应当查明有关监督管理部门、食品检验机构、认证机构及其工作人员的责任。”该条规定表明,重大食品安全事故或者其他严重后果固然是由食品生产者或者经营者的不法行为直接造成的,但是负有食品监管职责的国家机关工作人员的渎职行为“纵容”了食品生产者或者经营者的不法行为,基于这种“共同作用力”,才导致发生重大食品安全事故或者造成其他严重后果。相对于食品生产者或者经营者而言,国家机关工作人员的渎职行为对于食品安全事故的发生具有某种“间接性”的特点,但仍然属于刑法上的因果关系。如果负有食品监管职责的国家机关工作人员尽职尽责,正确、合法地履行了监督管理职责,食品安全事故就能最大限度地避免,使人民群众免受其害。因此,只要重大食品安全事故或者其他严重后果是由行为人的渎职行为引起的,无论是直接造成的还是间接造成的,其对该结果的发生是起决定作用还是起非决定作用,行为人的行为与结果之间就具有刑法上的因果关系。

本案中，上级部门没有在被告人所在工作单位配备专职的检验人员和相应的检验设备，这在一定程度上确实限制了三被告人开展食品监管的有效性，但这一因素并不足以对刑法上的因果关系产生本质影响，三名被告人从未对涉案酒店的食品进行过抽检，因而导致发生重大食品安全事故，其玩忽职守行为与重大食品安全事故的发生仍然具有刑法上的因果关系。

综上，本案对任尚太等三被告人以食品监管渎职罪定罪，同时考虑具体案情及三人认罪悔罪态度，免予刑事处罚是适当的。本案宣判后，对食品监管人员认真履行职责起到了督促作用，同时也有效促进了餐饮服务行业等食品生产者和经营者加强食品安全管理，提高食品安全质量，收到了较好的法律效果和社会效果。

**（撰稿：河南省罗山县人民法院　董王超**

**审编：最高人民法院刑四庭　陆建红）**

# 全国人民代表大会常务委员会
# 关于授权最高人民法院、最高人民检察院在部分地区开展刑事案件认罪认罚从宽制度试点工作的决定

（2016年9月3日第十二届全国人民代表大会常务委员会第二十二次会议通过）

为进一步落实宽严相济刑事政策，完善刑事诉讼程序，合理配置司法资源，提高办理刑事案件的质量与效率，确保无罪的人不受刑事追究，有罪的人受到公正惩罚，维护当事人的合法权益，促进司法公正，第十二届全国人民代表大会常务委员会第二十二次会议决定：授权最高人民法院、最高人民检察院在北京、天津、上海、重庆、沈阳、大连、南京、杭州、福州、厦门、济南、青岛、郑州、武汉、长沙、广州、深圳、西安开展刑事案件认罪认罚从宽制度试点工作。对犯罪嫌疑人、刑事被告人自愿如实供述自己的罪行，对指控的犯罪事实没有异议，同意人民检察院量刑建议并签署具结书的案件，可以依法从宽处理。试点工作应当遵循刑法、刑事诉讼法的基本原则，保障犯罪嫌疑人、刑事被告人的辩护权和其他诉讼权利，保障被害人的合法权益，维护社会公共利益，完善诉讼权利告知程序，强化监督制约，严密防范并依法惩治滥用职权、徇私枉法行为，确保司法公正。

最高人民法院、最高人民检察院会同有关部门根据本决定，遵循刑法、刑事诉讼法的基本原则，制定试点办法，对适用条件、从宽幅度、办理程序、证据标准、律师参与等作出具体规定，报全国人民代表大会常务委员会备

案。试点期限为二年，自试点办法印发之日起算。

2014年6月27日第十二届全国人民代表大会常务委员会第九次会议授权最高人民法院、最高人民检察院在上述地区开展的刑事案件速裁程序试点工作，按照新的试点办法继续试行。

最高人民法院、最高人民检察院应当加强对试点工作的组织领导和监督检查，保证试点工作积极、稳妥、有序进行。试点进行中，最高人民法院、最高人民检察院应当就试点情况向全国人民代表大会常务委员会作出中期报告。试点期满后，对实践证明可行的，应当修改完善有关法律；对实践证明不宜调整的，恢复施行有关法律规定。

本决定自2016年9月4日起施行。

# 最高人民法院
## 公　告

《最高人民法院关于审理毒品犯罪案件适用法律若干问题的解释》已于2016年1月25日由最高人民法院审判委员会第1676次会议通过,现予公布,自2016年4月11日起施行。

最高人民法院

2016年4月6日

# 最高人民法院
# 关于审理毒品犯罪案件适用法律若干问题的解释

(2016年1月25日最高人民法院审判委员会第1676次会议通过
自2016年4月11日起施行)

法释〔2016〕8号

为依法惩治毒品犯罪,根据《中华人民共和国刑法》的有关规定,现就审理此类刑事案件适用法律的若干问题解释如下:

**第一条**　走私、贩卖、运输、制造、非法持有下列毒品,应当认定为刑法第三百四十七条第二款第一项、第三百四十八条规定的"其他毒品数量大":

(一)可卡因五十克以上;

(二)3,4-亚甲二氧基甲基苯丙胺(MDMA)等苯丙胺类毒品(甲基苯丙胺除外)、吗啡一百克以上;

（三）芬太尼一百二十五克以上；

（四）甲卡西酮二百克以上；

（五）二氢埃托啡十毫克以上；

（六）哌替啶（度冷丁）二百五十克以上；

（七）氯胺酮五百克以上；

（八）美沙酮一千克以上；

（九）曲马多、γ－羟丁酸二千克以上；

（十）大麻油五千克、大麻脂十千克、大麻叶及大麻烟一百五十千克以上；

（十一）可待因、丁丙诺啡五千克以上；

（十二）三唑仑、安眠酮五十千克以上；

（十三）阿普唑仑、恰特草一百千克以上；

（十四）咖啡因、罂粟壳二百千克以上；

（十五）巴比妥、苯巴比妥、安钠咖、尼美西泮二百五十千克以上；

（十六）氯氮卓、艾司唑仑、地西泮、溴西泮五百千克以上；

（十七）上述毒品以外的其他毒品数量大的。

国家定点生产企业按照标准规格生产的麻醉药品或者精神药品被用于毒品犯罪的，根据药品中毒品成分的含量认定涉案毒品数量。

**第二条**　走私、贩卖、运输、制造、非法持有下列毒品，应当认定为刑法第三百四十七条第三款、第三百四十八条规定的“其他毒品数量较大”：

（一）可卡因十克以上不满五十克；

（二）3，4－亚甲二氧基甲基苯丙胺（MDMA）等苯丙胺类毒品（甲基苯丙胺除外）、吗啡二十克以上不满一百克；

（三）芬太尼二十五克以上不满一百二十五克；

（四）甲卡西酮四十克以上不满二百克；

（五）二氢埃托啡二毫克以上不满十毫克；

（六）哌替啶（度冷丁）五十克以上不满二百五十克；

（七）氯胺酮一百克以上不满五百克；

（八）美沙酮二百克以上不满一千克；

(九)曲马多、γ-羟丁酸四百克以上不满二千克;

(十)大麻油一千克以上不满五千克、大麻脂二千克以上不满十千克、大麻叶及大麻烟三十千克以上不满一百五十千克;

(十一)可待因、丁丙诺啡一千克以上不满五千克;

(十二)三唑仑、安眠酮十千克以上不满五十千克;

(十三)阿普唑仑、恰特草二十千克以上不满一百千克;

(十四)咖啡因、罂粟壳四十千克以上不满二百千克;

(十五)巴比妥、苯巴比妥、安钠咖、尼美西泮五十千克以上不满二百五十千克;

(十六)氯氮卓、艾司唑仑、地西泮、溴西泮一百千克以上不满五百千克;

(十七)上述毒品以外的其他毒品数量较大的。

**第三条** 在实施走私、贩卖、运输、制造毒品犯罪的过程中,携带枪支、弹药或者爆炸物用于掩护的,应当认定为刑法第三百四十七条第二款第三项规定的"武装掩护走私、贩卖、运输、制造毒品"。枪支、弹药、爆炸物种类的认定,依照相关司法解释的规定执行。

在实施走私、贩卖、运输、制造毒品犯罪的过程中,以暴力抗拒检查、拘留、逮捕,造成执法人员死亡、重伤、多人轻伤或者具有其他严重情节的,应当认定为刑法第三百四十七条第二款第四项规定的"以暴力抗拒检查、拘留、逮捕,情节严重"。

**第四条** 走私、贩卖、运输、制造毒品,具有下列情形之一的,应当认定为刑法第三百四十七条第四款规定的"情节严重":

(一)向多人贩卖毒品或者多次走私、贩卖、运输、制造毒品的;

(二)在戒毒场所、监管场所贩卖毒品的;

(三)向在校学生贩卖毒品的;

(四)组织、利用残疾人、严重疾病患者、怀孕或者正在哺乳自己婴儿的妇女走私、贩卖、运输、制造毒品的;

(五)国家工作人员走私、贩卖、运输、制造毒品的;

(六)其他情节严重的情形。

**第五条** 非法持有毒品达到刑法第三百四十八条或者本解释第二条规

定的“数量较大”标准，且具有下列情形之一的，应当认定为刑法第三百四十八条规定的“情节严重”：

（一）在戒毒场所、监管场所非法持有毒品的；

（二）利用、教唆未成年人非法持有毒品的；

（三）国家工作人员非法持有毒品的；

（四）其他情节严重的情形。

**第六条** 包庇走私、贩卖、运输、制造毒品的犯罪分子，具有下列情形之一的，应当认定为刑法第三百四十九条第一款规定的“情节严重”：

（一）被包庇的犯罪分子依法应当判处十五年有期徒刑以上刑罚的；

（二）包庇多名或者多次包庇走私、贩卖、运输、制造毒品的犯罪分子的；

（三）严重妨害司法机关对被包庇的犯罪分子实施的毒品犯罪进行追究的；

（四）其他情节严重的情形。

为走私、贩卖、运输、制造毒品的犯罪分子窝藏、转移、隐瞒毒品或者毒品犯罪所得的财物，具有下列情形之一的，应当认定为刑法第三百四十九条第一款规定的“情节严重”：

（一）为犯罪分子窝藏、转移、隐瞒毒品达到刑法第三百四十七条第二款第一项或者本解释第一条第一款规定的“数量大”标准的；

（二）为犯罪分子窝藏、转移、隐瞒毒品犯罪所得的财物价值达到五万元以上的；

（三）为多人或者多次为他人窝藏、转移、隐瞒毒品或者毒品犯罪所得的财物的；

（四）严重妨害司法机关对该犯罪分子实施的毒品犯罪进行追究的；

（五）其他情节严重的情形。

包庇走私、贩卖、运输、制造毒品的近亲属，或者为其窝藏、转移、隐瞒毒品或者毒品犯罪所得的财物，不具有本条前两款规定的“情节严重”情形，归案后认罪、悔罪、积极退赃，且系初犯、偶犯，犯罪情节轻微不需要判处刑罚的，可以免予刑事处罚。

**第七条** 违反国家规定，非法生产、买卖、运输制毒物品、走私制毒物品，达到下列数量标准的，应当认定为刑法第三百五十条第一款规定的“情节较重”：

（一）麻黄碱（麻黄素）、伪麻黄碱（伪麻黄素）、消旋麻黄碱（消旋麻黄素）一千克以上不满五千克；

（二）1－苯基－2－丙酮、1－苯基－2－溴－1－丙酮、3，4－亚甲基二氧苯基－2－丙酮、羟亚胺二千克以上不满十千克；

（三）3－氧－2－苯基丁腈、邻氯苯基环戊酮、去甲麻黄碱（去甲麻黄素）、甲基麻黄碱（甲基麻黄素）四千克以上不满二十千克；

（四）醋酸酐十千克以上不满五十千克；

（五）麻黄浸膏、麻黄浸膏粉、胡椒醛、黄樟素、黄樟油、异黄樟素、麦角酸、麦角胺、麦角新碱、苯乙酸二十千克以上不满一百千克；

（六）N－乙酰邻氨基苯酸、邻氨基苯甲酸、三氯甲烷、乙醚、哌啶五十千克以上不满二百五十千克；

（七）甲苯、丙酮、甲基乙基酮、高锰酸钾、硫酸、盐酸一百千克以上不满五百千克；

（八）其他制毒物品数量相当的。

违反国家规定，非法生产、买卖、运输制毒物品、走私制毒物品，达到前款规定的数量标准最低值的百分之五十，且具有下列情形之一的，应当认定为刑法第三百五十条第一款规定的“情节较重”：

（一）曾因非法生产、买卖、运输制毒物品、走私制毒物品受过刑事处罚的；

（二）二年内曾因非法生产、买卖、运输制毒物品、走私制毒物品受过行政处罚的；

（三）一次组织五人以上或者多次非法生产、买卖、运输制毒物品、走私制毒物品，或者在多个地点非法生产制毒物品的；

（四）利用、教唆未成年人非法生产、买卖、运输制毒物品、走私制毒物品的；

（五）国家工作人员非法生产、买卖、运输制毒物品、走私制毒物品的；

（六）严重影响群众正常生产、生活秩序的；

（七）其他情节较重的情形。

易制毒化学品生产、经营、购买、运输单位或者个人未办理许可证明或者备案证明，生产、销售、购买、运输易制毒化学品，确实用于合法生产、生活需要的，不以制毒物品犯罪论处。

**第八条** 违反国家规定，非法生产、买卖、运输制毒物品、走私制毒物品，具有下列情形之一的，应当认定为刑法第三百五十条第一款规定的“情节严重”：

（一）制毒物品数量在本解释第七条第一款规定的最高数量标准以上，不满最高数量标准五倍的；

（二）达到本解释第七条第一款规定的数量标准，且具有本解释第七条第二款第三项至第六项规定的情形之一的；

（三）其他情节严重的情形。

违反国家规定，非法生产、买卖、运输制毒物品、走私制毒物品，具有下列情形之一的，应当认定为刑法第三百五十条第一款规定的“情节特别严重”：

（一）制毒物品数量在本解释第七条第一款规定的最高数量标准五倍以上的；

（二）达到前款第一项规定的数量标准，且具有本解释第七条第二款第三项至第六项规定的情形之一的；

（三）其他情节特别严重的情形。

**第九条** 非法种植毒品原植物，具有下列情形之一的，应当认定为刑法第三百五十一条第一款第一项规定的“数量较大”：

（一）非法种植大麻五千株以上不满三万株的；

（二）非法种植罂粟二百平方米以上不满一千二百平方米、大麻二千平方米以上不满一万二千平方米，尚未出苗的；

（三）非法种植其他毒品原植物数量较大的。

非法种植毒品原植物，达到前款规定的最高数量标准的，应当认定为刑法第三百五十一条第二款规定的“数量大”。

**第十条** 非法买卖、运输、携带、持有未经灭活的毒品原植物种子或者幼苗，具有下列情形之一的，应当认定为刑法第三百五十二条规定的“数量较大”：

（一）罂粟种子五十克以上、罂粟幼苗五千株以上的；

（二）大麻种子五十千克以上、大麻幼苗五万株以上的；

（三）其他毒品原植物种子或者幼苗数量较大的。

**第十一条** 引诱、教唆、欺骗他人吸食、注射毒品，具有下列情形之一的，应当认定为刑法第三百五十三条第一款规定的“情节严重”：

（一）引诱、教唆、欺骗多人或者多次引诱、教唆、欺骗他人吸食、注射毒品的；

（二）对他人身体健康造成严重危害的；

（三）导致他人实施故意杀人、故意伤害、交通肇事等犯罪行为的；

（四）国家工作人员引诱、教唆、欺骗他人吸食、注射毒品的；

（五）其他情节严重的情形。

**第十二条** 容留他人吸食、注射毒品，具有下列情形之一的，应当依照刑法第三百五十四条的规定，以容留他人吸毒罪定罪处罚：

（一）一次容留多人吸食、注射毒品的；

（二）二年内多次容留他人吸食、注射毒品的；

（三）二年内曾因容留他人吸食、注射毒品受过行政处罚的；

（四）容留未成年人吸食、注射毒品的；

（五）以牟利为目的容留他人吸食、注射毒品的；

（六）容留他人吸食、注射毒品造成严重后果的；

（七）其他应当追究刑事责任的情形。

向他人贩卖毒品后又容留其吸食、注射毒品，或者容留他人吸食、注射毒品并向其贩卖毒品，符合前款规定的容留他人吸毒罪的定罪条件的，以贩卖毒品罪和容留他人吸毒罪数罪并罚。

容留近亲属吸食、注射毒品，情节显著轻微危害不大的，不作为犯罪处理；需要追究刑事责任的，可以酌情从宽处罚。

**第十三条** 依法从事生产、运输、管理、使用国家管制的麻醉药品、精神药品的人员，违反国家规定，向吸食、注射毒品的人提供国家规定管制的能够使人形成瘾癖的麻醉药品、精神药品，具有下列情形之一的，应当依照刑法第三百五十五条第一款的规定，以非法提供麻醉药品、精神药品罪定罪处罚：

（一）非法提供麻醉药品、精神药品达到刑法第三百四十七条第三款或者本解释第二条规定的“数量较大”标准最低值的百分之五十，不满“数量较大”标准的；

（二）二年内曾因非法提供麻醉药品、精神药品受过行政处罚的；

（三）向多人或者多次非法提供麻醉药品、精神药品的；

（四）向吸食、注射毒品的未成年人非法提供麻醉药品、精神药品的；

（五）非法提供麻醉药品、精神药品造成严重后果的；

（六）其他应当追究刑事责任的情形。

具有下列情形之一的，应当认定为刑法第三百五十五条第一款规定的“情节严重”：

（一）非法提供麻醉药品、精神药品达到刑法第三百四十七条第三款或者本解释第二条规定的“数量较大”标准的；

（二）非法提供麻醉药品、精神药品达到前款第一项规定的数量标准，且具有前款第三项至第五项规定的情形之一的；

（三）其他情节严重的情形。

**第十四条** 利用信息网络，设立用于实施传授制造毒品、非法生产制毒物品的方法，贩卖毒品，非法买卖制毒物品或者组织他人吸食、注射毒品等违法犯罪活动的网站、通讯群组，或者发布实施前述违法犯罪活动的信息，情节严重的，应当依照刑法第二百八十七条之一的规定，以非法利用信息网络罪定罪处罚。

实施刑法第二百八十七条之一、第二百八十七条之二规定的行为，同时构成贩卖毒品罪、非法买卖制毒物品罪、传授犯罪方法罪等犯罪的，依照处罚较重的规定定罪处罚。

**第十五条** 本解释自2016年4月11日起施行。《最高人民法院关于审理毒品案件定罪量刑标准有关问题的解释》（法释〔2000〕13号）同时废止；之前发布的司法解释和规范性文件与本解释不一致的，以本解释为准。

# 《关于审理毒品犯罪案件适用法律若干问题的解释》的理解与适用

叶晓颖　马　岩　方文军　李静然

为进一步规范毒品犯罪案件的法律适用，确保依法从严惩处毒品犯罪，最高人民法院制定了《关于审理毒品犯罪案件适用法律若干问题的解释》（法释〔2016〕8号，以下简称《解释》）。经最高人民法院审判委员会第1676次会议审议通过，于2016年4月6日公布，自2016年4月11日起施行。为便于实践中准确理解和适用，现对《解释》的制定背景、指导思想和主要内容予以说明。

## 一、《解释》的制定背景和经过

2000年，最高人民法院发布了《关于审理毒品案件定罪量刑标准有关问题的解释》（以下简称《2000年解释》），解决了部分毒品犯罪的定罪量刑标准问题。但受当时条件所限，《2000年解释》只有5个条文，仅规定了走私、贩卖、运输、制造毒品罪，非法持有毒品罪、走私制毒物品罪、非法买卖制毒物品罪和非法种植毒品原植物罪这4种犯罪的定罪量刑标准，对其他毒品犯罪的定罪量刑标准则没有涉及。此后，随着我国毒品犯罪形势的发展变化和法律的修改，实践中出现了较多新的毒品犯罪法律适用问题。最高人民法院对此高度重视，近年来又单独或者会同有关单位制定了一系列规范性文件加以解决，同时，也逐步将制定新的毒品犯罪司法解释工作提上日程。

禁毒工作关系国家安危、民族兴衰和人民福祉，党中央、国务院高度重视禁毒工作。2014年6月，中央政治局常委会议、国务院常务会议分别听取禁毒工作专题汇报，习近平总书记、李克强总理分别对禁毒工作作出重要指示批示。中共中央、国务院首次印发了《关于加强禁毒工作的意见》，并下发了贯彻落实分工方案，其中均明确要求，由最高人民法院及时制定司法解释或者规范性文件，统一和规范毒品犯罪案件的法律适用，加大依法惩治毒品犯罪力度。

最高人民法院研究认为，经过多年的司法经验积累和调查研究，制定新的司法解释，对毒品犯罪的有关法律适用问题进行规范的时机已经成熟。根据工作安排，最高人民法院刑五庭于2015年年初正式立项，开始起草《解释》。起草过程中，刑五庭开展了大量的书面和实地调研，委托相关科研机构提供了毒品依赖性潜力的研究数据，掌握了有关新类型毒品和制毒物品的滥用情况及犯罪形势，对近年来各地审理毒品犯罪案件的经验进行了系统总结，对审判实践中遇到的突出法律适用问题进行了认真研究。为确保起草质量，还与最高人民检察院、公安部、国家食品药品监督管理总局（以下简称食药监总局）等单位进行了多次研究、讨论，组织召开了专家论证会。在前期调研论证工作的基础上，就《解释》在法院系统内部，并向最高人民检察院、公安部、食药监总局、海关总署等相关职能单位及有关专家学者正式征求了意见。经认真研究、充分吸收各方意见后，又正式征求了全国人大常委会法工委的意见，法工委亦原则赞同《解释》的内容。2016年1月25日，最高人民法院审判委员会第1676次会议审议通过了《解释》。

## 二、《解释》的指导思想和制定意义

当前，受国际毒潮持续泛滥和国内多种因素影响，我国的禁毒斗争形势严峻复杂，毒品犯罪高发、多发，禁毒工作任务十分艰巨。《解释》以依法从严惩处毒品犯罪为指导思想，体现了对走私、贩卖、运输、制造毒品等各类严重毒品犯罪，以及具有武装掩护犯罪，暴力抗拒检查、拘留、逮捕，多次、向多人实施犯罪，组织、利用未成年人、病残人员犯罪，国家工作人员犯罪等严重情节的毒品犯罪分子的依法严惩。同时，为全面贯彻宽严相济刑事政策，更好地分化瓦解毒品犯罪分子，对其中罪行较轻或者具有从宽处罚情节的，根据罪刑相适应的刑法基本原则，也体现了从宽处理。

制定《解释》的主要意义在于：第一，为依法从严惩处新类型毒品犯罪提供了明确依据。《解释》新规定了甲卡西酮、曲马多、安钠咖等12种新类型毒品的定罪量刑数量标准,并下调了在我国危害较为严重的毒品氯胺酮的定罪量刑数量标准,为实践中相关犯罪的打击处理提供了明确依据。第二,配合刑法修改加大了对制毒物品犯罪的处罚力度。近年来,制毒物品流入非法渠道被用于制造毒品的情况在我国较为突出,根据刑法修正案(九)修改制毒物品犯罪的精神,《解释》整体下调了全部33种制毒物品的定罪量刑数量标准,以进一步加大对制毒物品犯罪的从严惩处力度,强化对毒品犯罪的源头治理。第三,首次全面、系统规定了各类毒品犯罪的定罪量刑标准。《解释》结合近年来的司法实践,首次以司法解释的形式,对容留他人吸毒罪,非法种植毒品原植物罪,非法买卖、运输、携带、持有毒品原植物种子、幼苗罪,非法提供麻醉药品、精神药品罪等4类犯罪的定罪标准,对走私、贩卖、运输、制造毒品罪,非法持有毒品罪,包庇毒品犯罪分子罪,窝藏、转移、隐瞒毒品、毒赃罪,引诱、教唆、欺骗他人吸毒罪,非法提供麻醉药品、精神药品罪等6类犯罪的"情节严重"标准作出明确规定,并结合立法修改对非法生产、买卖、运输制毒物品、走私制毒物品罪的定罪量刑标准作出新的规定,为各类毒品犯罪的定罪和刑罚适用提供了明确依据。此外,《解释》还对武装掩护走私、贩卖、运输、制造毒品的认定,以暴力抗拒检查、拘留、逮捕"情节严重"的认定,网络涉毒犯罪的司法认定等其他较为突出的毒品犯罪法律适用问题作了规定。总体来看,《解释》具有很强的实践指导意义,有利于进一步规范毒品犯罪案件办理工作,加大依法惩治毒品犯罪的力度。

**三、《解释》的主要内容**

《解释》以刑法第六章第七节有关毒品犯罪的法律规定为依据,共涉及10类毒品犯罪的定罪量刑标准和其他较为突出的毒品犯罪法律适用问题。在充分调查研究和认真总结各地经验的基础上,《解释》对原有司法解释和规范性文件没有规定,但实践中迫切需要解决的毒品犯罪法律适用问题作出新规定,对原有规定中不适应当前毒品犯罪形势发展的内容作了修改,同时也吸收了原有司法解释和规范性文件中的部分内容。涉及的原有司法解释和规范性文件包括:《2000年解释》,2007年《最高人民法院、最高人民检察院、公安部办理毒品犯罪案件适用法律若干问题的意见》(以下简称《2007年意见》),2012年《最高人民检察院、公安部关于公安机关管辖的刑事案件立案追诉标准的规定(三)》(以下简称《立案追诉标准(三)》)和2009年《最高人民法院、最高人民检察院、公安部关于办理制毒物品犯罪案件适用法律若干问题的意见》(以下简称《2009年制毒物品意见》)等。

(一)关于毒品的定罪量刑数量标准问题

毒品数量是毒品犯罪案件定罪量刑的重要基础性情节。《2000年解释》和《2007年意见》共规定了16类毒品的定罪量刑数量标准。近年来,我国又有甲卡西酮、曲马多、安钠咖、恰特草等10余种国家规定管制的麻醉药品或者精神药品出现滥用,但原有司法解释和规范性文件没有对其定罪量刑数量标准作出规定,给司法实践中相关犯罪的打击处理带来困难。同时,原有司法解释和规范性文件对个别毒品定罪量刑数量标准的规定,也已与其社会危害明显不相适应,需要作出调整。为此,《解释》在第一条第一款和第二条中,系统规定了28类毒品的“数量大”和“数量较大”标准。其中,保留了原有司法解释和规范性文件中规定的标准的15类,下调了标准的1类,新增了标准的12类。

1. 关于保留的15类毒品的定罪量刑数量标准。可卡因、苯丙胺类(甲基苯丙胺除外)、吗啡、二氢埃托啡、哌替啶(度冷丁)、大麻类、咖啡因、罂粟壳等8类毒品的定罪量刑数量标准,来自《2000年解释》的规定;美沙酮、三唑仑、安眠酮、氯氮卓、艾司唑仑、地西泮、溴西泮等7类毒品的定罪量刑数量标准,来自《2007年意见》的规定。调研过程中,未发现原有标准存在明显问题,故在《解释》中予以保留,未作调整。

2. 关于下调的1类和新增的12类毒品的定罪量刑数量标准。《解释》对氯胺酮的定罪量刑数量标准作了调整,新规定了芬太尼、甲卡西酮、曲马多、γ-羟丁酸、可待因、丁丙诺啡、阿普唑仑、恰特草、巴比妥、苯巴比妥、安钠咖、尼美西泮等12类毒品的定罪量刑数量标准。

3. 关于其他麻醉药品和精神药品的定罪量刑数量标准。我国的麻醉药品和精神药品种类繁多,根据2013年版《麻醉药品品种目录》和《精神药品品种目录》的规定,共有270种。据了解,实践中还有咪达唑仑、布桂嗪等列管麻醉药品和精神药品出现个别、散在滥用,但尚未形成规模,且随着药品管制的加强呈现下降趋势。鉴于现阶段司法解释还不可能对所有已列管麻醉药品和精神药品的定罪量刑数量标准作出规定,故《解释》主要立足于解决当前已经出现一定规模滥用或者存在较大滥用潜力的毒品的定罪量刑数量标准,对于其他滥用问题尚不突出或者滥用潜力不大的毒品,暂不作规定。

《解释》在确定各类毒品定罪量刑数量标准时考虑了多方面的因素:一是毒品的药物依赖性(致瘾癖性)和对人体的危害。这是《解释》确定各类毒品定罪量刑数量标准的基础。药物依赖性方面主要依据2004年国家食品药品监督管理局制定的《非法药物折算表》,以及相关科研机构提供的10余种新类型毒品的依赖性潜力评估意见。二是毒品的滥用情况,包括毒品的滥用主体与人数、滥用地域范围、滥用场所等。三是毒品的犯罪形势,包括犯罪数量、犯罪发展趋势、犯罪地域分布及犯罪类型等。四是毒品的药用价值。对于医疗上广泛使用的品种,适当提高了定罪量刑数量标准,对于几乎没有药用价值、不存在合法用途的品种,适当降低了定罪量刑数量标准。五是毒品的交易价格。总体而言,毒品的药物依赖性及对人体的危害越大,滥用范围和潜力越大,相关毒品犯罪的数量越多、分布越广、蔓延趋势越突出,且毒品的药用价值越低、价格越高,定罪量刑的数量标准就越低,处刑就越重。

此次新增的12类和下调的1类毒品的定罪量刑数量标准,是在综合考虑上述因素的基础上,会同最高人民检察院、公安部、食药监总局等相关单位经反复研究,并请北京大学中国药物依赖性研究所、军事医学科学院毒物药物研究所、中国食品药品检定研究院的多位专家充分论证后确定的。因篇幅有限,这里仅对氯胺酮和甲卡西酮定罪量刑数量标准的确定作重点说明:

(1)关于氯胺酮的定罪量刑数量标准。《2007年意见》规定,氯胺酮的定罪量刑数量标准与海洛因是20:1的关系。《解释》将其调整为10:1,即500克以上为“数量大”,主要基于以下几点考虑:第一,氯胺酮在我国滥用较为严重,近年来滥用人数不断增长,目前已上升至第三位,仅次于甲基苯丙胺和海洛因。第二,滥用氯胺酮造成的现实危害不断加大,因其兼具麻醉和致幻效果,实践中大量的自伤自残、暴力犯罪及“毒驾”案件多由吸食氯胺酮引发。第三,我国的制造、贩卖氯胺酮犯罪近年来呈迅速增长之势,因而有必要加大对涉氯胺酮犯罪的惩治力度。

(2)关于甲卡西酮的定罪量刑数量标准。甲卡西酮属于一类精神药品,具有兴奋和致幻作用,在我国不存在合法生产、经营,也没有合法用途。甲卡西酮在我国部分省份已经出现滥用,其他地方也破获了一些制贩甲卡西酮的案件,但缺乏明确的定罪量刑数量标准。《非法药物折算表》将甲卡西酮归为苯丙胺类毒品,故有意见认为,对甲卡西酮可以参照《2000 年解释》中苯丙胺类毒品的定罪量刑数量标准执行,即 100 克以上为“数量大”。经研究认为,甲卡西酮虽与苯丙胺类毒品的结构类似,但严格来说属于卡西酮类毒品,就其定罪量刑标准单独作出规定更为科学。关于甲卡西酮的药物依赖性,《非法药物折算表》规定 1 克甲卡西酮 =1 克海洛因。公安部禁毒局国家毒品实验室的实验数据显示,甲卡西酮与甲基苯丙胺产生的精神兴奋性为 2:1。考虑到甲卡西酮在我国虽已出现滥用和犯罪,但滥用人数、滥用地域范围、犯罪形势和交易价格等与甲基苯丙胺还存在一定差距,故综合上述因素将甲卡西酮的定罪量刑数量标准设定为甲基苯丙胺的 4 倍,即 200 克以上为“数量大”。

此外,需要说明的是,《解释》中现有的毒品种类原则上按照数量标准由低到高排列(二氢埃托啡除外),并对数量标准相同的进行了分组归类。毒品名称主要根据 2013 年版《麻醉药品品种目录》和《精神药品品种目录》确定,个别在听取行业专家意见后进行了规范和调整。例如,将《2000 年解释》中的“度冷丁”调整为“哌替啶”,将“盐酸二氢埃托啡”调整为“二氢埃托啡”,将《2007 年意见》中的“二亚甲基双氧安非他明”调整为“3,4 - 亚甲二氧基甲基苯丙胺”,并用括号注明其通用简称 MDMA。

《解释》第一条第二款规定了具有药用价值的麻醉药品或者精神药品被用于毒品犯罪的,如何认定毒品数量的问题。该问题近年来在实践中较为突出。《2000 年解释》通过括号标注的方式规定,对医用度冷丁和盐酸二氢埃托啡针剂及片剂,要按照药品中该类毒品成分的含量认定涉案毒品数量。考虑到其他由定点企业生产但流入非法渠道的麻醉药品和精神药品,也应当采用这种毒品数量认定方法,故《解释》专门在第一条第二款对该问题作出明确、统一的规定。这样规定主要基于以下几点考虑:第一,药品中水分、淀粉、糖分、色素等成分占有相当大的比重,有效药物成分(即毒品成分)的含量较低,如果根据药品的总重量认定涉案毒品数量,势必同毒品成分的实际数量有明显差距,难以体现罚当其罪。第二,对于不同厂家生产或者同一厂家生产的不同规格的同类药品,在总重量相同的情况下,其有效药物成分的含量可能存在较大差异,如果根据药品的总重量认定涉案毒品数量,会影响量刑平衡。第三,从药品生产、使用单位流入非法渠道的麻醉药品和精神药品,其有效药物成分的含量有严格标准,不涉及毒品的含量鉴定问题,不会给司法实践带来操作上的困难,有关实务部门也均同意这种毒品数量认定方法。第四,本款规定仅适用于国家定点企业生产,流入非法渠道的麻醉药品和精神药品,并非国家定点企业生产的麻醉药品和精神药品以及海洛因、甲基苯丙胺等没有临床用途的麻醉药品和精神药品不在此列。另外,对于以制造毒品为目的生产出的纯度不高的毒品以及为了增加毒品数量而掺杂、掺假的情形,均应按照毒品的全部数量认定。第五,本款并非《解释》的创设性规定,《2000年解释》对度冷丁和盐酸二氢埃托啡均作了类似规定,多年来在执行过程中并未发现问题。起草过程中,有意见提出,该规定似与刑法第三百五十七条第二款有关毒品数量不以纯度折算的规定不甚一致,建议再作研究。经再次研究,《解释》最终保留了该款规定。据此,国家定点生产企业按照标准规格生产的麻醉药品或者精神药品,流入非法渠道被用于毒品犯罪的,要根据药品中毒品成分的含量认定涉案毒品数量。

(二)关于走私、贩卖、运输、制造毒品罪的量刑情节问题

1.“武装掩护走私、贩卖、运输、制造毒品”和“以暴力抗拒检查、拘留、逮捕,情节严重”,是刑法第三百四十七条第二款第三项、第四项规定的两个应当判处十五年有期徒刑以上刑罚的量刑情节。但对于这两个情节应当如何认定,原有司法解释和规范性文件一直没有作出明确规定,实践中也存在模糊认识,故《解释》第三条对此作了规定。

(1)关于“武装掩护走私、贩卖、运输、制造毒品”的认定。该问题的核心在于“武装掩护”的界定。《解释》将其明确界定为携带枪支、弹药或者爆炸物用于掩护毒品犯罪的情形。其中,“武装”限定于枪支、弹药、爆炸物,不包括尖刀、棍棒等普通器械;“携带”既包括随身携带、随包携带、随车携带,也

包括在制毒场所存放等。考虑到该行为具有高度的危险性,故既不要求显示、出示、使用,对枪支、弹药或者爆炸物的数量亦无要求。之所以强调“用于掩护”,旨在从用途和目的上加以限制,对于只携带子弹而没有携带枪支,不可能实现掩护目的的,不能认定为“武装掩护”。此外,对于枪支、弹药、爆炸物种类的认定,参照《最高人民法院关于审理非法制造、买卖、运输枪支、弹药、爆炸物等刑事案件具体应用法律若干问题的解释》执行。例如,枪支主要包括军用枪支、以火药为动力发射枪弹的非军用枪支、以压缩气体等为动力的其他非军用枪支等。

(2)关于“以暴力抗拒检查、拘留、逮捕,情节严重”的认定。该问题的核心在于“情节严重”的认定。考虑到该情节对应的法定刑为十五年有期徒刑、无期徒刑直至死刑,为体现罚当其罪,《解释》将“情节严重”规定为造成执法人员死亡、重伤、多人轻伤或者具有其他严重情节的情形。“其他严重情节”主要是指严重程度与所列举情形相当的其他情节,如造成执法人员二人轻伤、多人轻微伤或者造成公私财产重大损失等情形。

2. 对于刑法第三百四十七条第四款中走私、贩卖、运输、制造少量毒品“情节严重”的认定,《2000 年解释》第三条作了规定,但在这些年的执行过程中逐步暴露出一些问题,《解释》第四条对此作了修改、完善和补充。

(1)《解释》第四条第一项源自《2000 年解释》第三条第四项规定的“向多人贩毒或者多次贩毒”。此次修改为“向多人贩卖毒品或者多次走私、贩卖、运输、制造毒品”,主要是为了应对实践中存在的其他情形。起草过程中,有意见提出,实践中很多零包贩毒案件,被告人虽然具有向多人贩毒或者多次贩毒的情节,但累计贩卖毒品的数量却不足 1 克,如果将这种情况认定为“情节严重”,处三年以上七年以下有期徒刑,会出现罪刑不相适应,故应当设定最低毒品数量限制。经研究认为,向多人贩卖毒品或者多次走私、贩卖、运输、制造毒品的,具有较大的社会危害性,也体现了犯罪分子较深的主观恶性,应重点打击、从严惩处,故不再设定最低数量限制。

(2)《解释》第四条第二项将《2000 年解释》第三条第三项中的“戒毒监管场所”修改为“戒毒场所、监管场所”,扩大了条文覆盖面。“戒毒场所”包括强制隔离戒毒所、自愿戒毒所、社区戒毒治疗门诊、戒毒医院等,“监管场所”包括拘留所、看守所、监狱等。实践中，在上述场所贩卖毒品的行为严重破坏了场所的管理秩序，也是对禁毒法律法规的严重挑战，应予严惩。

(3)《解释》第四条第三项是结合实践新增的内容。近年来，毒品逐步向校园蔓延，严重侵害了在校学生的身心健康，破坏了学校的教学管理秩序。为体现对在校学生的特殊保护，严厉打击向在校学生贩卖毒品的犯罪活动，《解释》新增了此项规定。这里的“在校学生”包括中小学、中等职业学校学生和普通高等学校中的本、专科学生(不包括研究生)。其中，中等职业学校包括中专、职高、技校，普通高等学校包括全日制大学、学院、职业技术学院、高等专科学校。《解释》的本项规定与刑法第三百四十七条第六款“向未成年人出售毒品的，从重处罚”的规定之间不存在矛盾，如果贩卖对象既是未成年人又是在校学生的，适用本项的规定处罚。

(4)《解释》第四条第四项也是新增内容。实践中，部分犯罪分子组织、利用残疾人、艾滋病人、乙肝病人、尿毒症患者、癌症病人以及怀孕或者正在哺乳自己婴儿的妇女等特殊群体走私、贩卖、运输、制造毒品，加大了查缉工作的难度。而且，由于上述人员普遍存在“收押难”问题，经常是“抓了放、放了抓”，流散社会再次甚至多次实施毒品犯罪，严重影响了打击毒品犯罪的力度和效果，故将利用上述特殊群体实施毒品犯罪的行为增列为“情节严重”情形。

(5)《解释》第四条第五项是《2000年解释》的原有内容。起草过程中，有意见认为，国家工作人员没有利用职务或工作上的便利实施毒品犯罪的，不应当认定为“情节严重”。经研究认为，毒品犯罪属于严重妨害社会管理秩序、危害人民群众身心健康的犯罪，国家工作人员本应自觉抵制毒品、积极与毒品犯罪作斗争，而具有该特定身份的人员转而实施毒品犯罪，无疑具有更为恶劣的社会影响和更大的社会危害，应当从严惩处，故无须限定国家工作人员“利用职务或者工作便利”的条件。

需要特别说明的是，《解释》删去了《2000年解释》第三条第一项根据毒品数量认定“情节严重”的规定。关于刑法第三百四十七条第四款中的“情节严重”是包括毒品数量还是指毒品数量之外的其他情节，起草过程中主要有两种意见：一种意见认为，刑法已经规定走私、贩卖、运输、制造少量毒品的，处三年以下有期徒刑、拘役或者管制，但《2000 年解释》第三条第一项却将毒品数量仍在这一幅度范围内的情形，即“走私、贩卖、运输、制造鸦片一百四十克以上不满二百克、海洛因或者甲基苯丙胺七克以上不满十克或者其他数量相当毒品的”规定为“情节严重”，判处三年以上七年以下有期徒刑，与刑法规定之间存在明显逻辑矛盾。故刑法第三百四十七条第四款中的“情节严重”应当是指除毒品数量之外的其他情节，不应再单纯用数量去解释数量，建议起草新的司法解释时删去该项规定。另一种意见认为，毒品数量是认定毒品犯罪“情节严重”的重要标准之一，刑法第三百四十七条第三款与第四款的规定之间缺乏一档数量标准的衔接，如第三款规定，走私海洛因 10 克以上不满 50 克的，处七年以上有期徒刑；第四款规定，走私海洛因不满 10 克的，处三年以下有期徒刑、拘役或者管制；而三年以上七年以下有期徒刑的量刑档次只有“情节严重”作为条件，并无数量标准的规定，故有必要将毒品数量规定为刑法第三百四十七条第四款“情节严重”中的一个情节。此外，直接将毒品数量作为认定“情节严重”的标准，非常便于执行，也已经为实践普遍接受，故建议保留该项规定。经研究认为，第一种意见更符合现行刑法的规定，且征求意见过程中立法机关也赞同第一种意见，故《解释》最终删去了《2000 年解释》第三条第一项将毒品数量认定为“情节严重”的规定。

（三）关于非法持有毒品罪“情节严重”的认定问题

《2000 年解释》没有对非法持有毒品罪的“情节严重”认定标准作出规定。为便于实践中准确认定，《解释》第五条结合近年来的司法实践，从犯罪主体、犯罪情节等方面对该问题作了规定。其中，第一项从非法持有毒品的场所角度作出规定。在强制隔离戒毒所、看守所、监狱等特定场所非法持有毒品的，破坏了上述场所的监管秩序，具有更大的社会危害性，故规定为“情节严重”情形。第二项是针对利用、教唆未成年人非法持有毒品的情况作出的规定。起草过程中，主要有两种意见：一种意见认为，此类行为在实践中时有发生，既增大了查缉难度，也对未成年人的权益造成了侵害，应当从严惩处，建议作出规定。另一种意见认为，刑法第三百四十七条将“利用、教唆未成年人走私、贩卖、运输、制造毒品”规定为从重处罚情节，本条却将“利用、教唆未成年人非法持有毒品”规定为加重处罚情节,在逻辑上存在矛盾,建议删去。经征求立法机关意见并进一步研究认为,该项规定与刑法并无实质冲突,且对利用、教唆未成年人非法持有毒品的行为确有从严惩处的必要,故保留了该项规定。第三项是从非法持有毒品主体的特殊身份角度作出的规定。

此外,关于能否单独将毒品数量规定为非法持有毒品罪的“情节严重”情形,起草过程中也存在分歧意见。经研究并征求立法机关意见,《解释》最终没有将毒品数量规定为非法持有毒品罪“情节严重”的情形之一,与《解释》第四条未将毒品数量作为认定走私、贩卖、运输、制造少量毒品“情节严重”的理由相同,在此不再赘述。

(四)关于包庇毒品犯罪分子罪和窝藏、转移、隐瞒毒品、毒赃罪“情节严重”的认定问题

刑法第三百四十九条没有对包庇毒品犯罪分子罪和窝藏、转移、隐瞒毒品、毒赃罪设定入罪条件,最高人民检察院、公安部制定的《立案追诉标准(三)》对此也没有规定。为依法严惩毒品犯罪,严厉打击包庇毒品犯罪分子和为犯罪分子窝藏、转移、隐瞒毒品、毒赃的行为,《解释》没有对这两个罪设定入罪条件。

关于包庇毒品犯罪分子罪“情节严重”的认定,以往司法解释和规范性文件均未作规定,《解释》第六条第一款从不同角度对此作出规定。第一项从包庇对象的角度加以规定。走私、贩卖、运输、制造毒品罪是性质最为严重的毒品犯罪,十五年有期徒刑以上刑罚是该罪的最高法定刑幅度,包庇因犯该罪依法应当判处十五年有期徒刑以上刑罚的毒品犯罪分子,体现了包庇行为的严重性,故属于“情节严重”。第二项从包庇情节的角度加以规定,包括多次实施包庇行为和虽未达多次但包庇人数达到多人的情形。第三项从包庇行为的后果角度加以规定。“严重妨害”是指包庇者毁灭重要证据导致司法机关难以认定犯罪,作伪证严重影响司法机关准确认定犯罪事实,以及帮助犯罪分子藏匿、潜逃严重妨害其及时到案等情形。

《解释》第六条第二款从不同角度规定了窝藏、转移、隐瞒毒品、毒赃罪“情节严重”的认定问题。该罪与包庇毒品犯罪分子罪对应的法定刑相同,

但犯罪对象不同,故对该罪“情节严重”的规定,既要体现两罪量刑情节的相当,也要考虑到两罪犯罪对象的差异。第一项是从窝藏、转移、隐瞒毒品数量的角度加以规定。考虑到本项中的犯罪对象是毒品,危害性大于一般的窝藏赃物行为,故设定的毒品数量标准不宜过高。同时,从不同罪名法定刑衔接的角度考虑,走私、贩卖、运输、制造毒品“数量大”判处十五年有期徒刑以上刑罚,非法持有毒品“数量大”判处七年以上有期徒刑或者无期徒刑,将窝藏、转移、隐瞒毒品“数量大”规定为“情节严重”,判处三年以上十年以下有期徒刑,较好地体现了不同罪名犯罪性质的差异。并且,这也与前款第一项包庇依法应当判处十五年有期徒刑以上刑罚的毒品犯罪分子属于“情节严重”的规定相对应。第二项是从窝藏、转移、隐瞒毒赃数额的角度加以规定。窝藏、转移、隐瞒毒赃行为的危害性要小于窝藏、转移、隐瞒毒品行为,但大于一般的掩饰、隐瞒犯罪所得行为。最高人民法院 2015 年制定的《关于审理掩饰、隐瞒犯罪所得、犯罪所得收益刑事案件适用法律若干问题的解释》第三条规定,一般情况下,掩饰、隐瞒犯罪所得及其产生的收益价值总额达到 10 万元以上的属于“情节严重”,但掩饰、隐瞒救灾、扶贫等特定款物价值达 5 万元的即为“情节严重”。最高人民法院、最高人民检察院 2011 年制定的《关于办理危害计算机信息系统安全刑事案件应用法律若干问题的解释》第七条也规定,涉及此类犯罪而掩饰、隐瞒,违法所得 5 万元以上的属于“情节严重”。考虑到毒品犯罪的特殊性,为体现依法严惩,将窝藏、转移、隐瞒毒赃“情节严重”的标准规定为 5 万元以上。第三项是从犯罪情节的角度加以规定,第四项是从行为后果角度作出规定,具体理由不再赘述。

特别需要说明的是,为全面贯彻宽严相济刑事政策,《解释》在第六条第三款规定了实施刑法第三百四十九条规定的犯罪,可以免予刑事处罚的特定情形。近几年公布的有关掩饰、隐瞒犯罪所得、犯罪所得收益犯罪,盗窃犯罪和诈骗犯罪等司法解释,对于近亲属间实施犯罪的,均规定了不作为犯罪处理或者可以免予刑事处罚的特别条款。《解释》从“亲亲相隐”的诉讼理念出发,参考上述司法解释的规定,对于针对近亲属实施刑法第三百四十九条规定的犯罪行为的,也设置了可以免予刑事处罚的条款。但考虑到严惩毒品犯罪的政策要求,对适用条件作了严格限制,即需要同时具备以下几个条件：一是不具有第六条前两款规定的“情节严重”情形，即被告人犯罪情节较轻，论罪应当判处三年以下有期徒刑、拘役或者管制。二是归案后认罪、悔罪并积极退赃。设置该条件是为了鼓励被告人如实交代犯罪事实，积极退缴毒品、毒赃，以便依法追究走私、贩卖、运输、制造毒品犯罪分子的刑事责任，突出毒品犯罪的打击重点。三是属初犯、偶犯，即可以免予刑事处罚者仅限于初犯、偶犯情形，对于再次犯罪者则应依法惩处。四是综合评价其行为属于刑法第三十七条规定的“犯罪情节轻微不需要判处刑罚”的情形。

(五)关于非法生产、买卖、运输制毒物品、走私制毒物品罪的定罪量刑标准问题

刑法修正案(九)对刑法第三百五十条第一款、第二款作了修正，增加了非法生产、运输制毒物品罪，将该罪的法定刑从两档调整为“情节较重”“情节严重”和“情节特别严重”三档，并将该罪的法定最高刑从十年有期徒刑提高为十五年有期徒刑，在财产刑方面增加了没收财产的规定。结合刑法修正情况，《解释》第七条、第八条分别对非法生产、买卖、运输制毒物品、走私制毒物品罪的定罪量刑标准作出新的明确规定。

与以往不同的是，《解释》在《2000年解释》和《2009年制毒物品意见》等规定的基础上，整体下调了全部33种列管制毒物品的定罪量刑数量标准，以进一步加大对制毒物品犯罪的惩治力度，从源头上遏制毒品犯罪，这也符合刑法修正案(九)修正本罪的精神。

1. 关于非法生产、买卖、运输制毒物品、走私制毒物品罪“情节较重”(即定罪标准)的认定

《解释》第七条第一款规定了全部33种已列管制毒物品的定罪数量标准。《解释》在确定制毒物品定罪数量标准时的考虑因素包括：一是在制造毒品过程中发挥的作用，包括该类制毒物品属于主要原料还是配剂，是否具有不可替代性，制造毒品的用量、比例等。二是当前的犯罪形势，包括该类制毒物品流入制毒渠道的数量、走向，在制造毒品犯罪中出现的频率等。三是制成毒品的种类、危害，例如，因甲基苯丙胺与氯胺酮的定罪量刑数量标准差距较大，制造甲基苯丙胺的主要原料麻黄碱与制造氯胺酮的主要原料羟亚胺的定罪量刑标准也要体现一定差别。四是合法用途和管制级别，包

括该类制毒物品是否存在合法用途，在工农业生产和日常生活中是否广泛使用，行政管制级别的高低等。《解释》对制毒物品定罪数量标准的规定，是在综合考虑上述因素的基础上，会同最高人民检察院、公安部、食药监总局、安监总局等相关单位经反复研究，并请中国食品药品检定研究院、中国化学品安全协会的多位专家充分论证后确定的。

为加大对制毒物品犯罪的惩治力度，《解释》下调了麻黄碱、羟亚胺等25种制毒物品的定罪数量起点。同时，为防止刑法设定的较高幅度法定刑出现虚置，《解释》将适用三年有期徒刑以下刑罚（情节较重）的制毒物品数量标准上限，从以往定罪数量起点的10倍一律下调至5倍。例如，考虑到麻黄碱是制造甲基苯丙胺的主要原料，在制毒犯罪中应用广泛，将非法生产、买卖、运输或走私麻黄碱的定罪数量标准从5千克以上不满50千克下调为1千克以上不满5千克；考虑到羟亚胺在制造氯胺酮犯罪中起重要作用，且出品率较高，将非法生产、买卖、运输或走私羟亚胺的定罪数量标准从10千克以上不满100千克下调为2千克以上不满10千克。

除单纯的数量标准外，《解释》第七条第二款还从“数量+其他情节”的角度规定了该罪的定罪标准。即制毒物品数量达到该条第一款规定的定罪数量起点的50%，且具有第二款所列几种情形之一的，应当以非法生产、买卖、运输制毒物品、走私制毒物品罪定罪处罚。这几种情形分别从违法犯罪经历、犯罪情节、犯罪主体、危害后果等方面作出规定。其中，第三项将一次组织5人以上实施犯罪和在多个地点非法生产规定为“情节较重”，是考虑到该罪涉案人员、加工窝点众多的具体情况。第六项主要是指生产制毒物品过程中污染水源或者土壤，导致养殖的鱼类、牲畜或者种植的农作物大量死亡等严重影响群众生产、生活秩序的情形。

此外，《解释》第七条第三款规定了非法生产、买卖、运输制毒物品，不以制毒物品犯罪论处的例外情形。该款吸收了《2009年制毒物品意见》的相关规定，并对原有规定作了文字调整。绝大部分制毒物品（行政管理领域称为易制毒化学品）具有双重性，既可能被用于制造毒品，又在工农业生产和人们的日常生活中发挥重要作用。因此，对制毒物品违法犯罪活动的打击，不能影响到正常的生产、生活需要。根据禁毒法和《易制毒化学品管理条例》的规定,我国对易制毒化学品的生产、经营、购买、运输和进出口实行严格的分类管理和许可、备案制度。但实践中确实存在未办理许可证明或者备案证明而生产、销售、购买、运输易制毒化学品,且实际用于合法生产、生活需要的情形。但对于此类行为,不应以制毒物品犯罪论处。鉴于实践中对此类行为的定性还存在认识偏差,《解释》专门作出明确规定。

2. 关于非法生产、买卖、运输制毒物品、走私制毒物品罪"情节严重"的认定

《解释》第八条第一款第一项规定了认定该罪"情节严重"的数量标准,该数量标准的起点为定罪数量标准的上限(即定罪数量起点的5倍),该数量标准的上限为起点的5倍(即定罪数量起点的25倍)。第二项规定了认定"情节严重"的"数量+其他情节"标准,即达到"情节较重"数量标准,同时具有第七条第二款第三项至第六项情形之一的,应当认定为"情节严重"。之所以未将第一项情形规定在内,主要考虑被告人"曾因非法生产、买卖、运输制毒物品、走私制毒物品受过刑事处罚"后又实施同类犯罪的,可能构成累犯,若将该情形规定为"情节严重",则该情形同时成为从重处罚情节和加重处罚情节,既存在重复评价问题,也存在逻辑上的矛盾。根据"举重以明轻"的刑法解释原理,既然曾受刑事处罚的情形不属于该罪的"情节严重",曾受行政处罚的自然也不应当被认定为"情节严重"。

3. 关于非法生产、买卖、运输制毒物品、走私制毒物品罪"情节特别严重"的认定

《解释》第八条第二款第一项规定了认定该罪"情节特别严重"的数量标准,即达到"情节严重"一档的最高数量标准(定罪数量起点的25倍)以上的,就属于"情节特别严重"。第二项规定了认定"情节特别严重"的"数量+其他情节"标准,即达到"情节严重"的数量标准,同时具有第七条第二款第三项至第六项情形之一的,应当认定为"情节特别严重"。

(六)关于非法种植毒品原植物罪和非法买卖、运输、携带、持有毒品原植物种子、幼苗罪的定罪量刑标准问题

刑法第三百五十一条规定了非法种植罂粟的"数量较大"和"数量大"标

准,《2000年解释》第五条规定了非法种植大麻的"数量较大"和"数量大"标准,《立案追诉标准(三)》第七条规定了非法种植罂粟、大麻尚未出苗情况下的立案追诉标准(即"数量较大"标准),上述规定在近年来的执行过程中均未发现问题。《解释》第九条充分吸收了原有司法解释和规范性文件的相关内容。第一款规定了非法种植毒品原植物罪的定罪标准,即"数量较大"标准。对于第二项中已经播种毒品原植物但尚未出苗的情形,鉴于这种情况下无法逐一清点植株数量,只能从播种面积的角度作出规定,"数量较大"标准的起点系根据单位面积正常条件下的出芽率、成活率等指标,综合考虑尚未出苗的社会危害明显低于已成活植株的情况而确定的。同时,《解释》参照刑法对罂粟植株数量标准的规定,将"数量较大"标准的上限设定为起点的6倍,即罂粟1 200平方米、大麻12 000平方米。第九条第二款明确了非法种植毒品原植物"数量大"的标准,属提示性规定。

《解释》第十条规定了非法买卖、运输、携带、持有毒品原植物种子、幼苗罪的定罪标准,即"数量较大"标准,充分吸收了《立案追诉标准(三)》第八条的相关内容。考虑到此类犯罪的社会危害要小于非法种植毒品原植物犯罪,故将非法买卖、运输、携带、持有罂粟、大麻幼苗的定罪数量标准分别规定为非法种植罂粟、大麻定罪数量标准的10倍,即罂粟幼苗5 000株和大麻幼苗50 000株以上。另外,按照种子与幼苗相对应的原则,根据农业部门提供的数据和计算方法,将非法买卖、运输、携带、持有罂粟、大麻种子的定罪数量标准规定为罂粟种子50克和大麻种子50千克以上。

(七)关于引诱、教唆、欺骗他人吸毒罪"情节严重"的认定问题

刑法和《立案追诉标准(三)》均没有对引诱、教唆、欺骗他人吸毒罪设定入罪条件,故实施此类行为的一般均应追究刑事责任。《解释》第十一条规定了引诱、教唆、欺骗他人吸毒罪的"情节严重"认定标准问题,分别从犯罪情节、危害后果、犯罪主体等角度作出规定。第二项中"对他人身体健康造成严重危害"的认定,可以参照最高人民法院、最高人民检察院2014年制定的《关于办理危害药品安全刑事案件适用法律若干问题的解释》第二条的规定执行,也包括引诱、教唆、欺骗他人吸食、注射毒品,导致其实施自伤、自残行为,对身体健康造成严重危害的情形。需要说明的是,行为人对上述结果

的发生应属过失心态,如果故意通过引诱、教唆、欺骗他人吸毒的手段实施伤害、杀人行为,构成故意伤害罪、故意杀人罪的,应依法定罪处罚。第三项是指他人因吸毒致幻而实施杀人、伤害、危害公共安全、交通肇事等犯罪的情形。

(八)关于容留他人吸毒罪的定罪量刑标准问题

刑法第三百五十四条并没有为容留他人吸毒罪设定入罪条件。但禁毒法第六十一条规定,容留他人吸食、注射毒品,尚不构成犯罪的,可以由公安机关给予拘留、罚款等行政处罚。为给行政执法保留一定空间,《立案追诉标准(三)》第十一条为容留他人吸毒罪设定了立案追诉标准,对该罪的定罪处罚起到一定规范作用。但近年来的实践情况表明,《立案追诉标准(三)》为容留他人吸毒罪设定的部分入罪条件偏低,加之一些地方机械执行这一标准,导致一些不完全符合该罪犯罪构成要件的行为,以及一些原本可以通过行政处罚手段处理的容留他人吸毒行为,也被按照刑事犯罪处理。个别地方甚至出现了"以刑抵戒"的现象,即一些吸毒人员主动交代自己容留他人吸毒的犯罪事实,以规避长达两年的强制隔离戒毒,反而不利于有效遏制毒品犯罪。《解释》第十二条吸收了《立案追诉标准(三)》的部分合理内容,也结合司法实践情况,完善了容留他人吸毒罪的定罪标准。

《解释》第十二条第一款第一项保留了《立案追诉标准(三)》中"一次容留三人以上吸食、注射毒品"的规定,在表述上将"三人以上"调整为"多人"。第二项对《立案追诉标准(三)》中"容留他人吸食、注射毒品两次以上"的规定作了修改,增加了"二年内"的时间限制,并要求是多次容留他人吸食、注射毒品的才入罪,即二年内第三次容留他人吸食、注射毒品的才作为犯罪处理。第三项在《立案追诉标准(三)》原有规定的基础上增加了"二年内"的时间限制。第四项、第五项、第六项保留了《立案追诉标准(三)》的原有规定,因这三项均属于社会危害大、应予追究刑事责任的情形,故未在时间、人数、次数上设定条件。需要说明的是,第五项中的"以牟利为目的"主要是指为赚取场所使用费或者为了招揽生意而容留他人吸食、注射毒品的情形,如专门开设地下烟馆容留他人吸食、注射毒品并收取场地使用费,或者娱乐场所经营者、管理者为招揽生意而容许顾客在场所内吸食、注射毒品的。另外需要特别说明的是,在司法工作中,可以将行为人“曾因容留他人吸食、注射毒品受过刑事处罚的”认定为第一款第七项中“其他应当追究刑事责任的情形”。如果行为人不构成累犯的,依法定罪处罚;行为人构成累犯的,可以认定累犯但不予从重处罚,以免违反“禁止重复评价”原则。

实践中,对于向他人贩卖毒品后容留其吸食、注射毒品,或者容留他人吸食、注射毒品并向其贩卖毒品的,有的地方以容留他人吸毒罪与贩卖毒品罪数罪并罚,也有的地方以贩卖毒品罪一罪定罪处罚。经研究认为,通常情况下贩卖毒品行为与容留他人吸毒行为并不具有刑法上的牵连关系,故原则上应单独评价,在容留他人吸毒行为达到定罪标准的情况下,与贩卖毒品罪数罪并罚。对于实践中常见的多次让他人在相关场所“试吸”毒品后又向其贩卖毒品的,因让他人“试吸”毒品的行为属于贩卖毒品的手段行为,故不宜认定为容留他人吸毒罪并数罪并罚。

《解释》第十二条第三款规定了容留近亲属吸食、注射毒品行为的处理原则。对于容留近亲属吸食、注射毒品的,实践中普遍认为具有可宽宥性。主要考虑到吸毒是违法行为而不是犯罪行为,容留近亲属吸食、注射毒品的多系不得已而为之,吸毒者的近亲属在某种程度上也是受害人,对此类情形从宽处罚,既能够彰显司法的人性化,也符合宽严相济刑事政策。因此,对于容留近亲属吸食、注射毒品,情节显著轻微危害不大的,不作为犯罪处理。例如,父母二年内多次在自己家中容留已单独居住的成年子女吸食毒品的,或者同胞姐姐在自己家中容留未成年弟弟吸食毒品的,一般可认定为“情节显著轻微危害不大”,不作为犯罪处理。容留近亲属吸食、注射毒品,确实需要追究刑事责任的,除极少数情节恶劣的情形外,一般也应酌情从宽处罚。

需要注意的是,构成容留他人吸毒罪仅限于容留者拥有对场所的支配、控制权,而被容留者未经容留者允许,不享有场所使用权的情形,例如,二人共同租住同一房间,其中一人在房中吸毒的,同租者并不构成容留他人吸毒罪。此外,对场所有共同居住、使用权的一方放任另一方在共同的住所内容留他人吸食、注射毒品的,例如,同居女友放任同居男友在同居处容留他人吸毒而未加制止的,因放任者不符合认定为犯罪的条件,对其亦不应以容留他人吸毒罪定罪处罚。

(九)关于非法提供麻醉药品、精神药品罪的定罪量刑标准问题

关于非法提供麻醉药品、精神药品罪的定罪标准,《立案追诉标准(三)》作了相关规定。《解释》第十三条第一款结合实践情况,对《立案追诉标准(三)》的规定加以完善。第一项规定了非法提供麻醉药品、精神药品罪的定罪数量标准。因该罪系向吸食、注射毒品的人无偿提供麻醉药品和精神药品,被告人的主观恶性相对小于贩卖毒品罪,故在设定其定罪量刑数量标准时,需要注意与贩卖毒品罪的协调、衔接问题。《立案追诉标准(三)》将非法提供麻醉药品、精神药品的立案追诉标准设定为刑法第三百四十七条中“数量较大”标准最低值的10%。但这样一来,在毒品(或者说是麻醉药品和精神药品)数量相同的情况下,非法提供麻醉药品、精神药品罪的量刑就与走私、贩卖、运输、制造毒品罪基本相当,这便与两类犯罪的罪行严重程度不相适应。基于上述考虑,《解释》将该罪的定罪数量起点上调至“数量较大”标准最低值的50%。第二项至第五项规定的是非法提供麻醉药品、精神药品罪的定罪情节标准,即虽未达到定罪数量标准,但具有二年内曾因非法提供麻醉药品、精神药品受过行政处罚,向多人或者多次非法提供,向吸食、注射毒品的未成年人非法提供,造成严重后果等情形之一的,也应当定罪处罚。

《解释》第十三条第二款规定了非法提供麻醉药品、精神药品罪“情节严重”的认定标准。第一项规定了认定“情节严重”的数量标准。同样是考虑到该罪与贩卖毒品罪的量刑标准衔接问题,《解释》将该罪的“情节严重”数量标准设定为第三百四十七条中“数量较大”标准。这样规定,非法提供麻醉药品、精神药品达到“数量较大”标准的,处三年以上七年以下有期徒刑;走私、贩卖、运输、制造毒品达到“数量较大”标准的,处七年以上有期徒刑,两个罪名的法定刑之间实现了较好的衔接。第二项规定了认定非法提供麻醉药品、精神药品罪“情节严重”的“数量+其他情节”标准。达到第一款规定的定罪数量标准,但同时具有向多人或者多次非法提供,向吸食、注射毒品的未成年人非法提供,造成严重后果等情形之一的,即可认定为“情节严重”。

(十)关于网络涉毒犯罪的法律适用问题

刑法修正案(九)在刑法第二百八十七条之后增加了两条,作为之一、之

二,对利用信息网络实施相关犯罪的定性问题作出规定,其中涉及网络涉毒犯罪的一些问题。《解释》第十四条根据刑法修正案(九)的上述新增条款,结合网络涉毒犯罪的各种具体表现形式,对其定性问题作出提示性规定。

《解释》第十四条第一款明确了部分网络涉毒犯罪的定性问题。具体包括两类行为:一是利用信息网络,设立用于实施涉毒违法犯罪活动的网站、通讯群组的行为。具体包括设立用于传授制造毒品、非法生产制毒物品等犯罪方法的网站、通讯群组,设立用于贩卖毒品、非法买卖制毒物品的网站、通讯群组以及设立用于实施组织他人吸食、注射毒品等违法犯罪活动的网站、通讯群组。二是利用信息网络发布实施前述涉毒违法犯罪活动信息的行为。其中,对于利用信息网络组织他人吸食、注射毒品行为的定性,以往存在一些分歧认识,有的意见主张以容留他人吸毒罪定罪处罚,有的意见认为不构成犯罪。《解释》根据刑法修正案九第二百八十七条之一的规定,对此类行为的定性予以明确,即利用信息网络,设立用于组织他人吸食、注射毒品的网站、通讯群组,发布组织他人吸食、注射毒品的违法活动信息,情节严重的,应当以非法利用信息网络罪定罪处罚。

《解释》第十四条第二款明确了罪名竞合情况下的处理原则。就利用信息网络实施毒品犯罪而言,刑法第二百八十七条之一、第二百八十七条之二规定的实际上是传授犯罪方法、贩卖毒品、非法买卖制毒物品等犯罪的预备行为或者帮助行为。因此,当刑法第二百八十七条之一规定的非法利用信息网络罪和第二百八十七条之二规定的帮助信息网络犯罪活动罪,与传授犯罪方法罪、贩卖毒品罪、非法买卖制毒物品罪等发生竞合时,应当依照处罚较重的规定定罪处罚。

(作者单位:最高人民法院刑五庭)

## 最高人民法院

## 公　告

《最高人民法院关于修改〈中华人民共和国人民法院法庭规则〉的决定》已于2015年12月21日由最高人民法院审判委员会第1673次会议通过，现予公布，自2016年5月1日起施行。

最高人民法院

2016年4月13日

# 中华人民共和国人民法院法庭规则

（1993年11月26日最高人民法院审判委员会第617次会议通过
根据2015年12月21日最高人民法院审判委员会第1673次会议通过的
《最高人民法院关于修改〈中华人民共和国人民法院法庭规则〉的决定》修正）

**第一条**　为了维护法庭安全和秩序，保障庭审活动正常进行，保障诉讼参与人依法行使诉讼权利，方便公众旁听，促进司法公正，彰显司法权威，根据《中华人民共和国人民法院组织法》《中华人民共和国刑事诉讼法》《中华人民共和国民事诉讼法》《中华人民共和国行政诉讼法》等有关法律规定，制定本规则。

**第二条**　法庭是人民法院代表国家依法审判各类案件的专门场所。

法庭正面上方应当悬挂国徽。

**第三条**　法庭分设审判活动区和旁听区，两区以栏杆等进行隔离。

审理未成年人案件的法庭应当根据未成年人身心发展特点设置区域和席位。

有新闻媒体旁听或报道庭审活动时，旁听区可以设置专门的媒体记者席。

**第四条** 刑事法庭可以配置同步视频作证室，供依法应当保护或其他确有保护必要的证人、鉴定人、被害人在庭审作证时使用。

**第五条** 法庭应当设置残疾人无障碍设施；根据需要配备合议庭合议室，检察人员、律师及其他诉讼参与人休息室，被告人羁押室等附属场所。

**第六条** 进入法庭的人员应当出示有效身份证件，并接受人身及携带物品的安全检查。

持有效工作证件和出庭通知履行职务的检察人员、律师可以通过专门通道进入法庭。需要安全检查的，人民法院对检察人员和律师平等对待。

**第七条** 除经人民法院许可，需要在法庭上出示的证据外，下列物品不得携带进入法庭：

（一）枪支、弹药、管制刀具以及其他具有杀伤力的器具；

（二）易燃易爆物、疑似爆炸物；

（三）放射性、毒害性、腐蚀性、强气味性物质以及传染病病原体；

（四）液体及胶状、粉末状物品；

（五）标语、条幅、传单；

（六）其他可能危害法庭安全或妨害法庭秩序的物品。

**第八条** 人民法院应当通过官方网站、电子显示屏、公告栏等向公众公开各法庭的编号、具体位置以及旁听席位数量等信息。

**第九条** 公开的庭审活动，公民可以旁听。

旁听席位不能满足需要时，人民法院可以根据申请的先后顺序或者通过抽签、摇号等方式发放旁听证，但应当优先安排当事人的近亲属或其他与案件有利害关系的人旁听。

下列人员不得旁听：

（一）证人、鉴定人以及准备出庭提出意见的有专门知识的人；

（二）未获得人民法院批准的未成年人；

（三）拒绝接受安全检查的人；

（四）醉酒的人、精神病人或其他精神状态异常的人；

（五）其他有可能危害法庭安全或妨害法庭秩序的人。

依法有可能封存犯罪记录的公开庭审活动，任何单位或个人不得组织人员旁听。

依法不公开的庭审活动，除法律另有规定外，任何人不得旁听。

**第十条** 人民法院应当对庭审活动进行全程录像或录音。

**第十一条** 依法公开进行的庭审活动，具有下列情形之一的，人民法院可以通过电视、互联网或其他公共媒体进行图文、音频、视频直播或录播：

（一）公众关注度较高；

（二）社会影响较大；

（三）法治宣传教育意义较强。

**第十二条** 出庭履行职务的人员，按照职业着装规定着装。但是，具有下列情形之一的，着正装：

（一）没有职业着装规定；

（二）侦查人员出庭作证；

（三）所在单位系案件当事人。

非履行职务的出庭人员及旁听人员，应当文明着装。

**第十三条** 刑事在押被告人或上诉人出庭受审时，着正装或便装，不着监管机构的识别服。

人民法院在庭审活动中不得对被告人或上诉人使用戒具，但认为其人身危险性大，可能危害法庭安全的除外。

**第十四条** 庭审活动开始前，书记员应当宣布本规则第十七条规定的法庭纪律。

**第十五条** 审判人员进入法庭以及审判长或独任审判员宣告判决、裁定、决定时，全体人员应当起立。

**第十六条** 人民法院开庭审判案件应当严格按照法律规定的诉讼程序进行。

审判人员在庭审活动中应当平等对待诉讼各方。

**第十七条** 全体人员在庭审活动中应当服从审判长或独任审判员的指挥，尊重司法礼仪，遵守法庭纪律，不得实施下列行为：

（一）鼓掌、喧哗；

（二）吸烟、进食；

（三）拨打或接听电话；

（四）对庭审活动进行录音、录像、拍照或使用移动通信工具等传播庭审活动；

（五）其他危害法庭安全或妨害法庭秩序的行为。

检察人员、诉讼参与人发言或提问，应当经审判长或独任审判员许可。

旁听人员不得进入审判活动区，不得随意站立、走动，不得发言和提问。

媒体记者经许可实施第一款第四项规定的行为，应当在指定的时间及区域进行，不得影响或干扰庭审活动。

**第十八条** 审判长或独任审判员主持庭审活动时，依照规定使用法槌。

**第十九条** 审判长或独任审判员对违反法庭纪律的人员应当予以警告；对不听警告的，予以训诫；对训诫无效的，责令其退出法庭；对拒不退出法庭的，指令司法警察将其强行带出法庭。

行为人违反本规则第十七条第一款第四项规定的，人民法院可以暂扣其使用的设备及存储介质，删除相关内容。

**第二十条** 行为人实施下列行为之一，危及法庭安全或扰乱法庭秩序的，根据相关法律规定，予以罚款、拘留；构成犯罪的，依法追究其刑事责任：

（一）非法携带枪支、弹药、管制刀具或者爆炸性、易燃性、放射性、毒害性、腐蚀性物品以及传染病病原体进入法庭；

（二）哄闹、冲击法庭；

（三）侮辱、诽谤、威胁、殴打司法工作人员或诉讼参与人；

（四）毁坏法庭设施，抢夺、损毁诉讼文书、证据；

（五）其他危害法庭安全或扰乱法庭秩序的行为。

**第二十一条** 司法警察依照审判长或独任审判员的指令维持法庭秩序。

出现危及法庭内人员人身安全或者严重扰乱法庭秩序等紧急情况时，

司法警察可以直接采取必要的处置措施。

人民法院依法对违反法庭纪律的人采取的扣押物品、强行带出法庭以及罚款、拘留等强制措施，由司法警察执行。

**第二十二条** 人民检察院认为审判人员违反本规则的，可以在庭审活动结束后向人民法院提出处理建议。

诉讼参与人、旁听人员认为审判人员、书记员、司法警察违反本规则的，可以在庭审活动结束后向人民法院反映。

**第二十三条** 检察人员违反本规则的，人民法院可以向人民检察院通报情况并提出处理建议。

**第二十四条** 律师违反本规则的，人民法院可以向司法行政机关及律师协会通报情况并提出处理建议。

**第二十五条** 人民法院进行案件听证、国家赔偿案件质证、网络视频远程审理以及在法院以外的场所巡回审判等，参照适用本规则。

**第二十六条** 外国人、无国籍人旁听庭审活动，外国媒体记者报道庭审活动，应当遵守本规则。

**第二十七条** 本规则自2016年5月1日起施行；最高人民法院此前发布的司法解释及规范性文件与本规则不一致的，以本规则为准。

# 《中华人民共和国人民法院法庭规则》条文的理解与适用

胡仕浩　刘树德　杨建文

2015年12月21日最高人民法院审判委员会第1673次会议通过了《最高人民法院关于修改〈中华人民共和国人民法院法庭规则〉的决定》(法释〔2016〕7号),根据该决定,对《中华人民共和国人民法院法庭规则》(以下简称《法庭规则》)作出相应修改并对条文顺序作出相应调整后,于2016年4月13日重新公布,自2016年5月1日起施行。为帮助大家正确理解和适用修订后的《法庭规则》,现就该司法解释的主要内容解读如下。

## 一、关于《法庭规则》的名称和性质

### (一)关于《法庭规则》的名称

以1978年12月党的十一届三中全会召开为标志,国家开始了改革开放的伟大变革,立法与司法也由此进入了一个恢复与重建的历史新时期。1979年7月召开的五届全国人大二次会议分别通过了新中国历史上第一部刑法和第一部刑事诉讼法,从实体和程序两个方面把刑事审判工作引入法治化的轨道。当时"文化大革命"刚刚结束,由于在"文化大革命"期间无法可依,法庭往往设在集市上或广场上,审理案件无程序,审判现场无秩序。刑事诉讼法对人民法院审理刑事案件作了程序性规定,初步解决了"审理案件无程序"的问题。对于人民法院来讲,落实中央指示精神,严格执行刑法和刑事诉讼法,当务之急就是规范庭审活动的秩序,解决"审判现场无秩序"的问题。如何"维护法庭的秩序,保障审判活动的正常进行"成为当时司法实践的迫切需求。

1979年12月11日,最高人民法院审判委员会讨论通过了《中华人民共和国人民法院法庭规则(试行)》(以下简称1979年《法庭规则》)。1979年《法庭规则》原计划由全国人大常委会讨论通过或经最高人民法院审判委员会讨论后提请全国人大常委会批准,因此,当时在"人民法院法庭规则"的前面冠以"中华人民共和国",后来因故虽未提交全国人大常委会讨论,但保留了"中华人民共和国"。

(二)关于《法庭规则》的性质

由于当时没有专门规范司法解释形式的文件,1979年《法庭规则》及1993年印发的《法庭规则》,均属于司法解释的范畴。为规范司法解释的制定,2007年3月23日最高人民法院发布的《关于司法解释工作的规定》(法发〔2007〕12号),明确司法解释的形式分为"解释""规定""批复"和"决定"四种形式。由于"规则"难以归类在前述司法解释形式之中。2015年《法庭规则》由最高人民法院审判委员会以《关于修改〈中华人民共和国人民法院法庭规则〉的决定》的形式修改,进一步明确文件性质为司法解释,并根据该决定对《法庭规则》作相应修订后,重新予以公布实施,确保《法庭规则》的权威性。

## 二、关于法庭的定义

《法庭规则》第二条是关于法庭的定义及法庭悬挂国徽的规定。

(一)法庭的多种含义

法庭在不同语境中有以下多种含义:一是指法院。英语中,"court"一词,既指"法院",也指"法庭",还指"审判庭"。有些国家的法院就称法庭,如法国的初审法庭、争议法庭、警察法庭,英国的御座法庭、家事法庭等。二是指人民法院根据地区、人口和案件情况,为便于诉讼设立的派出常设审判机构,如最高人民法院巡回法庭,基层人民法院设立的人民法庭,专门法院设立的派出法庭等。三是指国家为审理特种案件而设立的临时性审判机构。如中国1956年为审判日本战犯而设立的军事法庭,1980年为审判"林彪、江青反革命集团"而设立的特别法庭。四是指法院内部审理案件的组织。例如,《最高人民法院关于适用〈中华人民共和国刑事诉讼法〉的解释》

(以下简称《刑事诉讼法解释》)第三十条第二款规定:“当事人及其法定代理人申请回避被驳回的,可以在接到决定时申请复议一次。不属于刑事诉讼法第二十八条、第二十九条规定情形的回避申请,由法庭当庭驳回,并不得申请复议。”以上条文中的“法庭”是指审理案件的合议庭或独任审判员。五是开庭审判案件的场所。

(二)《法庭规则》中法庭的定义

1979年《法庭规则》第一条规定,“法庭是人民法院行使国家审判权,审判刑事案件和民事案件的场所”。1993年12月8日最高人民法院发布的《关于法庭的名称、审判活动区布置和国徽悬挂问题的通知》也专门规定:“审判法庭是人民法院严格按照法律规定的诉讼程序依法开庭审理各类案件的法定场所。人民法院用于审判工作的整体建筑称为‘审判法庭’,其中专门用于开庭审理案件的房屋称‘法庭’并冠于序数,为:第一法庭、第二法庭等。人民法庭的房屋建筑中专门用于开庭审理案件的房屋称为‘法庭’。”由于当时行政诉讼法、国家赔偿法等均没有颁布,人民法院受理案件的类型仅有刑事案件和民事案件两类,因此,1979年《法庭规则》把法庭限定为人民法院“审判刑事案件和民事案件的场所”。此次修改仍然延续了1979年《法庭规则》和1993年《最高人民法院关于法庭的名称、审判活动区布置和国徽悬挂问题的通知》的定义方式,并根据人民法院受案范围的不断扩展,将其定义为:“法庭是人民法院代表国家依法审判各类案件的专门场所。”

因此,《法庭规则》中的“法庭”是“审判法庭”的简称,属客体性质的概念,不包括实践中所称的诸如“服从法庭指挥”或“藐视法庭”中惯指的审判组织这一主体性质的概念。

## 三、关于法庭的设置

关于法庭设置的条款共有3条,分别是第三条法庭的区域与席位设置条款,第四条刑事法庭同步视频作证室设置条款,第五条附属设施及附属场所设置条款。

(一)法庭区域及席位设置

法庭不是法官的个人场所,而是法庭内人员的共同场所。法庭既是体现法院和法官司法理念的重要场所，也是法庭内人员展示自身文明的特定空间。法庭布局及席位设置不只是具有形式上的象征意义，更是会影响到当事人的心理、诉讼参与人的尊严、诉讼机能的发挥，具有实质性的丰富内涵。因此，如何设置法庭席位，既是司法理念的反映，也是司法实践的实际需求。

1. 关于法庭的区域设置。法庭由审判活动区和旁听区组成。为了维护法庭的严肃性和庭审的正常秩序，特别是重大刑事案件，以及矛盾比较尖锐、旁听人数众多的民事、行政案件的法庭安全，对审判活动区和旁听区进行有效隔离是有必要的，这也是各个国家和地区法庭设置的通行做法，且一般以栏杆或木质矮墙隔离为宜。不过，考虑到基层法院尤其是派出法庭审理民事案件的法庭面积相对狭小的客观现实，以及旁听人员较少，法庭秩序维护和安全保障压力不大的实际状况，实践中可以采用画线标记等方式进行隔离示明，提醒旁听人员勿随意进入审判活动区。

2. 关于审理未成年人案件法庭的特殊设置。根据刑事诉讼法及相关司法解释，审理未成年人刑事案件，可以采取适合未成年人特点的方式设置法庭席位。考虑到未成年人的身心特点及其权益保护，全国许多法院成立了专门的少年审判法庭，不仅集中审理未成年人犯罪案件，而且审理未成年人为诉讼主体或者利害关系人的民事、行政案件。在刑事诉讼活动中，对审理未成年人案件的法庭进行特殊设置，是为了坚持"教育、感化、挽救"的方针，贯彻"教育为主、惩罚为辅"的原则，灵活运用"寓教于审"的工作方法，消除或减少其对立心理。在民事或行政诉讼活动中，对审理未成年人案件的法庭进行特殊设置，是为了实现未成年人利益最大化，使未成年人得到更全面、综合、有效的司法保护，避免未成年人因诉讼失爱、失教、失学或者造成个人信息的不当泄露。人民法院可以对法庭的区域和席位进行特殊安排，如采用圆桌审判模式等。

3. 关于媒体记者席的专门设置。媒体记者旁听和报道庭审活动，既是人民法院接受新闻媒体舆论监督的重要方式，也是实现公众知情权、监督权的重要途径。许多国家和地区都在法庭设立记者旁听席，专供记者旁听。《法庭规则》规定，"有新闻媒体旁听或报道庭审活动时，旁听区可以设置专门的媒体记者席”，即由人民法院根据具体案件实际情况进行安排，更为灵活。

4. 修订过程中争议的问题。在征求意见过程中，还有不少人对法庭布局提出了其他意见与建议。关于刑事法庭的布局，有观点认为现有的刑事庭审布局是有罪推定的体现。没有根据诉讼模式的转变作出相应调整，不适应民众对司法文明和人权保障的期待，不适应现代刑事司法制度的发展方向，非常有必要结合我国刑事审判传统，吸收与借鉴域外刑事法庭设置的成熟经验，科学合理地布置刑事法庭，更好地体现我国的司法文明。也有观点认为，法庭安全至关重要，尤其是刑事案件的法庭布局更是直接关系到法庭的安全，其调整应该非常慎重。特别是对于共同犯罪的案件，有时会有几十名被告人，在这种情况下，被告人和辩护人坐在一起难以实际操作。考虑到目前争议太大，《法庭规则》没有对法庭布局进行全面调整，等到机会成熟时再作统一规定，但各地法院可以在适当的时候进行一些积极地改革探索，进一步体现控辩双方的平等和对抗。关于对家事审判法庭进行特殊设置，有观点认为该类案件中，当事人的心理较复杂，既希望解决纷争，又不愿意亲属关系因此交恶；既要求分清是非，又存在辈分、亲情等顾虑；既要求彻底查清事实真相，公平处理纠纷，又不愿意过度公开个人、家庭、家族隐私，更不可能从此老死不相往来。家事案件的审理结果和质量高低，关系到当事人及其家庭成员终生利益乃至数代人恩怨。为此，家事案件的法庭审理，在时间、场合、方式、程序等方面均有更高要求，同时也需要较大的灵活性。在主要工业化国家和地区，家事审判制度已相当成熟，家事法院或法庭适用家事诉讼专门程序。我国部分基层法院进行了包括法庭特殊设置的改革探索，初步取得了较好的社会效果和法律效果。考虑到目前法律上尚未规定家事审判的专门程序，此次没有对此作出统一规定，鉴于家事案件的特殊性，各地法院可以探索在审理婚姻、继承、子女抚养等家事案件时，对法庭的区域和席位进行特殊安排。

### （二）刑事法庭同步视频作证室的设置

“推进以审判为中心的诉讼制度改革”是十八届四中全会确定的一项重要改革任务。“以审判为中心”的主要内容之一就是落实庭审实质化，充分发挥法庭审判在事实和证据认定中的决定性作用。其中,完善证人、鉴定人出庭制度,落实直接言词原则和交叉询问制度,又是推进庭审实质化的重要内容。

目前,我国证人、鉴定人出庭率很低。据调查研究表明,在法庭审理过程中实际出庭作证的证人在全部提供证言的证人中所占的比例一般不会超过10%。证人、鉴定人出庭比例不高的原因是多方面的,而害怕打击报复是重要因素。《法庭规则》规定:“刑事法庭可以配置同步视频作证室,供依法应当保护或其他确有保护必要的证人、鉴定人、被害人在庭审作证时使用。”这一规定的目的就是能够通过加大对证人的保护力度,使证人、鉴定人、被害人在不暴露个人身份信息、面貌特征甚至声音的情况下,接受控、辩、审三方的询问、质证,履行出庭作证等义务。

(三)法庭附属设施及附属场所的设置

法庭附属设施及附属场所是法庭的必要组成部分,附属于法庭,服务于法庭。根据《法庭规则》的要求,主要包括以下部分:

1. 残疾人无障碍设施。目前我国残疾人总数约为8 502万人。残疾人由于身体缺陷,遇到的困难比正常人多得多,也是普通人无法想象的。为加大对残疾人的人文关怀力度,人民法院应当加大法庭无障碍设施的建设,一般情况下,法庭应当首先设置无障碍通道(路)、洗手间(厕所)和标识等基本的无障碍设施,有条件的法庭可以设置更多人性化、便利化的无障碍设施。

2. 合议庭合议室。不少法院由于条件有限,没有专门的合议庭合议室。设置专门的合议室,一是方便合议庭在庭审活动中及时就程序性事项进行合议,节约庭审活动的时间;二是有利于保密,防止合议内容泄露。此种设置值得推广。

3. 检察人员、律师及其他诉讼参与人休息室。《法庭规则》对出庭人员的着装提出了新的要求,法庭设置休息室,配备必要的桌椅、饮水及上网设施等,不仅能够为参与诉讼的各方临时休息、上网查阅资料提供便利,也方便其更衣。

4. 被告人羁押室。对于刑事审判来说,设置被告人羁押室是庭审安全的一项措施。被告人羁押室可以确保被告人的短暂羁押安全,杜绝逃跑、行凶和自杀的可能。

此外，法庭附属场所还可能包括证人室、鉴定人室、翻译室、法警值庭室等。由于我国法院内部建筑大多是审判区和办公区相分离，不少法庭附属建筑并没有完全建在审判区，如新闻发布室、接待室、资料室、档案室等，甚至有的建在法院外部，如停车场。

## 四、关于法庭的安全检查

关于法庭安全检查的条款共两条，分别是第六条关于法庭安全检查的规定和第七条关于禁止带入法庭的物品范围的规定。

### （一）法庭的安全检查

法庭的安全检查是庭审安全的保障，1979 年制定的《法庭规则》和 1993 年第一次修订《法庭规则》时，基于当时的社会背景，没有对法庭安检作出规定，但是，近年来，伴随着社会转型，各类矛盾比较尖锐，暴力抗法事件、自伤自残事件、伤害法官或当事人事件时有发生。加强法庭安检是新形势下确保法庭安全，维护法庭秩序的必然要求。

1. 关于法庭安检的一般规定。法庭是公共场所，法庭安检是对法庭内所有人员人身及财产安全所采取的一项积极防护措施。当前社会正处于转型期，各种矛盾凸显，安全风险压力巨大，只有加强安检，才能防患于未然。法庭安检的目的是保护法庭包括当事人及旁听人员安全，就像乘飞机需要安检一样，所有的人都不能例外，对进入法庭的人进行安检已经成为国际社会的普遍认知。目前，除我国香港地区的法院无安检措施外，其他国家和地区均对进入法庭的人员进行安检。其中，美国的法庭安检制度最为严格，与登机的安检程序完全一样，不仅律师要和当事人一样进行过包安检，而且检察官和律师由同一通道进入法庭，接受相同的安检。根据司法实践中存在的问题，为确保法庭安全，《法庭规则》第六条第一款作出统一性规定："进入法庭的人员应当出示有效身份证件，并接受人身及携带物品的安全检查。"

2. 关于对出庭履行职务的检察人员、律师安检的特别规定。《法庭规则》第六条第二款在对进入法庭的人员统一安检的的基础上，对出庭履行职务的检察人员、律师作出了专门性规定："持有效工作证件和出庭通知履行职务的检察人员、律师可以通过专门通道进入法庭。需要安全检查的，人民法院对检察人员和律师平等对待”。检察人员、律师出庭是依法履行职务，不同于当事人、其他诉讼参与人及旁听人员，应当享有一定的礼遇，同时，检察人员、律师出庭时除受到法庭纪律的约束外，还各自受到其执业纪律的约束；相对于其他人员，其具有较强的自律性，给予专门通道快速通行的礼遇，既是尊重，更是信任，有利于人民法院、检察机关以及律师之间建立良性互动关系。关于专门通道，人民法院可以借鉴机场设置贵宾通道、快速通道的做法，需要安检的，对检察人员和律师平等对待。

（二）关于严禁携带进入法庭的物品的规定

法庭安检的目的，就是严禁将危害法庭安全和妨害法庭秩序的物品带进法庭。为了便于在安检过程中操作，实现这一目的，《法庭规则》第七条对严禁携带进入法庭的物品进行列举式规定。本条前五项就是根据刑法、治安管理处罚法及相关规范性文件的规定，通过列举的方式对违禁物品的范围进行具体规定。考虑到在具体案件中，一些关键物证在形式上属于被《法庭规则》明令禁止携带进入法庭的物品，但为了全面审查证据，正确认定案件事实，在履行相应程序和确保法庭安全和秩序的情况下，应当被允许带入。

1. 关于第七条前三项的规定。该三项是直接援引刑法和治安管理处罚法的规定。根据以上法律规定，对以下物品作出了禁止携带进入法庭的规定，“（一）枪支、弹药、管制刀具以及其他具有杀伤力的器具；（二）易燃易爆物、疑似爆炸物；（三）放射性、毒害性、腐蚀性、强气味性物质以及传染病病原体”。

2. 关于本条第四项的规定。近年来，随着国际国内反恐形势日趋严峻，在防范传统形式的恐怖威胁的同时，更需防范隐蔽性更强、破坏力更大、制备更简单的新型恐怖威胁，包括液态危险品、胶状和粉末状爆炸物所带来的威胁。液态危险品，如硫酸、汽油和丙酮等易燃易爆液态危险品，因无特定形状特征，易于伪装，几乎无法利用传统安检技术进行防范。胶状和粉末状爆炸物，很难与肥皂、糖等日常用品区分，隐蔽性更强，传统安检技术也难以检测识别。因此，《法庭规则》规定，“液体及胶状、粉末状物品”不得携带进入法庭。

3. 关于第七条第五项的规定。在司法实践中，当事人或旁听人员往往将标语、条幅、传单、状衣甚至是被害人的巨幅遗像等带入法庭，并通过悬挂、摆放或散发的方式进行展示。此举一方面是进行情绪的宣泄，希望博得公众的同情和支持，另一方面是想借机向人民法院倾诉甚至是施压，以期获得有利于己方的裁判结果。无论出于何种目的，这些行为在客观上都会造成法庭秩序的混乱，严重影响正常的庭审活动，因此，基于维护法庭秩序的需要，本条第五项规定，“标语、条幅、传单”不得携带进入法庭。

4. 关于兜底项的规定。为了确保法庭安全和维护法庭秩序，在第六项还设置了兜底项，规定其他可能危害法庭安全或妨害法庭秩序的物品也不得携带进入法庭，以便在实践中灵活掌握。

实践中，人民法院应当在安检处设置临时储物箱，方便公众存放不能或不宜带入法庭的物品。当然，安检时发现的枪支、弹药、管制刀具或者爆炸性、易燃性、放射性、毒害性、腐蚀性物品，不明液体及胶状、粉末状物品以及标语、条幅、传单等应当依法收缴，不能存放。

5. 关于违禁物品携带的除外规定。考虑到部分在形式上属于禁止携带进入法庭的物品，但本身又是需要在法庭上出示的证据，第七条作出除外规定，即“除经人民法院许可，需要在法庭上出示的证据外”。在实践中，是否是庭审所需证据，因安检人员无法甄别，因此，行为人携带这些物品进入法庭时，安检人员需征得审判人员的同意后方能放行。

6. 关于电脑和手机等办公及通信工具的携带。《法庭规则》未将具有录音、录像、摄影功能的电脑、手机等办公及通信工具列入法庭违禁物品的范围，主要考虑是，信息时代可随身携带的手机已经成为人们正常工作和生活中不可或缺的重要部分，同时，科技的迅猛发展赋予外形小巧的智能手机强大的录音、录像、摄影以及文字、音频、视频传输等内在功能；当事人及其他诉讼参与人用于诉讼活动的电脑，也都具有以上功能。显然，按照征求意见的情况作出上述规定，就等于直接限制进入法庭的人员携带手机和电脑。考虑到《法庭规则》第十七条第一款第四项已经作出了诉讼参与人及旁听人员不得“对庭审活动进行录音、录像、拍照或使用移动通信工具等传播庭审活动”的规定，第十九条也对违反上述规定的行为的处罚和相关设备及存储介质的处理进行了详尽的规定，因此，《法庭规则》在安检方面没有再作出禁止携带上述物品进入法庭的规定。

## 五、关于法庭旁听

关于法庭旁听的条款有3条,分别是第九条关于庭审活动旁听的一般性规定,第三条第二款新闻媒体旁听的规定和第二十六条涉外旁听的规定。

### (一)关于庭审活动旁听的一般性规定

庭审公开是司法公开的核心。庭审公开的标志就是公民可以依法自由旁听。《法庭规则》规定,"公开的庭审活动,公民可以旁听",就是要求凡法院公开开庭审理的刑事、民事、商事、行政等案件,一律允许公民旁听。最大限度地满足公众旁听公开审理案件的需求,增强司法的透明度,真正使庭审公开成为实质上的公开。《法庭规则》第八条还专门对法庭信息的公开作出规定,要求人民法院通过官方网站、电子显示屏、公告栏等向公众公开各法庭的编号、具体位置以及旁听席位数量等信息。这一规定倒逼人民法院在依法公开审理案件时选择与旁听人数相适应的审判庭开庭审理案件,使当事人和社会旁听人员便利、快捷、准确地获得有关旁听庭审的信息,便于公众根据具体法庭旁听席位的设置选择旁听公开审理的案件。

### (二)关于旁听证的发放条件和程序

"公开的庭审活动,公民可以旁听",其基本要求是每一个公民,只要符合《法庭规则》规定的旁听资格,都享有平等旁听的机会。但是,从客观上讲,法庭审判要求庄严,不可能进行广场式司法,再大的审判法庭也只有几百或上千个座位,在法庭因座位所限,难以满足所有具有旁听意愿的到场人员的需求时,法院应当通过核发旁听证的方式,进行必要管控,确保庭审活动依法有序进行。旁听人数众多,法庭在难以满足时核发旁听证,持证旁听也是许多国家和地区的普遍做法。为保障旁听证发放的公平性,《法庭规则》规定,人民法院可以根据申请的先后顺序或者通过抽签、摇号等方式发放,在此原则下,还应当优先安排当事人的近亲属或其他与案件有利害关系的人旁听。给特殊人员旁听优先权是符合公平原则的"权利倾斜性配置",其合理性表现在:当事人和其他与案件有利害关系的人员优先旁听,有利于维护当事人利益、接受审判结果。不过,特殊优先的群体不可随意扩大,只能严格依照法律规定确定。同时，有优先旁听权的特殊人员的数量也应当进行总量控制，如每一位当事人，其亲属可以适当限制在3至5人。

(三)关于媒体记者旁听和报道

《法庭规则》规定，“有新闻媒体旁听或报道庭审活动时，旁听区可以设置专门的媒体记者席”，目的是通过给媒体记者提供旁听和报道庭审活动的便利，充分利用媒体的资源，广泛地满足公众对案件的知情权、监督权，教育更多的人尊法、学法、守法、用法。实践中，媒体有旁听和报道庭审活动需求时，可以提前向人民法院提出，以便法院合理安排。

(四)关于涉外旁听和报道

对外开放是我国的基本方针，按照相关规定，我国依法保障外国公民、组织以及无国籍人在华的合法权益，保障外国常驻新闻机构和外国记者的合法权益，并为其依法从事新闻采访报道业务提供便利。《法庭规则》规定：“外国人、无国籍人旁听庭审活动，外国媒体记者报道庭审活动，应当遵守本规则。”这一规定明确了外国人、无国籍人持有效证件可以旁听案件庭审，外国媒体记者持有效证件，可以报道案件庭审活动。当然，外国人、无国籍人应当遵守中国法律、法规和规章，尤其是《法庭规则》的相关规定，接受我国外事部门的管理；外国常驻新闻机构和外国记者应遵守新闻职业道德，客观、公正地进行采访报道，不得进行与其机构性质或者记者身份不符的活动。

## 六、关于法庭着装

(一)出庭履行职务的人员的着装

1. 关于着职业装的规定。根据《法庭规则》第十二条第一款的规定，“出庭履行职务的人员，按照职业着装规定着装”。出庭履行职务的人员包括人民法院审判人员、书记员、司法警察，人民检察院检察人员、书记员，律师等。这些人员均有相应的职业着装规定。出庭时，其应当按照规定要求着装，一方面表明职业特点，另一方面彰显司法礼仪。

2. 关于着正装的规定。《法庭规则》第十二条第一款同时规定，出庭履行职务的人员，“具有下列情形之一的，着正装：(一)没有职业着装规定；(二)侦查人员出庭作证；(三)所在单位系案件当事人”。出庭履行职务的人员，按照职业着装规定着装，是一项基本要求，但实践中存在以下例外情形：一是部分出庭履行职务的人员，原本没有职业着装规定，例如，人民陪审员，由于来源广泛，不可能有统一的职业着装规定。又如，公安机关和检察机关的侦查人员，虽有统一的职业着装规定，出庭作证时，与履行职务也有一定关系，但其实际是在履行作证的义务，而非代表国家行使侦查、控诉权力，不宜着职业装。如果侦查人员身穿职业装作证，对于当事人或其他诉讼参与人可能产生压迫感，符号感过强，不利于体现作证中的平等精神。再如，人民法院、人民检察院作为民事案件当事人或国家赔偿案件赔偿义务机关，公安机关及其他行政机关作为行政案件、民事案件当事人或国家赔偿案件赔偿义务机关时，其在诉讼地位上与对方当事人是平等的，代表或代理其出庭的本单位工作人员，虽然也是在履行职务，但亦不宜穿着职业服装，避免强化本单位的外在符号，产生不平等对抗的感觉，因此，应当改穿正装。

（二）非履行职务的出庭人员及旁听人员的着装

非履行职务的出庭人员及旁听人员文明着装，既是司法礼仪的体现，也是维护正常法庭秩序的基本要求。从司法礼仪的角度来看，出庭着装不能简单地等同于一般穿衣，法庭是人民法院代表国家开庭审判案件的神圣场所，文明着装代表着装人对司法的敬畏，不文明的着装显然有损司法礼仪。从维护正常法庭秩序的角度来看，不整洁、不文明的着装行为，会使法庭内的其他人感到多有不便，对良好的庭审秩序产生不良影响。1993年《法庭规则》规定，出庭的辩护人、诉讼代理人、证人、鉴定人、勘验人、翻译人员和其他诉讼参与人应当衣着整洁，但未对旁听人员如何着装加以规定，因此，实践中难免出现混乱，不文明着装的情况屡有发生，进而引发争论。为解决实践中出现的问题，修订后的《法庭规则》专门规定，“非履行职务的出庭人员及旁听人员，应当文明着装”。也就是说，非履行职务的出庭人员及旁听人员在着装方面，除了整齐、整洁、完好外，还需注意以下两点：一是文明大方，二是搭配适体。

## 七、关于刑事在押被告人或上诉人出庭时的着装与戒具使用

（一）关于着装

1. 关于刑事在押被告人的着装。刑事诉讼法第十二条规定：“未经人民

法院依法判决,对任何人都不得确定有罪。"该规定在相当程度上体现了无罪推定精神。在押刑事被告人或上诉人尚未被确定有罪,出庭受审时穿着识别服,就被贴上了具有"坏人"符号意义的"犯罪化标签"。法庭服饰从侧面反映了司法文明的进步程度和发展水平。出庭受审被告人或上诉人的着装深刻反映出国家对被告人的态度。在押刑事被告人或上诉人出庭受审时穿着识别服,不符合世界主要国家的做法和相关国际文件的精神。出庭受审不穿识别服是对在押刑事被告人或上诉人人格尊严的尊重,能够更好地体现刑事诉讼法作为"小宪法"的人权保障功能。在实质方面,出庭受审者均不穿识别服是对在押刑事被告人或上诉人公平受审权利的保障。

2. 关于罪犯不再穿着囚服出庭受审的问题。对于已决犯出庭受审是否穿着正装或便装,司法实务界存在不同看法:第一种观点认为,已决犯因漏罪或新罪出庭受审,在未经判决之前仍然应被推定为无罪,需要更换囚服。第二种观点认为,已决犯因漏罪或新罪押回受审的,其身份就是罪犯,无须更换囚服。我们认为,已决犯原则上也应该更换囚服,穿着正装或便装出庭受审。主要理由是,相对于未决犯罪而言,罪犯是被确定为有罪的,但相对于漏罪或新罪而言,罪犯仍然是不能被确定为有罪的。如果彻底贯彻无罪推定原则的话,"罪犯"应该与其他在押刑事被告人一样等同视之,不宜穿着囚服出庭受审。《最高人民法院关于已决犯出庭受审时着装问题的通知》(法发〔2015〕93号)进一步要求,"为进一步加强刑事被告人人权保障,彰显现代司法文明,人民法院开庭时,正在服刑的罪犯不再穿着监狱的囚服出庭受审。人民法院到监狱或未成年犯管教所提解罪犯到法院开庭的,应当为罪犯提供正装或便装"。

(二)关于戒具使用

在刑事案件庭审中,原则上不对出庭受审的在押被告人或上诉人使用戒具,这是去除"犯罪化标签"的又一具体体现。基于押解安全的需要,司法警察在押解途中都要按照规定给被押解被告人使用戒具。被告人被带入法庭后,在众目睽睽的环境中,在法庭内相对完善的安全措施防护下,被告人脱逃或者实施其他违法行为的可能性不大;同时,被告人在法庭上的表现,也是对其量刑的一个酌定情节,稍有理性的被告人都会自觉约束自己的行为。因此,一般来说,在法庭上对被告人使用戒具的管控意义不大;但是,如果被告人人身危险性大,确有脱逃、行凶、自杀以及自残的表现或者倾向,可能危害法庭安全的,人民法院可以对其使用戒具。

## 八、关于法庭起立

法庭起立是司法礼仪的主要内容之一。司法礼仪是所有庭审活动的参与者应当遵从的行为准则,其对树立司法权威、提升司法公信力、促进司法公正、确保司法廉洁具有深远而重大的意义。

### (一)关于审判人员进入法庭时全体人员应当起立的规定

1993年《法庭规则》曾经规定,审判人员进入法庭和审判长或者独任审判员宣告法院判决时,全体人员应当起立。1997年刑事诉讼法修改施行后,中共中央政法委员会发布的《关于实施修改后的刑事诉讼法几个问题的通知》只是要求,“在法庭宣告人民法院判决时,在场人员(含公诉人)全部起立,以显示国家法律的尊严”。为落实党的十八届四中全会关于以审判为中心诉讼制度改革的要求,此次修改,又进一步重申了1993年《法庭规则》的规定,经征求全国人大常委会法工委和最高人民检察院的意见,明确审判人员进入法庭以及宣告判决、裁定、决定时,在场人员(含检察人员)应全部起立,这一规定体现的是国家司法的尊严和权威。

长期以来,审判人员进入法庭时,检察人员是否要起立是一个争议较大的问题,在理论界曾经发生争论,在司法实践中也有争执。在《法庭规则》修改调研中,专家学者和律师代表,特别是参与调研的人大代表、政协委员及人民陪审员普遍认为,审判人员进入法庭时,检察人员和其他到庭人员一样起立,既是落实以审判为中心诉讼制度改革精神,维护司法尊严的要求,也符合国际惯例。建议保留1993年《法庭规则》的规定,重申审判人员进入法庭时,全体人员应当起立。

在与最高人民检察院沟通座谈和征求意见的过程中,最高人民检察院认为,在检察机关参加的庭审活动中,检察机关既是诉讼的一方,又是法律的执行者和法律监督者,在全面推进依法治国的新的历史背景下,如何带头维护法庭安全和秩序,尊重司法礼仪,维护司法权威,与人民法院一起共同促进司法公正是检察机关的职责所在。在检察人员接受法庭安检和法庭起立等问题上,原则上与最高人民法院的意见没有根本的不同,同意《法庭规则》作出审判人员进入法庭时,在场人员(含检察人员)全部起立的规定。

审判人员进入法庭时,全体人员应当起立,不只是司法礼仪的外在展示,而是"法律至上"理念在神圣法庭上的内在渗透。法庭起立,首先是对法律的尊重。无论是对进入法庭审判人员起立,或是对宣告判决、裁定、决定的审判长或独任审判员起立,都是对法官代表的法律和国家司法权表达尊重,是尊崇法治、敬畏法律的具体表现。《法庭规则》是最高人民法院根据全国人大常委会授权所制定的司法解释,在修改过程中,最高人民检察院不仅同意《法庭规则》作出审判人员进入法庭时全体人员应当起立的规定,而且明确表示,检察人员在法庭上应当带头起立。因此,可以说《法庭规则》的现有规定,是最高人民法院、最高人民检察院在依法治国的背景下,坚持法治思维、共同尊崇法治、带头厉行法治的具体体现。

法庭起立这一简单的礼仪,不仅能够唤醒一般民众对于法官的尊重意识,突出司法尊严,培育公众对于法律和司法的尊重,营造全社会的法治氛围;同时也能够唤醒法官对于自己职业的尊严感,增强法官的责任意识,促使法官珍视自己的职业,慎重行使自己的审判权力。

(二)关于审判长或独任审判员宣告判决、裁定、决定时全体人员应当起立的规定

人民法院作出的判决、裁定和决定,是人民法院代表国家依法行使审判权的载体,是国家权力和国家权威在司法活动中的具体体现。在审判长或独任审判员宣告判决、裁定和决定时,全体人员面对国徽起立,不仅是对法律的尊崇、对司法的尊重,同时也会油然产生对于国家的认同感和自豪感,有利于增强国民对于国家的凝聚力。实践中,考虑到部分案件的判决、裁定可能会很长,如果全体人员一开始就起立,长时间的站立体力消耗较大,身体较弱的人难以支撑,姿势有可能会变形,势必影响法庭的秩序性和严肃性。因此,起立的时间可确定为宣告裁判主文时,即念到"判决、裁定、决定如下"时,再宣布全体起立,并在全体起立后,宣布裁判主文。这样做既符合审判实际,也能体现司法对法庭内全体人员的人文关怀。

## 九、关于庭审活动的主持

《法庭规则》在第十六条通过两款对审判人员如何主持庭审作出了规定，第一款基本保留了1993年《法庭规则》第六条的相关规定，要求人民法院开庭审判案件应当严格按照法律规定的诉讼程序进行。第二款是新增加的规定，要求审判人员在庭审活动中应当平等对待诉讼各方。

### （一）关于人民法院开庭审判案件应当严格按照法律规定的诉讼程序进行的规定

庭审活动既是人民法院代表国家行使审判权、人民检察院代表国家行使检察权的直接体现，也是诉讼参与人行使诉讼权利、维护自身合法权益最为重要的途径。公开的庭审活动还是公众了解司法、参与司法、监督司法的重要渠道。对于刑事诉讼来说，通过庭审活动，一方面准确、及时地查明犯罪事实，正确适用法律，惩罚犯罪分子，保护公民的人身权利、财产权利、民主权利和其他权利；另一方面尊重和保障人权，保障无罪的人不受刑事追究，同时教育公民自觉遵守法律，积极同犯罪行为作斗争，维护社会主义法制。对于民事诉讼来说，通过庭审活动，一方面保证人民法院查明事实，分清是非，正确适用法律，及时审理民事案件，确认民事权利义务关系，制裁民事违法行为，保护当事人的合法权益；另一方面保护当事人充分行使诉讼权利，同时教育公民自觉遵守法律，维护社会秩序、经济秩序。对于行政诉讼来说，通过庭审活动，一方面保证人民法院公正、及时审理行政案件，解决行政争议；另一方面保障公民、法人和其他组织切实行使诉讼权利，依法保护合法权益，监督行政机关依法行使职权。为了体现庭审活动的上述价值，刑事诉讼法、民事诉讼法、行政诉讼法及相关司法解释分别对各类诉讼案件的庭审活动作出了具体的程序性规定。《法庭规则》要求人民法院开庭审判案件应当严格按照法律规定的诉讼程序进行，就是为了实现庭审活动的上述价值。此处的"法律规定的诉讼程序"既包括三大诉讼法所规定的诉讼程序，也包括司法解释规定的诉讼程序。

### （二）关于审判人员在庭审活动中应当平等对待诉讼各方的规定

人民法院审判案件，不仅要求审判结果体现公平和正义的精神，同时要求法官在审判过程中，保持中立，遵循平等和正当的原则。法官中立是司法公正的内在要求和体现，也是作为保证司法权威性与公正性的必要措施。

所谓法官中立，是指法官在三方组合的诉讼结构中，在发生争端的各方参与者之间，保持一种超然的、无偏袒的态度和地位，不得对任何一方当事人存有歧视或偏爱；同时不受诉讼任何一方当事人的支配，也不受公共舆论的控制，更不受行政及其他权力的干涉，而是根据三大诉讼法及其司法解释的规定，依法正确主持庭审活动，平等对待诉讼各方。具体体现在以下几个方面：

1. 刑事诉讼注重控辩双方平等对抗。刑事诉讼中确保控辩平等对抗有利于查明事实真相，实现公正，惩罚犯罪，保护无辜。囿于控诉机关的诉讼角色，其难以全面地收集证据材料，往往更多地关注有罪证据。辩护方从维护被指控人的利益出发，收集有利于犯罪嫌疑人、被告人的材料。这有利于法官兼听，从而客观、全面地认定案件。在一个没有充分控辩的审判程序中，法官实质上很难不偏不倚地正确认定事实。平等对待诉讼各方，要求审判人员在庭审活动中不受任何干扰，包括行使法律监督职能的国家机关在内，不得对法庭的审判施加任何潜在的暗示和威慑。实践中，法官在非法证据排除等问题上往往面临着职业风险和考核压力，严重阻碍了以审判为中心诉讼制度的构建。法律监督必不可少，但需要依法和遵循司法规律地行使，不能以“法律监督”名义对审判活动进行干预和牵制，影响审判权独立行使。

2. 民事诉讼注重对当事人双方平等保护。诉讼权利平等原则是我国现行民事诉讼法中确立的一项基本原则，具有统率具体诉讼程序和诉讼制度的功能。民事诉讼法第八条规定，“民事诉讼当事人有平等的诉讼权利。人民法院审理民事案件，应当保障和便利当事人行使诉讼权利”。从这一原则的立法内容上看，它有以下两层含义：一是当事人双方共同享有的诉讼权利如请求司法保护、提供证据、进行辩论、提出上诉、申请再审与执行等诉讼权利，原、被告均享有，是完全平等的。二是当事人双方对等享有的诉讼权利，即某些诉讼权利分属于原告和被告各自享有，但又是相互对等的，以对等寻求平衡，达到诉讼权利的平等。例如，原告享有起诉权，被告享有答辩权；原告有权提出诉讼请求，被告有权反驳诉讼请求或提出反诉等。根据以上立法规定,在庭审活动中,审判人员应当为当事人平等地行使诉讼权利提供以下便利和保障:(1)全面履行告知义务。告知当事人他们所享有的诉讼权利有哪些、应如何行使、何时行使以及不及时行使将会产生的法律后果。(2)为当事人平等行使诉讼权利提供便利条件和机会,包括当事人行使诉讼权利在时间、方式等方面有相当的保障。(3)保持中立。在诉讼中,审判人员应与利益处于冲突状态的双方当事人保持"等距离",处于一种超然的、不偏不倚的立场,对各方当事人平等对待,居中裁判。

3.行政诉讼注重对当事人双方平等保护。行政诉讼是"民告官",官民在行政程序中的地位是不平等的,但在诉讼程序中的法律地位是平等的。原告往往由于要求得不到满足、认为受到不公正待遇而"愤然"起诉,庭审过程中难免带有一些对政府不满的情绪。而由于工作接触较多,法官与被告方工作人员有可能比较"熟悉"。这就要求法官在法庭上态度必须严格中立,要格外重视保护原告的诉讼权利,注意自己对待原、被告双方的态度,绝对不能在法庭上以表情、举止暗示被告,对原告则要尽可能地宽容一些,只要不违反法庭纪律,可以允许原告多讲一些。法官应当专注地听取其意见,可以借用手势多鼓励原告发表对自己有利的见解。

## 十、关于法庭秩序

关于规范法庭秩序的条款共有三条,分别是第十七条关于法庭纪律的规定,第十九条关于对违反法庭纪律行为的处理规定,第二十条关于对危及法庭安全或扰乱法庭秩序行为的处罚规定。

### (一)关于法庭纪律的规定

法庭不仅是法官审理案件的具体场所,更是法庭内所有人员的活动空间。法庭不是乱哄哄的"菜市场",离不开规矩的约束与规则的引领。为维护正常的法庭秩序,法庭内的所有人员都应当遵守规矩、敬重规则。法庭纪律就是参加诉讼各方以及旁听人员必须遵循的规矩,也是法庭规则的重要内容。为了严肃法庭纪律,《刑事诉讼法解释》规定了诉讼参与人、旁听人员应当遵守的纪律。《最高人民法院关于适用〈中华人民共和国民事诉讼法〉的解释》(以下简称《民事诉讼法解释》)规定了对诉讼参与人或者其他人违反法庭纪律行为的处罚。但是,法庭纪律不单单是一个技术问题,它更是一个关涉权利与权力的宪法性问题,涉及多项权利(权力)的冲突和平衡问题,如言论自由权与独立审判权、公众知情权与公开审判权等。对《刑事诉讼法解释》和《民事诉讼法解释》的相关规定,实务界和理论界的认识并非完全一致,而是存有不少不同的意见。正因如此,修改后的《法庭规则》对法庭纪律进行了补充和修改,即在对全体人员作出统一要求的基础上,考虑到各类人员的地位以及相应的权利义务不同,其所应当遵守的纪律也不尽相同,无法用统一的纪律来要求包括法官和人民陪审员在内的全体人员,本条对不同人员所应该遵守的法庭纪律进行了分别规定。

1. 关于法庭录音、录像、摄影。法庭是庄严肃静的场所,不能因过度录音、录像、摄影而使庭审"广场化",因此,无论是大陆法系国家还是英美法系国家,都对法庭录音、录像、摄影进行了严格限制。原则上禁止法庭内的诉讼参与人、旁听人员对庭审活动进行录音、录像、摄影;经许可后,媒体记者可以录音、录像、摄影。允许媒体记者对依法公开审理的案件进行报道,是人民法院司法公开的重要形式之一。随着人民法院司法公开的力度越来越大,媒体记者进入法庭进行报道的活动越来越多。法院应当认识到媒体记者在传播司法信息方面的重要作用,媒体记者也应当认识到遵守法庭报道规则的必要性,这样才能保证诉讼双方的权利不受媒体报道影响,保证法院与媒体之间形成相互尊重的良好关系。司法实践中,绝大多数媒体记者具有较好的专业素养,能够遵守法庭纪律,但是,也有的媒体记者在录音、录像、摄影时注意得不够。例如,有的在法庭内随意走动,为了选取好的拍照位置,甚至来到审判活动区;有的在录像、摄影时制造出按动快门的响亮"咔嚓"声或者刺眼的光线;有的对证人、当事人及其亲属等进行随意拍照,等等。对此,修改后的《法庭规则》规定,媒体记者经许可在法庭内录音、录像、摄影时,应当在指定的时间及区域进行,不得影响或干扰庭审活动。具体来说,主要包括:一是媒体记者原则上应该在旁听区录音、录像、摄影。设立了专门的媒体记者席的,应该在固定的记者席附近进行,不得在法庭内随意走动。二是媒体记者的法庭录音、录像、摄影不得干扰庭审程序的正常进行,不得制造分散注意力的光线和声音。三是媒体记者的法庭录音、录像、摄影不得侵犯到庭人员的隐私,除非已经取得到庭人员事前同意,例如,不得过度暴露未审结案件中的被告人的肖像等个人信息;不得暴露出庭作证的证人、鉴定人、有专门知识的人的姓名、身份等隐私信息;不得未经同意对当事人家属进行录像、摄影;等等。四是媒体记者对法庭录音、录像、摄影的使用应该限定在新闻传播、教育等正当目的,不得用于非法目的,不得违规使用、传播和复制有关庭审的图文、音频和视频等资料。

2.关于社交媒体的法庭使用。近年来,随着现代科技的发展,在案件审理过程中出现了个别诉讼参与人、旁听人员未经准许利用邮件、博客、微博、微信等方式报道庭审活动的现象,尤其是有的辩护律师在庭审中通过发送微博、微信等传播庭审情况,引起了舆论的高度关注。

为了维护正常的庭审秩序,《刑事诉讼法解释》专门规定,诉讼参与人、旁听人员不得对庭审活动进行录音、录像、摄影,或者通过发送邮件、博客、微博客等方式传播庭审情况,但经人民法院许可的新闻记者除外。《民事诉讼法解释》延续了该政策精神,规定诉讼参与人或者其他人未经准许不得以移动通信等方式现场传播审判活动。修改后的《法庭规则》规定,全体人员不得对庭审活动进行录音、录像、拍照或使用移动通信工具等传播庭审活动,目的是防止片面化、碎片化的信息误导舆论,干扰审判。

3.关于不得进食的规定。法庭是严肃、有序的场所,随意进食不仅有碍观瞻,同时也有可能影响法庭秩序。基于法庭安全的需要,修改后的《法庭规则》在"不得携带进入法庭的物品"中增加了"液体"的规定,如果在法庭纪律中作出不得饮水的规定,可能与法庭安检规定的要求更为一致。但是,对于案情复杂或当事人人数众多,庭审时间较长的案件,或者诉讼参与人、旁听人员因为疾病等身体原因需要及时饮水的案件,从人性化的角度考虑,应当允许喝水。在庭审时,人民法院可以在法庭外专门设置饮水处,作为司法便民的一项举措,既能解决饮水所需,也能保障法庭的安全和秩序。因此,法庭纪律只是禁止在庭审活动中进食,未限制必要的饮水。

4.关于旁听人员法庭内记录。对于旁听人员能否在庭审时进行记录,实践中存在不同认识,有的认为,旁听人员不得记录,甚至出现过个别法院撕毁记录的情况。对此,1979年《法庭规则》规定:"公开审判的案件,允许新闻记者采访。记者凭人民法院发出的采访证进入法庭,可以记录、录音、录像、摄影和转播。”修改后的《法庭规则》虽然没有明确作出规定,但是“法无明文禁止即允许”,实际上是没有禁止旁听人员作法庭记录。主要理由在于:一是法庭记录是旁听权的正当延伸。公民在旁听时作必要的记录,是准确地了解、监督法庭审判活动的基础。换言之,允许公民旁听而禁止记录只是一种形式公开,不是实质公开。二是法庭记录不会干扰庭审。与录音、录像、摄影等活动不同,记录一般都是静悄悄的,很难对审判活动造成干扰,也不会影响法庭秩序。三是法庭记录不会影响审判独立。法庭记录是旁听人员的个人行为,难以庭后拿出来混淆视听或造成舆论压力,影响人民法院独立审判。

(二)关于对违反法庭纪律的行为如何进行处罚的规定

根据《法庭规则》第十九条第一款的规定,对违反法庭纪律的人员,人民法院应当根据行为人的具体行为和情节,作出处理。由轻到重,具体分为四种处理方式:(1)情节较轻的,予以警告;(2)对不听警告的,予以训诫;(3)对训诫无效的,责令其退出法庭;(4)对拒不退出法庭的,指令司法警察将其强行带出法庭。

刑事诉讼法和民事诉讼法对违反法庭纪律的人员如何进行处罚分别作出了规定。《刑事诉讼法解释》和《民事诉讼法解释》又分别对以上立法规定的适用作了具体解释。以上立法及司法解释的规定,对人民法院在实践中及时制止违反法庭纪律的行为、依法处罚违反法庭纪律的人、维护良好的法庭秩序、确保庭审活动顺利进行起到了至关重要的作用。但是,近年来,律师界及部分学者对上述规定提出不同意见,认为“责令退出法庭”和“强行带出法庭”的处罚规定过于严厉,是法庭警察权过度行使的典型表征。在征求意见过程中,司法部及全国律协也认为,对违反法庭纪律的律师实施“强行带出法庭”的规定过于严厉,一旦被不当适用,将会限制甚至是剥夺当事人及律师享有的合法诉讼权利,建议慎重规定,温和处理。修改后的《法庭规则》规定:“审判长或独任审判员对违反法庭纪律的人员应当予以警告;对不听警告的,予以训诫;对训诫无效的,责令其退出法庭;对拒不退出法庭的,指令司法警察将其强行带出法庭。”实际上是在现有立法规定的基础上,设置了由轻到重的适用程序,避免直接适用较重处罚,特别是在科以“强行带出法庭”的处罚措施之前,专门规定先行适用“责令其退出法庭”的处罚措施,使得“强行带出法庭”的处罚措施的适用更为审慎,体现了谦抑性原则和人民法院温和处理的态度。在征求意见过程中,该条款的修改,得到了司法行政机关和全国律协的赞同。

对于行为人未经人民法院许可实施“对庭审活动进行录音、录像、拍照或使用移动通信工具等传播庭审活动”的行为,人民法院在依照第十九第一款的规定对行为人实施相应处罚后,还可以暂扣其使用的设备及存储介质,删除相关内容。考虑到行为人所携带的物品从性质上来讲,只是限制不当使用的物品,而非法律规定的违禁物品或犯罪工具,因此,不宜没收和销毁所携带的物品。如果其情节严重,达到了扰乱法庭秩序的程度,人民法院可以根据《法庭规则》第二十条的规定追究其责任。

(三)关于扰乱法庭秩序的行为及其处罚

修改后的《法庭规则》在刑法修正案(九)第三十七条的基础上,对扰乱法庭秩序的行为进行了调整。

1.哄闹、冲击法庭。哄闹法庭主要是指在法庭上以喧哗、叫嚷、吹口哨、拉横幅等方式起哄捣乱,干扰庭审活动进行的行为。冲击法庭主要是指未被法庭允许,不听劝阻,强行闯入法庭,甚至冲上审判台,向法庭投掷石块、泥土、污秽物品等致使法庭秩序混乱的行为。修改后的《法庭规则》没有限定为对聚众哄闹、冲击法庭的才予以处罚,原因是与刑法的规定相比,《法庭规则》对行为人的行为进行分层处罚。对聚众哄闹、冲击法庭的行为,可以依照刑法的规定追究其刑事责任,对一般性哄闹、扰乱法庭秩序的,可以予以罚款、拘留。这体现谦抑性处罚的原则。总之,为了维护良好的法庭秩序,对于哄闹、冲击法庭的人员,不论是首要分子、积极分子,还是一般参与者,都应该予以处罚。

2.侮辱、诽谤、威胁、殴打司法工作人员或诉讼参与人。(1)侮辱是指公然诋毁他人人格,破坏他人名誉的行为。诽谤是指故意捏造事实,损害他人人格和名誉的行为。威胁是指以作出对他人人身、名誉或者社会公共利益不利的行为进行胁迫的行为。殴打是指公然实施的损害他人身体健康的打人行为，包括拳打脚踢，或者使用棍棒等器具殴打他人。(2)司法工作人员是指正在法庭上执行公务的审判人员、公诉人、法警、法官助理、书记员等。诉讼参与人是指正在法庭上的当事人、辩护或代理律师、证人、鉴定人等。

3. 毁坏法庭设施，抢夺、损毁诉讼文书、证据。法庭设施是审判活动的重要物质保障，诉讼文书、证据是诉讼活动中的重要案件材料。此种情形主要包括故意砸毁、破坏门窗、桌椅、话筒、音响等设备、设施以发泄不满，抢夺、损坏诉讼文书、证据等行为。

4. 其他危害法庭安全或扰乱法庭秩序的行为。这是兜底性条款，除了第二十条第一项规定的危害法庭安全的情形，以及第二、三、四项规定的扰乱法庭秩序的情形以外，其他危害法庭安全或扰乱法庭秩序的行为也需要进行处理，从而为打击不断翻新的其他危及法庭安全或扰乱法庭秩序的行为预留一定空间，最大限度地满足司法实践的需要。例如，在法庭庭审时高呼口号的，在法庭上自杀自残的，在法庭上脱光衣服的，未经法官许可擅自退出庭审甚至集体退庭抗议的等，均可按此种情形处理。

5. 行为处罚。(1)关于处罚必要。危及法庭安全或扰乱法庭秩序，是一种藐视国家权力、粗暴践踏法律的行为，不仅破坏法庭审理活动的正常进行，而且对诉讼参与人的人身安全和公私财产带来威胁和损害。同时，三大诉讼法及其司法解释已经规定侮辱、诽谤、威胁、殴打司法工作人员或诉讼参与人的可能构成犯罪，刑法修正案(九)也作出了衔接性规定，刑法对法庭给予特别严格的保护，对于保障司法机关依法独立、公正行使审判权具有重要意义。因此，完全有必要对这些行为进行行政处罚或刑事制裁。但是，在目前的司法实践中，法院时常考虑到群众观点、诉权保障、社会效果等因素，该进行处罚的未予适用或不当适用的情形也并不鲜见，这在一定程度上有损司法权威，甚至还会加剧行为人与法官、法院之间的冲突，引发不良的社会后果。因此，十八届四中全会决定要求“完善惩戒妨碍司法机关依法行使职权、拒不执行生效裁判和决定、藐视法庭权威等违法犯罪行为的法律规定”。

(2)关于处罚顺序。为了体现刑法的谦抑性原则，防止司法权的滥用和律师诉讼权利的限缩，修改后的《法庭规则》规定的处理顺序是先罚款、拘留后刑事制裁,一般的危及法庭安全或扰乱法庭秩序的行为不足以运用刑罚手段,先予以非刑罚处罚,只有严重的才动用刑罚手段。

(3)关于处罚条件。根据刑法第一百三十条对非法携带枪支、弹药、管制刀具、危险物品危及公共安全罪,以及第三百零九条对扰乱法庭秩序罪的相关规定,危及法庭安全的,只有情节严重的才构成犯罪;侮辱、诽谤、威胁司法工作人员或诉讼参与人,不听法庭制止,只有严重扰乱法庭秩序的才构成犯罪,或者毁坏法庭设施,抢夺、损毁诉讼文书、证据等,只有情节严重的才构成犯罪。实践中,只有对法庭安全具有现实的危险性或造成法庭秩序严重混乱,致使案件难以或无法继续正常审理的,或者案件审理被迫中断等情形,才属于"情节严重"。对那些扰乱法庭秩序情节不严重的,经劝阻、制止,停止实施扰乱行为的,不应认定为构成犯罪,人民法院可以对其实施罚款、拘留的强制措施。例如,律师在法庭辩论阶段可能出现非常激烈的争论现象,属于正常的履职行为,不得被禁止发表意见,更不能被无故处罚。律师在法庭上因为一时控制不住情绪言辞激烈,经过法庭制止及时停止的,并没有使庭审陷入"骂战"的,也不构成扰乱法庭秩序罪。

# 最高人民法院
# 关于进一步推进案件繁简分流优化司法资源配置的若干意见

（2016年9月12日　法发〔2016〕21号）

为进一步优化司法资源，提高司法效率，促进司法公正，减少当事人诉讼成本，维护人民群众合法权益，根据《中华人民共和国民事诉讼法》《中华人民共和国刑事诉讼法》《中华人民共和国行政诉讼法》等法律规定，结合人民法院工作实际，现就进一步推进案件繁简分流、优化司法资源配置提出如下意见。

1. 遵循司法规律推进繁简分流。科学调配和高效运用审判资源，依法快速审理简单案件，严格规范审理复杂案件，实现简案快审、繁案精审。根据案件事实、法律适用、社会影响等因素，选择适用适当的审理程序，规范完善不同程序之间的转换衔接，做到该繁则繁，当简则简，繁简得当，努力以较小的司法成本取得较好的法律效果。

2. 推进立案环节案件的甄别分流。地方各级人民法院根据法律规定，科学制定简单案件与复杂案件的区分标准和分流规则，采取随机分案为主、指定分案为辅的方式，确保简单案件由人民法庭、速裁团队及时审理，系列性、群体性或关联性案件原则上由同一审判组织审理。对于繁简程度难以及时准确判断的案件，立案、审判及审判管理部门应当及时会商沟通，实现分案工作的有序高效。

3. 完善送达程序与送达方式。当事人在纠纷发生之前约定送达地址的，人民法院可以将该地址作为送达诉讼文书的确认地址。当事人起诉或者答辩时应当依照规定填写送达地址确认书。积极运用电子方式送达；当事人同意电子送达的,应当提供并确认传真号、电子信箱、微信号等电子送达地址。充分利用中国审判流程信息公开网,建立全国法院统一的电子送达平台。完善国家邮政机构以法院专递方式进行送达。

4. 发挥民事案件快速审判程序的优势。根据民事诉讼法及其司法解释规定,积极引导当事人双方约定适用简易程序审理民事案件。对于标的额超过规定标准的简单民事案件,或者不属于民事诉讼法第一百五十七条第一款规定情形但标的额在规定标准以下的民事案件,当事人双方约定适用小额诉讼程序的,可以适用小额诉讼程序审理。依法适用实现担保物权案件特别程序。积极引导当事人将债权人请求债务人给付金钱、有价证券的案件转入督促程序,推广使用电子支付令。

5. 创新刑事速裁工作机制。总结刑事速裁程序试点经验,加强侦查、起诉、审判程序的衔接配合。推广在看守所、执法办案单位等场所内建立速裁办公区,推动案件信息共享及案卷无纸化流转,促进案件办理的简化提速。

6. 简化行政案件审理程序。对于已经立案但不符合起诉条件的行政案件,经过阅卷、调查和询问当事人,认为不需要开庭审理的,可以径行裁定驳回起诉。对于事实清楚、权利义务关系明确、争议不大的案件,探索建立行政速裁工作机制。

7. 探索实行示范诉讼方式。对于系列性或者群体性民事案件和行政案件,选取个别或少数案件先行示范诉讼,参照其裁判结果来处理其他同类案件,通过个案示范处理带动批量案件的高效解决。

8. 推行集中时间审理案件的做法。对于适用简易程序审理的民事案件、适用速裁程序或者简易程序审理的轻微刑事案件,实行集中立案、移送、排期、开庭、宣判,由同一审判组织在同一时段内对多个案件连续审理。

9. 发挥庭前会议功能。法官或者受法官指导的法官助理主持召开庭前会议,解决核对当事人身份、组织交换证据目录、启动非法证据排除等相关程序性事项。对于适宜调解的案件,积极通过庭前会议促成当事人和解或者达成调解协议。对于庭前会议已确认的无争议事实和证据,在庭审中作出说明后,可以简化庭审举证和质证;对于有争议的事实和证据,征求当事人意见后归纳争议焦点。

10. 创新开庭方式。对于适用简易程序审理的民事、刑事案件，经当事人同意，可以采用远程视频方式开庭。证人、鉴定人、被害人可以使用视听传输技术或者同步视频作证室等作证。

11. 推行庭审记录方式改革。积极开发利用智能语音识别技术，实现庭审语音同步转化为文字并生成法庭笔录。落实庭审活动全程录音录像的要求，探索使用庭审录音录像简化或者替代书记员法庭记录。

12. 推进民事庭审方式改革。对于适用小额诉讼程序审理的民事案件，可以直接围绕诉讼请求进行庭审，不受法庭调查、法庭辩论等庭审程序限制。对于案件要素与审理要点相对集中的民事案件，可以根据相关要素并结合诉讼请求确定庭审顺序，围绕有争议的要素同步进行法庭调查和法庭辩论。

13. 探索认罪认罚案件庭审方式改革。对于被告人认罪认罚的案件，探索简化庭审程序，但是应当听取被告人的最后陈述。适用刑事速裁程序审理的，可不再进行法庭调查、法庭辩论；适用刑事简易程序审理的，不受法庭调查、法庭辩论等庭审程序限制。

14. 促进当庭宣判。对于适用小额诉讼程序审理的民事案件、适用速裁程序审理的刑事案件，原则上应当当庭宣判。对于适用民事、刑事、行政简易程序审理的案件，一般应当当庭宣判。对于适用普通程序审理的民事、刑事、行政案件，逐步提高当庭宣判率。

15. 推行裁判文书繁简分流。根据法院审级、案件类型、庭审情况等对裁判文书的体例结构及说理进行繁简分流。复杂案件的裁判文书应当围绕争议焦点进行有针对性地说理。新类型、具有指导意义的简单案件，加强说理；其他简单案件可以使用令状式、要素式、表格式等简式裁判文书，简化说理。当庭宣判的案件，裁判文书可以适当简化。当庭即时履行的民事案件，经征得各方当事人同意，可以在法庭笔录中记录相关情况后不再出具裁判文书。

16. 完善二审案件衔接机制。积极引导当事人、律师等提交电子诉讼材料，推进智慧法院建设和诉讼档案电子化，运用电子卷宗移送方式，加快案卷在上下级法院之间的移送。优化二审审理方式，围绕诉讼各方争议问题进行审理，避免二审与一审在庭审和裁判文书方面的不必要重复。强化二审统一裁判尺度、明确裁判规则等功能。

17. 提升人案配比科学性。在精确测算人员、案件数量和工作量的基础上，动态调整不同法院、不同审判部门的审判力量。根据法院审级、案件繁简等相关因素，合理确定法官、法官助理、书记员的配置比例，科学界定各自职能定位及其相互关系，最大程度地发挥审判团队优势。

18. 推广专业化审判。在充分考虑法官办案能力、经验及特长等因素的基础上，根据案件的不同类型确定审理类型化案件的专业审判组织，根据案件的繁简程度确定专门审理简单案件与复杂案件的审判人员。推进办案标准化建设，健全案例工作制度。构建法官轮岗机制，完善业绩评价体系，激发和保持审判队伍的活力。

19. 推进审判辅助事务集中管理。根据审判实际需要，在诉讼服务中心或者审判业务等部门安排专门的审判辅助人员，集中负责送达、排期开庭、保全、鉴定评估、文书上网等审判辅助事务。

20. 完善多元化纠纷解决机制。推动综治组织、行政机关、人民调解组织、商事调解组织、行业调解组织、仲裁机构、公证机构等各类治理主体发挥预防与化解矛盾纠纷的作用，完善诉调对接工作平台建设，加强诉讼与非诉纠纷解决方式的有机衔接，促进纠纷的诉前分流。完善刑事诉讼中的和解、调解。促进行政调解、行政和解，积极支持行政机关依法裁决同行政管理活动密切相关的民事纠纷。

21. 发挥律师在诉讼中的作用。积极支持律师依法执业，保障律师执业权利，重视律师对案件繁简分流和诉讼程序选择的意见，积极推动律师参与调解、代理申诉等工作。

22. 引导当事人诚信理性诉讼。加大对虚假诉讼、恶意诉讼等非诚信诉讼行为的打击力度，充分发挥诉讼费用、律师费用调节当事人诉讼行为的杠杆作用，促使当事人选择适当方式解决纠纷。当事人存在滥用诉讼权利、拖延承担诉讼义务等明显不当行为，造成诉讼对方或第三人直接损失的，人民法院可以根据具体情况对无过错方依法提出的赔偿合理的律师费用等正当要求予以支持。

# 《关于进一步推进案件繁简分流优化司法资源配置的若干意见》的理解与适用

胡仕浩　刘树德　罗　灿

2016年9月12日,最高人民法院发布并施行《关于进一步推进案件繁简分流优化司法资源配置的若干意见》(以下简称《意见》),这是推进人民法院执法办案工作的关键举措,也是深化司法改革的重要内容。为便于审判实践中正确理解和把握,现就《意见》的起草背景、基本原则、主要内容进行说明。

## 一、《意见》的制定背景

改革开放以来,随着经济社会生活的发展变化,我国法院受理案件数量持续增长,由1978年的61万件增加到2015年的1 952万件,增长30多倍,这种急剧增长被人们形象地称为"诉讼爆炸"。与此同时,我国法官人数从1978年的6万人增加到目前的20万人,增长仅3倍多,与案件增长幅度相比明显不成比例。

当前,人民法院的司法改革已经进入攻坚期。随着立案登记制的实施和法官员额制的推进,"案多人少"矛盾有进一步加剧的倾向。2016年上半年,全国新收案件1 002.9万件,与2015年同期新收案件843.2万件相比增加159.7万件,上升18.94%。未结案件数量也相应上升,截至2016年6月30日,全国法院未结案件510.9万件,与2015年同期相比,未结案件增加26.0万件,上升5.36%。以近三年来受理案件数量最多的江苏省为例,2015年江苏法院受理案件1 633 486件,与2012年相比增长62.98万件,增幅62.76%;而中央政法专项编制总数仅为18 516名,与2012年相比仅增加

477名,增幅2.64%。截至2016年6月30日,江苏法院未结案件数量为429 680件,仅次于广东法院的442 717件。而且,可以预见的是,在今后的一段时间内,全国法院新收案件将继续呈增长态势,执法办案压力将不断增大。

十八大以来,习近平总书记多次强调,要努力让人民群众在每一个司法案件中感受到公平正义,所有司法机关都要紧紧围绕这个目标来改进工作,重点解决影响司法公正和制约司法能力的深层次问题。中央对如何破解"案多人少"难题高度重视,孟建柱书记在2016年3月的中央政法工作会议上要求,要坚持依法处理和多元化解相结合,强化诉前调解、诉调对接,推进繁简分流,构建普通程序、简易程序、速裁程序等相配套的多层次诉讼制度体系,努力以较小的司法成本取得较好的法律效果,有效化解"案多人少"矛盾。

为落实中央精神,切实缓解"案多人少"矛盾,最高人民法院在制定出台《最高人民法院关于人民法院进一步深化多元化纠纷解决机制改革的意见》和《最高人民法院关于人民法院特邀调解的规定》两个规范性文件的同时,制定了《意见》。

《意见》的起草坚持以问题为导向,主管院领导亲自带队深入湖南、浙江等地调研,充分听取一线法官的意见建议,多次召开人大代表、政协委员、法学专家、律师代表等参加的座谈论证会,同时,多次征求全国法院系统的意见,并征求了中央政法委、全国人大法工委、最高人民检察院、公安部、司法部、全国律协的意见。可以说,《意见》是在充分调研论证和广泛征求意见的基础上形成的政策性文件和改革成果。

## 二、《意见》的基本原则

《意见》作为未来一个时期指导全国法院深化繁简分流改革的规范性文件,既加强顶层设计,完善诉讼程序,优化司法资源配置,又鼓励地方探索、创新工作机制,推广经验做法。《意见》的制定主要遵循下列基本原则:

一是坚持依法改革。从根本上说,破解"案多人少"难题有赖于法律及其司法解释的修改和完善。例如,根据行政诉讼法第八十三条的规定,适用简易程序审理行政案件的审限为45日。因审限过短,简易程序在实践中适用很少。再如,根据《最高人民法院关于适用〈中华人民共和国民事诉讼法〉的解释》第四百三十二条第二项的规定,人民法院发出支付令之日起 30 日内应当送达债务人;但民事诉讼法第九十二条规定,公告送达的期限为 60 日,导致督促程序无法适用公告送达。《意见》作为最高人民法院制定的规范性文件,只能对现有规定进行具体化和明确化,涉及法律修改的,今后再适时提出建议。

二是坚持因地制宜。推进繁简分流要从实际出发,积极探索。对于中级、基层法院所关心的如何区分繁案与简案,如何确定分流规则等问题,考虑到审判实践惯例、法官水平差异、法院所处层级等原因,不同地区法院之间存在较大差别,不能搞“一刀切”。例如,在发达地区已经形成裁判规则的简单案件,在欠发达地区可能还属于新类型的复杂案件。《意见》对上述问题没有作出统一规定,而是授权地方各级人民法院根据实际情况自行制定实施细则。同时,《意见》的规定大多属于倡导性的,从而为今后的深化和创新提供依据、预留空间。

三是坚持问题导向。从法院层级来看,“案多人少”矛盾主要集中在基层法院。我国 80% 的法官在基层法院工作,80% 的案件由基层法院受理。从案件类型来看,“案多人少”矛盾主要集中在民事审判。2016 年上半年,全国新收案件中民事案件 610.80 万件,占 61.1%;刑事案件 86.44 万件,占 8.6%;行政案件 26.96 万件,占 2.7%。未结案件中民事案件 306.2 万件,占 60.27%;刑事案件 21.5 万件,占 4.23%;行政案件 10.6 万件,占 2.09%。“案多人少”矛盾主要集中存在于基层法院的一审民事案件中,当然在中级以上法院的二审、再审案件中,以及刑事、行政案件中也同样存在。推进繁简分流,应当注意不同层级法院、不同案件类型繁简分流的相同点和不同点,既注意解决共性问题,又注意照顾个性差异。《意见》强调解决主要矛盾和问题,以一审民事案件的繁简分流为主线,以构建多层次诉讼体系为抓手,更加突出“简”的方面,着重解决送达难等制约审判效率的问题,从而在更高层次上实现司法公正和司法效率的平衡。

四是坚持多措并举。在本轮司法改革过程中,各项司法改革举措之间关联度高、耦合性强,必须统筹推进。我国法官总体数量不少,但应对迅速增加的案件仍捉襟见肘,主要原因就在于法院内部资源配置失衡,法院外部主体力量的作用没有得到最大限度地发挥。推进繁简分流必然涉及优化司法资源配置,要用改革的思维和改革的方式破解工作难题,创新管理机制,完善配套措施,实现案件负担均衡化、人员配比合理化。《意见》的规定不仅涉及诉讼程序机制的完善,而且也涉及司法资源配置的优化。

## 三、《意见》的主要内容

### (一)用好用足现有制度

三大诉讼法及其司法解释已经对诉讼制度进行了具体规定,并不断发展完善,从而形成了较为完备的诉讼制度体系。在民事诉讼方面,2012年新修正的民事诉讼法新增了小额诉讼程序、确认调解协议案件、实现担保物权案件特别程序。在刑事诉讼方面,2012年新修正的刑事诉讼法将简易程序的适用范围扩展到基层法院所有的刑事案件,突破了原先仅适用于可能判处三年以下有期徒刑案件的限制;2014年6月,刑事案件速裁程序试点开始,适用范围是一年有期徒刑以下刑罚的案件;2016年7月,中央全面深化改革领导小组审议通过了《关于认罪认罚从宽制度改革试点方案》,9月3日全国人大常委会审议通过《关于授权最高人民法院、最高人民检察院在部分地区开展刑事案件认罪认罚从宽制度试点工作的决定》,选择在18个城市依法有序稳步推进试点工作。在行政诉讼方面,2014年新修正的行政诉讼法新增了行政简易程序;2015年4月,最高人民法院发布《关于适用〈中华人民共和国行政诉讼法〉若干问题的解释》,对裁定驳回起诉类案件审理程序作出了进一步规范。

《意见》正是在上述诉讼制度与程序的基础上,重点着眼于激活和优化诉讼程序,构建分层递进、层层筛选的分流"漏斗",进一步推进案件繁简分流。

一是在登记立案前,为当事人提供更多可供选择的纠纷解决方式,让更多纠纷在诉讼渠道外得到解决。《意见》第二十条规定:"完善多元化纠纷解决机制。推动综治组织、行政机关、人民调解组织、商事调解组织、行业调解组织、仲裁机构、公证机构等各类治理主体发挥预防与化解矛盾纠纷的作用,完善诉调对接工作平台建设,加强诉讼与非诉讼纠纷解决方式的有机衔接,促进纠纷的诉前分流。完善刑事诉讼中的和解、调解。促进行政调解、行政和解,积极支持行政机关依法裁决同行政管理活动密切相关的民事纠纷。"《最高人民法院关于人民法院进一步深化多元化纠纷解决机制改革的意见》及《最高人民法院关于人民法院特邀调解的规定》已经对此进行了详细规定,各级人民法院应当遵照执行。

二是在登记立案后,对于适宜调解的案件,应当通过庭前会议等解决,减少需要开庭的案件数量。《意见》第九条规定:"对于适宜调解的案件,积极通过庭前会议促成当事人和解或者达成调解协议。"

三是在登记立案后,对于不适宜调解而进入诉讼程序的案件,应当通过简易程序、督促程序、实现担保物权案件特别程序等快速审理。《意见》第四条规定:"发挥民事案件快速审判程序的优势。根据民事诉讼法及其司法解释规定,积极引导当事人双方约定适用简易程序审理民事案件。对于标的额超过规定标准的简单民事案件,或者不属于民事诉讼法第一百五十七条第一款规定情形但标的额在规定标准以下的民事案件,当事人双方约定适用小额诉讼程序的,可以适用小额诉讼程序审理。依法适用实现担保物权案件特别程序。积极引导当事人将债权人请求债务人给付金钱、有价证券的案件转入督促程序,推广使用电子支付令。"

其中,该条提高了适用小额诉讼程序的标的额。目前,小额诉讼程序的适用率不高,很重要的原因就是标的限额太低。针对这一情况,在充分保障当事人选择权的前提下,浙江、上海等地提高了小额诉讼程序标的限额。例如,2013 年《浙江省高级人民法院关于适用小额诉讼程序审理民事案件相关问题的意见》规定,符合适用小额诉讼程序其他条件,但案件标的额在规定标准以上、10 万元以下的案件,当事人可以选择适用小额诉讼程序。2015 年《上海市高级人民法院关于规范小额诉讼审判工作的实施细则》规定,对于符合该细则其他条件,仅是诉讼标的额超过当年度小额诉讼金额标准的案件,当事人双方协商一致要求适用小额诉讼程序的,如诉讼标的额低于当年小额诉讼金额标准两倍的(含两倍),人民法院可予准许,并制作笔录备案。小额诉讼程序属于简易程序,可以根据民事诉讼法第一百五十七条第二款的规定,由当事人双方约定适用。不过,考虑到各地情况不一,《意见》没有对标的限额作出统一规定。

四是经上述三个层次仍未解决的纠纷,再进入普通程序审理。原则上说,按照普通程序审理的案件,其程序应当是严格规范的,但仍然可以在一定程度上根据诉讼各方意见、有无争议等情况,对庭审和裁判文书进行适当简化,从而更好地体现繁简得当的要求。《意见》第十五条规定:“根据法院审级、案件类型、庭审情况等对裁判文书的体例结构及说理进行繁简分流。”

此外,《意见》第十条对远程视频开庭、证人隐蔽作证,第十四条对当庭宣判作出了相关规定,进一步细化了诉讼法及其司法解释的相关规定。

(二)不断创新工作机制

繁简分流不仅要用好用足现有制度,而且要不断创新工作机制,从而强化诉讼制度落实的机制保障。《意见》既涉及分案机制、审理程序机制、审级衔接机制等一般机制,又涉及刑事速裁工作机制等具体机制。

一是实现分案机制的科学性。《意见》第二条规定:“采取随机分案为主、指定分案为辅的方式,确保简单案件由人民法庭、速裁团队及时审理,系列性、群体性或关联性案件原则上由同一审判组织审理。对于繁简程度难以及时准确判断的案件,立案、审判及审判管理部门应当及时会商沟通,实现分案工作的有序高效。”立案是诉讼程序的开端,科学的分案机制对繁简分流至关重要。综合各国及我国各地法院的情况,一般采取以下两种分案方式:一是根据收案依次轮流分配。这种方式不考虑承办法官目前的存案情况,对法院受理的案件根据案件类别进行轮流分配。二是根据存案来分配案件。这种方式意味着承办法官结案越快,存案数量越少,则将会被分配到更多的案件,有可能造成“鞭打快牛”。我们认为,各级人民法院一般应当采取收案与存案相结合的方式,在随机依次分案的基础上,注意存案因素,如果存案较多,可以采取自动轮空的方式。

对于简单案件,宜由人民法庭、速裁团队及时审理。考虑到具体分案方式涉及审判部门的工作内容、工作量等因素,《意见》没有做统一要求,而是赋予各级人民法院自主权,只是提出了要达到的分案效果。对于复杂案件,实行立案会商机制,根据立案、审判及审判管理部门的意见,解决案件甄别过程中的疑难复杂问题。对于系列性、群体性或关联性案件，原则上由同一审判组织审理，从而避免“人为”造成多头处理、一案多判，甚至导致法律适用的不统一。

二是推行集中时间审理案件的做法。《意见》第八条规定：“对于适用简易程序审理的民事案件、适用速裁程序或者简易程序审理的轻微刑事案件，实行集中立案、移送、排期、开庭、宣判，由同一审判组织在同一时段内对多个案件连续审理。”对于简单案件，传统的“一案一审”模式由于诉讼程序的限制，在物质、时间和人力资源上造成了浪费。采用同一时段集中审理，适当简化庭审程序性事项是一种集约化审理模式。例如，在刑事审判中，一些法院采取了以集中开庭审理为核心的“三集中”方式，即集中提起公诉、集中分案与送达、集中开庭审理。检察机关对快速办理的案件实行批量“打包”移送至法院立案部门。立案部门在收到案件当日完成立案，并于立案当天移送刑事审判庭；审判辅助人员集中送达起诉文书，安排同一批案件在一个时间段开庭审理。法官在一个时间段内集中开庭审理，每个案件开庭时间较短，一般为几分钟或者十几分钟，半天时间即可完成多个案件的开庭审理。

三是完善二审案件衔接机制。《意见》第十六条规定：“积极引导当事人、律师等提交电子诉讼材料，推进智慧法院建设和诉讼档案电子化，运用电子卷宗移送方式，加快案卷在上下级法院之间的移送。优化二审审理方式，围绕诉讼各方争议问题进行审理，避免二审与一审在庭审和裁判文书方面的不必要重复。强化二审统一裁判尺度、明确裁判规则等功能。”在审判实践中，卷宗移送缓慢的情况时有发生，且不同审级法院的职能定位尚未得到明显区分，制约了二审案件的审判效率。为了规范上（抗）诉案件的移送，各地法院对此作出了不少努力，通过制定二审案件移送流程管理规范、建立一、二审案卷交换平台、推行电子卷宗移送等有效方式顺畅一、二审衔接，取得了良好的效果。2016 年 7 月，最高人民法院出台《关于全面推进人民法院电子卷宗随案同步生成和深度应用的指导意见》，要求全国各级法院在 2017 年年底前，全面实现电子卷宗随案同步生成和深度应用，将助推一、二审衔接再次提速。

同时，一审法院的职能定位是查明事实、化解矛盾，二审法院更多侧重于法律适用。要将争议不大的案件尽可能解决在一审，二审法院的法官着重审理重大、疑难、复杂和新类型案件，确立裁判规则，指导类案审判，确保法律的统一适用。因此，有必要简化二审法官的工作，突出二审的法律审职能，从而倒逼一审的事实审功能。

四是创新刑事速裁工作机制。《意见》第五条规定："总结刑事速裁程序试点经验，加强侦查、起诉、审判程序的衔接配合。推广在看守所、执法办案单位等场所内建立速裁办公区，推动案件信息共享及案卷无纸化流转，促进案件办理的简化提速。"在刑事速裁程序的试点过程中，北京海淀区公检法三机关在看守所内建立"速裁办公区"就近集中办公，并通过网络视频提供法律帮助和远程开庭，实现案件信息共享及案卷无纸化流转。海淀速裁工作机制实现程序全程简化，特别是诉前、审前的很多不必要环节和手续简化了，诉讼互动方式更便捷；程序简化但职能不"简"，司法职责不减、被告人的诉讼权利不减，突出权利保障和法律帮助的全程化、普遍化。这不仅使审判活动提速，而且整个刑事诉讼流程都加快提速，判前候审时间大大缩短。当然，"集中办公"只是办公地点的集中，并非既往的"联合办案"，更不是司法职能的合并或联合。

（三）大力推广经验做法

各地法院采取的繁简分流举措，大多在送达、庭前、庭审、文书等关键审判环节方面进行了重点突破，并取得了许多宝贵经验。《意见》在加强顶层设计的条件下，对地方探索进行了总结提炼，并对可推广、可复制的经验予以介绍和推广。

一是采取多项措施破解"送达难"。《意见》第三条规定："完善送达程序与送达方式。当事人在纠纷发生之前约定送达地址的，人民法院可以将该地址作为送达诉讼文书的确认地址。当事人起诉或答辩时应当依照规定填写送达地址确认书。积极运用电子方式送达；当事人同意电子送达的，应当提供并确认传真号、电子信箱、微信号等电子送达地址。充分利用中国审判流程信息公开网，建立全国法院统一的电子送达平台。完善国家邮政机构以法院专递方式进行送达。"其中，电子送达是未来送达的主要方式，建立统一的电子送达平台意义重大。目前，一些地方法院已经开始设置平台，如浙江法院的“12368”短信平台。不过,开发全国性的电子送达平台能够实现跨区域使用,且更为规范。该平台应该实现以下功能:一是保存送达内容;二是不得任意修改和删除;三是系统提供短信提醒功能、邮件提醒功能;四是对传送的文件进行加密处理,并在文书签收时支持签收回执、认证签收行为。

另外,诉前送达地址确认是一项新的做法,实践效果较好,《意见》予以推广。诉前送达地址确认是指各方当事人在诉前约定明确地址作为诉讼文书送达地址,承诺如果因发生争议进入诉讼程序,该地址作为人民法院送达各类法律文书的确认地址,人民法院向该地址送达法律文书被拒收、退回的,视为送达,无须另行公告。

2007 年,广东省佛山市南海区人民法院针对道路交通事故案件推出在诉讼之前预先确认送达地址的做法,即由法院制作《地址确认书》并交给交警部门,由交警部门在处理交通事故时要求每一位交通事故当事人填写地址确认书,一旦形成诉讼,当事人向交警部门确认的地址即被认定为是当事人自行确认的送达地址。2011 年,上海市高级人民法院出台《关于审理信用卡纠纷案件的若干指导意见》规定:如信用卡领用合约中明确约定诉讼期间送达地址,并约定受诉法院邮寄到该地址即视为送达的,该约定应属有效。2016 年,北京市第四中级人民法院率先发出《关于有效维护金融债权解决“送达难”在合同中约定送达地址的司法建议》,建议银行、金融机构以合同约定送达地址、明确法律责任的方式解决“送达难”问题,同时该院制作规范化、模板化合同建议条款,促进合同当事人履行诚信义务。由此可见,诉前送达地址确认实际上是将送达地址确认时间从原来的诉讼发生后由当事人向法院确认,提前到双方当事人在形成诉讼之前自行确认或者向相关第三方作出确认。

二是发挥庭前会议繁简分流的功能。《意见》第九条规定:“法官或受法官指导的法官助理主持召开庭前会议,解决核对当事人身份、组织交换证据目录、启动非法证据排除等相关程序性事项。……对于庭前会议已确认的无争议事实和证据,在庭审中作出说明后,可以简化庭审举证和质证;对于有争议的事实和证据,征求当事人意见后归纳争议焦点。”目前,庭前会议的整体适用率不高,而且主要适用于复杂案件,但是,一些地方法院进行了积极探索,提高审判质效和利用审判资源,值得推广。

例如,湖南省长沙县人民法院由法官助理主持庭前会议,并将庭前会议适用于简单案件审理,尽量在庭前会议之后就开庭,大大减轻了法官的庭审负担。再如,辽宁省沈阳市中级人民法院率先在一审建筑工程案件中试行庭前会议,适用范围逐步扩大,民事庭前会议由法官或法官助理主持,将庭审中的权利义务告知、回避申请等程序性工作前置,明确诉辩意见,固定无争议事实,归纳争议焦点并促使当事人围绕焦点举证。对于案情简单清晰、争议不大的案件可提前实现调解结案,而对于案情疑难复杂、争议较大的案件来说,其有助于法官理清庭审思路,实现庭审提速。

三是推进民事庭审方式改革。《意见》第十一条规定:“对于适用小额诉讼程序审理的民事案件,可以直接围绕诉讼请求进行庭审,不受法庭调查、法庭辩论等庭审程序限制。对于案件要素与审理要点相对集中的民事案件,可以根据相关要素并结合诉讼请求确定庭审顺序,围绕有争议的要素同步进行法庭调查和法庭辩论。”这里主要是推广了广东省深圳市中级人民法院的“门诊式庭审”和“要素式庭审”。

“门诊式庭审”是指庭前由法官助理集中对一定数量当事人宣布法庭纪律、核对当事人、告知诉讼权利义务、征求回避意见等程序性工作,法官则围绕诉讼请求直接进行实质性庭审,不拘泥于法庭调查和法庭辩论的顺序,庭审结束后原则上当庭宣判、当庭制作令状式判决,当庭送达判决书。法官能够像医生门诊看病一样集中时间对批量的简易案件快速审理。为提高当庭宣判的效率和质量,统一设计常见案件规范化当庭宣判模板,法官只需针对个案对模板略作修改,便可当庭认定事实,快速高质出具裁判理由。

“要素式庭审”是指根据案件相关要素并结合诉讼请求确定庭审顺序,围绕争议要素同步进行调查和辩论的庭审模式。根据类型化案件的特点,设计了要素表,要求当事人庭前填写,庭审时法官则按照要素表的争议要素依次组织举证、质证和认证。当事人已于开庭审理前填写要素表的,法院在开庭审理时对双方无争议的要素予以确认并记入庭审笔录;对于双方有争议的要素应当重点审查,引导当事人举证和质证。当事人未在开庭审理前填写要素表的,法院开庭审理时可以要素表的基本要素为线索,逐项当庭征询各方当事人的意见，对双方无争议的要素予以确认并记入笔录，并引导当事人围绕争议要素进行举证和质证。

四是推行裁判文书繁简分流。《意见》第十五条规定："复杂案件的裁判文书应当围绕争议焦点进行有针对性地说理。新类型、具有指导意义的简单案件，加强说理；其他简单案件可以使用令状式、要素式、表格式等简式裁判文书，简化说理。当庭宣判的案件，裁判文书可以适当简化。"这里主要是推广了部分法院在裁判文书方面的经验做法，主要包括广东省深圳市中级人民法院的令状式、要素式、表格式裁判文书，刑事速裁程序试点的填充式、表格式裁判文书，湖南省长沙县人民法院的分论式裁判文书，北京知识产权法院的省略式、要旨式、点论式等裁判文书，等等。

例如，2012 年 5 月，深圳市中级人民法院启动裁判文书简化改革，对一审法院适用简易程序审理的案情简单、事实争议不大的民商事案件，根据不同类型分别适用令状式、要素式、表格式裁判文书。以往传统文书从制作到送达通常需要 10 天左右，适用令状式裁判文书仅需 30 分钟就可制作完成，适用要素式、表格式裁判文书制作送达周期也不超过 4 天，破解了裁判文书"出口慢"的难题。浙江、河北、陕西等各地法院在此基础上也积极推广简化裁判文书。2016 年，新的民事诉讼文书样式列举了民事判决书（小额诉讼程序令状式判决用）、民事判决书（被告对原告所主张的事实和诉讼请求无异议的小额诉讼程序表格式判决用）、民事判决书（简易程序和小额诉讼程序要素式判决用）。

又如，2013 年 10 月，长沙县人民法院启动裁判文书改革工作，根据审理程序，探索试行速裁式简易裁判文书和分论式简易裁判文书。分论式裁判文书适用于除小额诉讼程序以外的其他简易程序、普通程序民事案件。分论式裁判文书是指在充分查明案件事实的基础上，准确把握案件争议焦点，对无争议部分简写，有争议部分详写的法律文书。

在此基础上，《意见》第十五条还规定："当庭即时履行的民事案件，经征得各方当事人同意，可以在法庭笔录中记录相关情况后不再出具裁判文书。"这实际上是鼓励各级人民法院进一步发挥庭审的中心作用，对庭审已经解决争议并实际履行的民事案件，实行口头裁判。

（四）积极开展探索试点

繁简分流需要不断发展完善，为了更好地引领繁简分流的未来发展方向，《意见》鼓励各级人民法院在法律允许范围内进行积极探索，同时根据中央授权进行试点。

一是探索建立行政速裁工作机制。《意见》第六条规定："对于事实清楚、权利义务关系明确、争议不大的案件，探索建立行政速裁工作机制。"行政诉讼法修改扩大了行政案件的受理范围，加上立案登记制的实施，行政案件的增长幅度比较大，仅2015年同比增长就达到61.5%，截至2016年3月31日，全国法院受理一审行政案件达到220 259件，同比上升59.23%。在行政案件中，政府信息公开案件占到了较大比例，且大都比较简单。因此，有必要借鉴民事速裁工作机制，建立行政速裁工作机制。个别法院已经进行了先行先试，山东省青岛市黄岛区人民法院制定《关于行政案件适用速裁程序的规定》，要求适用速裁程序审理的行政案件，应当在立案之日起25日内结案，统一使用格式化裁判文书，大大提高了审判效率。

二是探索实行示范诉讼方式。《意见》第七条规定："对于系列性或群体性民事案件和行政案件，选取个别或少数案件先行示范诉讼，参照其裁判结果来处理其他同类案件，通过个案示范处理带动批量案件的高效解决。"近年来，涉及多数人利益的农民工工资拖欠、房屋拆迁安置、环境污染等群体性纠纷多发，而代表人诉讼制度由于程序设计粗糙等原因在解决群体性纠纷中的作用极其有限。有鉴于此，一些法院已探索示范诉讼方式，例如，从2013年开始，浙江省台州市三门县人民法院开始探索运用示范诉讼模式化解涉众型案件，寻求用个案的示范诉讼来带动同类批量案件的统一裁判或调解处理，以期涉众型案件取得最佳办案效果。

三是探索认罪认罚案件庭审方式改革。《意见》第十三条规定："对于被告人认罪认罚的案件，探索简化庭审程序，但是应当听取被告人的最后陈述。适用刑事速裁程序审理的，可不再进行法庭调查、法庭辩论；适用刑事简易程序审理的，不受法庭调查、法庭辩论等庭审程序限制。"认罪认罚从宽制度是我国宽严相济刑事政策的制度化，也是对刑事诉讼程序的创新，既包括实体上从宽处理，也包括程序上从简处理。庭审程序简化是认罪认罚案件程序简化的重要内容,适用速裁程序或者简易程序审理的认罪认罚从宽案件,其庭审程序都可以简化,但都不能省略被告人最后陈述,从而保障被告人当面向法官陈述意见和要求的权利。

四是探索推行庭审记录方式改革。《意见》第十一条规定:“落实庭审活动全程录音录像的要求,探索使用庭审录音录像简化或者替代书记员法庭记录。”浙江法院从 2014 年 8 月开始试行庭审记录改革,采取“由易到难、由点到面”的方式,先选取案件事实相对简单、法律关系相对清楚的金融借款、民间借贷、危险驾驶及其他轻微刑事案件等试行。同时,根据案件繁简程度、争议大小及法官自身能力,合理确定书记员出庭模式:一是书记员完成开庭准备后退庭;二是书记员全程不出庭,由法官操作开庭准备工作;三是书记员全程出庭,但不制作传统意义上的庭审笔录,主要负责开庭准备、框架性记录等辅助工作。截至 2016 年 5 月底,浙江法院共试行 249 812 件,其中基层法院是绝对主力,共试行 103 623 件,其中有 19 家基层法院的试行率已超过 80%。

(五)合理利用人力资源

在各类审判资源中,人力资源是最宝贵的资源。繁简分流必须合理利用人力资源,充分做好内部挖潜工作。《意见》从法官、审判辅助人员、律师、当事人等不同主体入手,分别作出了相关规定。

一是充分发挥法官的主体作用。《意见》第十七条规定:“在精确测算人员、案件数量和工作量的基础上,动态调整不同法院、不同审判部门的审判力量。”在推进法官员额制改革的过程中,要做好员额基数的测算工作,员额分配向基层法院倾斜,向办案任务重的部门倾斜,确保满足实际办案需要。员额比例和数量可以根据案件数量情况在不同审级和地域法院之间合理调控。各地高级法院对辖区内员额法官进行动态管理,必要时进行统一调配。

《意见》第十八条规定:“推广专业化审判。在充分考虑法官办案能力、经验及特长等因素的基础上,根据案件的不同类型确定审理类型化案件的专业审判组织,根据案件的繁简程度确定专门审理简单案件与复杂案件的审判人员。推进办案标准化建设,健全案例工作制度。构建法官轮岗机制,完善业绩评价体系,激发和保持审判队伍的活力。”专业化审判能够让法官集中精力审理擅长领域的案件,做到专业对口,人尽其才,避免原本紧张的人力资源疲于应付各种类型的案件。《意见》明确了专业化审判的两个层次:第一个层次是将不同的类型案件交由不同的审判部门集约化审理,如不少地方法院成立金融案件审判合议庭等。第二个层次是将类型化案件中的复杂案件与简单案件分别确定不同的审理法官,如成立速裁合议庭或者速裁审判庭审理简单案件,强调速立、速裁、速结、速执。

二是充分发挥审判辅助人员的辅助作用。《意见》第十七条规定:"根据法院审级、案件繁简等相关因素,合理确定法官、法官助理、书记员的配置比例,科学界定各自职能定位及其相互关系,最大程度地发挥审判团队优势。"审判辅助人员负责业务性、事务性工作,能够使法官集中精力专司审判。据江苏法院统计,增加审判辅助人员的配置,使法官、书记员配比达到1:1.1,可以有效减少员额法官40%的工作量。

《意见》第十九条规定:"根据审判实际需要,在诉讼服务中心或审判业务等部门安排专门的审判辅助人员,集中负责送达、排期开庭、保全、鉴定评估、文书上网等审判辅助事务。"让专门的审判辅助人员集中办理程序性审判辅助事务,可以加强审判辅助事务的集约化和专业化,可以加快办理速度。河南省洛阳市中级人民法院大力加强诉讼服务中心建设,对审判辅助事务进行集中管理,卷宗及时归档率提高了31.7%,法律文书平均送达时间缩短了20%以上,案件平均审理期限缩短了11天,法官的人均结案数同比提高了30.7%。集中管理的部门除了诉讼服务中心以外,还可能包括审判业务部门、办公室等。例如,深圳市福田区人民法院成立司法辅助中心,统一负责诉讼材料收转、邮件收寄、外出送达等工作。

三是发挥律师在诉讼中的作用。《意见》第二十一条规定:"积极支持律师依法执业,保障律师执业权利,重视律师对案件繁简分流和诉讼程序选择的意见,积极推动律师参与调解、代理申诉等工作。"除了作为代理人参与诉讼以外,律师还可能作为中立第三方参与调解,对此《最高人民法院关于人民法院进一步深化多元化纠纷解决机制改革的意见》第十九条规定:"推动律师调解制度建设。人民法院加强与司法行政部门、律师协会、律师事务所以及法律援助中心的沟通联系,吸纳律师加入人民法院特邀调解员名册,探索建立律师调解工作室，鼓励律师参与纠纷解决。支持律师加入各类调解组织担任调解员，或者在律师事务所设置律师调解员，充分发挥律师专业化、职业化优势。建立律师担任调解员的回避制度，担任调解员的律师不得担任同一案件的代理人。推动建立律师接受委托代理时告知当事人选择非诉讼方式解决纠纷的机制。"因此，对于律师作为中立第三方参与调解的，按照该条规定执行即可。

此外，一些地方法院对律师调查令进行了探索，如北京第四中级人民法院在民事诉讼或案件执行阶段进一步落实委托调查令制度，重庆市在全市三级法院民事诉讼的案件审理阶段试行律师调查令。考虑到律师调查令制度还存在较大争议，《意见》暂未作出规定，待条件成熟后再由立法统一规定。

四是引导当事人诚信理性诉讼。《意见》第二十二条规定："加大对虚假诉讼、恶意诉讼等非诚信诉讼行为的打击力度，充分发挥诉讼费用、律师费用调节当事人诉讼行为的杠杆作用，促使当事人选择适当方式解决纠纷。当事人存在滥用诉讼权利、拖延承担诉讼义务等明显不当行为，造成诉讼对方或第三人直接损失的，人民法院可以根据具体情况对无过错方依法提出的赔偿合理的律师费用等正当要求予以支持。"打击虚假诉讼是人民法院的一贯立场，2015 年 11 月，最高人民法院第二巡回法庭公开开庭审理一起借款纠纷上诉案，当庭认定上诉人上海欧宝生物科技有限公司、被上诉人辽宁特莱维置业发展有限公司构成虚假诉讼，驳回上诉人的上诉请求，同时对两当事人各罚款人民币 50 万元。2016 年 6 月，最高人民法院出台《关于防范和制裁虚假诉讼的指导意见》，对所有虚假诉讼行为以"零容忍"的态度进行全面防范和制裁，引导当事人诚信诉讼。

同时，一方当事人滥诉不仅给对方或者第三方造成诉讼损失，而且严重影响审判效率。为此，有必要充分发挥诉讼费用、律师费用的调节与规制作用。中共中央办公厅、国务院办公厅印发的《关于完善矛盾纠纷多元化解机制的意见》规定："完善诉讼费制度，引导当事人选择非诉讼纠纷解决机制，避免滥诉、恶意诉讼，发挥诉讼费的杠杆作用。"实践中也存在判决一方承担对方律师费用的案例，如"二十世纪福克斯公司诉北京文化艺术出版社音像大世界侵犯著作权纠纷案"的判决明确支持受理费 2010 元，审计费 1 万元，其他诉讼费用125元由被告承担;“南京电力自动化总厂诉南京天印电力设备厂不正当竞争纠纷案”的判决明确支持了原告聘请律师费用9106元由被告承担。

繁简分流是一个开放的、发展的课题,《意见》是对现有情况的阶段性总结,下一步,我们将抓好《意见》的贯彻落实工作,并结合司法改革进展不断推出繁简分流的新举措。

# 最高人民法院　最高人民检察院　公安部 印发《关于办理刑事案件收集提取和审查判断电子数据若干问题的规定》的通知

（法发〔2016〕22号）

各省、自治区、直辖市高级人民法院、人民检察院、公安厅（局），解放军军事法院、军事检察院，新疆维吾尔自治区高级人民法院生产建设兵团分院、新疆生产建设兵团人民检察院、公安局：

为规范电子数据的收集提取和审查判断，提高刑事案件办理质量，最高人民法院、最高人民检察院、公安部制定了《关于办理刑事案件收集提取和审查判断电子数据若干问题的规定》。现印发给你们，请认真贯彻执行。执行中遇到的问题，请及时分别层报最高人民法院、最高人民检察院、公安部。

最高人民法院
最高人民检察院
公安部
2016年9月9日

# 最高人民法院　最高人民检察院　公安部<br>关于办理刑事案件收集提取和<br>审查判断电子数据若干问题的规定

为规范电子数据的收集提取和审查判断，提高刑事案件办理质量，根据《中华人民共和国刑事诉讼法》等有关法律规定，结合司法实际，制定本规定。

## 一、一般规定

**第一条**　电子数据是案件发生过程中形成的，以数字化形式存储、处理、传输的，能够证明案件事实的数据。

电子数据包括但不限于下列信息、电子文件：

（一）网页、博客、微博客、朋友圈、贴吧、网盘等网络平台发布的信息；

（二）手机短信、电子邮件、即时通信、通讯群组等网络应用服务的通信信息；

（三）用户注册信息、身份认证信息、电子交易记录、通信记录、登录日志等信息；

（四）文档、图片、音视频、数字证书、计算机程序等电子文件。

以数字化形式记载的证人证言、被害人陈述以及犯罪嫌疑人、被告人供述和辩解等证据，不属于电子数据。确有必要的，对相关证据的收集、提取、移送、审查，可以参照适用本规定。

**第二条**　侦查机关应当遵守法定程序，遵循有关技术标准，全面、客观、及时地收集、提取电子数据；人民检察院、人民法院应当围绕真实性、合法性、关联性审查判断电子数据。

**第三条**　人民法院、人民检察院和公安机关有权依法向有关单位和个人收集、调取电子数据。有关单位和个人应当如实提供。

**第四条** 电子数据涉及国家秘密、商业秘密、个人隐私的,应当保密。

**第五条** 对作为证据使用的电子数据,应当采取以下一种或者几种方法保护电子数据的完整性:

(一)扣押、封存电子数据原始存储介质;

(二)计算电子数据完整性校验值;

(三)制作、封存电子数据备份;

(四)冻结电子数据;

(五)对收集、提取电子数据的相关活动进行录像;

(六)其他保护电子数据完整性的方法。

**第六条** 初查过程中收集、提取的电子数据,以及通过网络在线提取的电子数据,可以作为证据使用。

## 二、电子数据的收集与提取

**第七条** 收集、提取电子数据,应当由二名以上侦查人员进行。取证方法应当符合相关技术标准。

**第八条** 收集、提取电子数据,能够扣押电子数据原始存储介质的,应当扣押、封存原始存储介质,并制作笔录,记录原始存储介质的封存状态。

封存电子数据原始存储介质,应当保证在不解除封存状态的情况下,无法增加、删除、修改电子数据。封存前后应当拍摄被封存原始存储介质的照片,清晰反映封口或者张贴封条处的状况。

封存手机等具有无线通信功能的存储介质,应当采取信号屏蔽、信号阻断或者切断电源等措施。

**第九条** 具有下列情形之一,无法扣押原始存储介质的,可以提取电子数据,但应当在笔录中注明不能扣押原始存储介质的原因、原始存储介质的存放地点或者电子数据的来源等情况,并计算电子数据的完整性校验值:

(一)原始存储介质不便封存的;

(二)提取计算机内存数据、网络传输数据等不是存储在存储介质上的电子数据的;

(三)原始存储介质位于境外的;

(四)其他无法扣押原始存储介质的情形。

对于原始存储介质位于境外或者远程计算机信息系统上的电子数据,可以通过网络在线提取。

为进一步查明有关情况,必要时,可以对远程计算机信息系统进行网络远程勘验。进行网络远程勘验,需要采取技术侦查措施的,应当依法经过严格的批准手续。

**第十条** 由于客观原因无法或者不宜依据第八条、第九条的规定收集、提取电子数据的,可以采取打印、拍照或者录像等方式固定相关证据,并在笔录中说明原因。

**第十一条** 具有下列情形之一的,经县级以上公安机关负责人或者检察长批准,可以对电子数据进行冻结:

(一)数据量大,无法或者不便提取的;

(二)提取时间长,可能造成电子数据被篡改或者灭失的;

(三)通过网络应用可以更为直观地展示电子数据的;

(四)其他需要冻结的情形。

**第十二条** 冻结电子数据,应当制作协助冻结通知书,注明冻结电子数据的网络应用账号等信息,送交电子数据持有人、网络服务提供者或者有关部门协助办理。解除冻结的,应当在三日内制作协助解除冻结通知书,送交电子数据持有人、网络服务提供者或者有关部门协助办理。

冻结电子数据,应当采取以下一种或者几种方法:

(一)计算电子数据的完整性校验值;

(二)锁定网络应用账号;

(三)其他防止增加、删除、修改电子数据的措施。

**第十三条** 调取电子数据,应当制作调取证据通知书,注明需要调取电子数据的相关信息,通知电子数据持有人、网络服务提供者或者有关部门执行。

**第十四条** 收集、提取电子数据,应当制作笔录,记录案由、对象、内容、收集、提取电子数据的时间、地点、方法、过程,并附电子数据清单,注明类别、文件格式、完整性校验值等,由侦查人员、电子数据持有人(提供人)签名或者盖章；电子数据持有人（提供人）无法签名或者拒绝签名的，应当在笔录中注明，由见证人签名或者盖章。有条件的，应当对相关活动进行录像。

**第十五条** 收集、提取电子数据，应当根据刑事诉讼法的规定，由符合条件的人员担任见证人。由于客观原因无法由符合条件的人员担任见证人的，应当在笔录中注明情况，并对相关活动进行录像。

针对同一现场多个计算机信息系统收集、提取电子数据的，可以由一名见证人见证。

**第十六条** 对扣押的原始存储介质或者提取的电子数据，可以通过恢复、破解、统计、关联、比对等方式进行检查。必要时，可以进行侦查实验。

电子数据检查，应当对电子数据存储介质拆封过程进行录像，并将电子数据存储介质通过写保护设备接入到检查设备进行检查；有条件的，应当制作电子数据备份，对备份进行检查；无法使用写保护设备且无法制作备份的，应当注明原因，并对相关活动进行录像。

电子数据检查应当制作笔录，注明检查方法、过程和结果，由有关人员签名或者盖章。进行侦查实验的，应当制作侦查实验笔录，注明侦查实验的条件、经过和结果，由参加实验的人员签名或者盖章。

**第十七条** 对电子数据涉及的专门性问题难以确定的，由司法鉴定机构出具鉴定意见，或者由公安部指定的机构出具报告。对于人民检察院直接受理的案件，也可以由最高人民检察院指定的机构出具报告。

具体办法由公安部、最高人民检察院分别制定。

## 三、电子数据的移送与展示

**第十八条** 收集、提取的原始存储介质或者电子数据，应当以封存状态随案移送，并制作电子数据的备份一并移送。

对网页、文档、图片等可以直接展示的电子数据，可以不随案移送打印件；人民法院、人民检察院因设备等条件限制无法直接展示电子数据的，侦查机关应当随案移送打印件，或者附展示工具和展示方法说明。

对冻结的电子数据，应当移送被冻结电子数据的清单，注明类别、文件格式、冻结主体、证据要点、相关网络应用账号，并附查看工具和方法的说明。

**第十九条** 对侵入、非法控制计算机信息系统的程序、工具以及计算机病毒等无法直接展示的电子数据,应当附电子数据属性、功能等情况的说明。

对数据统计量、数据同一性等问题,侦查机关应当出具说明。

**第二十条** 公安机关报请人民检察院审查批准逮捕犯罪嫌疑人,或者对侦查终结的案件移送人民检察院审查起诉的,应当将电子数据等证据一并移送人民检察院。人民检察院在审查批准逮捕和审查起诉过程中发现应当移送的电子数据没有移送或者移送的电子数据不符合相关要求的,应当通知公安机关补充移送或者进行补正。

对于提起公诉的案件,人民法院发现应当移送的电子数据没有移送或者移送的电子数据不符合相关要求的,应当通知人民检察院。

公安机关、人民检察院应当自收到通知后三日内移送电子数据或者补充有关材料。

**第二十一条** 控辩双方向法庭提交的电子数据需要展示的,可以根据电子数据的具体类型,借助多媒体设备出示、播放或者演示。必要时,可以聘请具有专门知识的人进行操作,并就相关技术问题作出说明。

## 四、电子数据的审查与判断

**第二十二条** 对电子数据是否真实,应当着重审查以下内容:

(一)是否移送原始存储介质;在原始存储介质无法封存、不便移动时,有无说明原因,并注明收集、提取过程及原始存储介质的存放地点或者电子数据的来源等情况;

(二)电子数据是否具有数字签名、数字证书等特殊标识;

(三)电子数据的收集、提取过程是否可以重现;

(四)电子数据如有增加、删除、修改等情形的,是否附有说明;

(五)电子数据的完整性是否可以保证。

**第二十三条** 对电子数据是否完整,应当根据保护电子数据完整性的相应方法进行验证:

(一)审查原始存储介质的扣押、封存状态;

(二)审查电子数据的收集、提取过程,查看录像;

(三)比对电子数据完整性校验值;

(四)与备份的电子数据进行比较;

(五)审查冻结后的访问操作日志;

(六)其他方法。

**第二十四条** 对收集、提取电子数据是否合法,应当着重审查以下内容:

(一)收集、提取电子数据是否由二名以上侦查人员进行,取证方法是否符合相关技术标准;

(二)收集、提取电子数据,是否附有笔录、清单,并经侦查人员、电子数据持有人(提供人)、见证人签名或者盖章;没有持有人(提供人)签名或者盖章的,是否注明原因;对电子数据的类别、文件格式等是否注明清楚;

(三)是否依照有关规定由符合条件的人员担任见证人,是否对相关活动进行录像;

(四)电子数据检查是否将电子数据存储介质通过写保护设备接入到检查设备;有条件的,是否制作电子数据备份,并对备份进行检查;无法制作备份且无法使用写保护设备的,是否附有录像。

**第二十五条** 认定犯罪嫌疑人、被告人的网络身份与现实身份的同一性,可以通过核查相关IP地址、网络活动记录、上网终端归属、相关证人证言以及犯罪嫌疑人、被告人供述和辩解等进行综合判断。

认定犯罪嫌疑人、被告人与存储介质的关联性,可以通过核查相关证人证言以及犯罪嫌疑人、被告人供述和辩解等进行综合判断。

**第二十六条** 公诉人、当事人或者辩护人、诉讼代理人对电子数据鉴定意见有异议,可以申请人民法院通知鉴定人出庭作证。人民法院认为鉴定人有必要出庭的,鉴定人应当出庭作证。

经人民法院通知,鉴定人拒不出庭作证的,鉴定意见不得作为定案的根据。对没有正当理由拒不出庭作证的鉴定人,人民法院应当通报司法行政机关或者有关部门。

公诉人、当事人或者辩护人、诉讼代理人可以申请法庭通知有专门知识的人出庭,就鉴定意见提出意见。

对电子数据涉及的专门性问题的报告,参照适用前三款规定。

**第二十七条** 电子数据的收集、提取程序有下列瑕疵,经补正或者作出合理解释的,可以采用;不能补正或者作出合理解释的,不得作为定案的根据:

(一)未以封存状态移送的;

(二)笔录或者清单上没有侦查人员、电子数据持有人(提供人)、见证人签名或者盖章的;

(三)对电子数据的名称、类别、格式等注明不清的;

(四)有其他瑕疵的。

**第二十八条** 电子数据具有下列情形之一的,不得作为定案的根据:

(一)电子数据系篡改、伪造或者无法确定真伪的;

(二)电子数据有增加、删除、修改等情形,影响电子数据真实性的;

(三)其他无法保证电子数据真实性的情形。

## 五、附　则

**第二十九条** 本规定中下列用语的含义:

(一)存储介质,是指具备数据信息存储功能的电子设备、硬盘、光盘、优盘、记忆棒、存储卡、存储芯片等载体。

(二)完整性校验值,是指为防止电子数据被篡改或者破坏,使用散列算法等特定算法对电子数据进行计算,得出的用于校验数据完整性的数据值。

(三)网络远程勘验,是指通过网络对远程计算机信息系统实施勘验,发现、提取与犯罪有关的电子数据,记录计算机信息系统状态,判断案件性质,分析犯罪过程,确定侦查方向和范围,为侦查破案、刑事诉讼提供线索和证据的侦查活动。

(四)数字签名,是指利用特定算法对电子数据进行计算,得出的用于验证电子数据来源和完整性的数据值。

(五)数字证书,是指包含数字签名并对电子数据来源、完整性进行认证的电子文件。

(六)访问操作日志,是指为审查电子数据是否被增加、删除或者修改,由计算机信息系统自动生成的对电子数据访问、操作情况的详细记录。

**第三十条** 本规定自 2016 年 10 月 1 日起施行。之前发布的规范性文件与本规定不一致的,以本规定为准。

# 最高人民法院　最高人民检察院　公安部　司法部 关于印发《关于进一步加强社区矫正工作衔接配合管理的意见》的通知

各省、自治区、直辖市高级人民法院、人民检察院、公安厅(局)、司法厅(局),新疆维吾尔自治区高级人民法院生产建设兵团分院、新疆生产建设兵团人民检察院、公安局、司法局、监狱管理局:

为进一步加强社区矫正工作衔接配合,确保社区矫正依法适用、规范运行,提高社区矫正实效,最高人民法院、最高人民检察院、公安部、司法部联合制定了《关于进一步加强社区矫正工作衔接配合管理的意见》。现予印发,请认真贯彻执行。对执行中遇到的问题,请分别及时报告最高人民法院、最高人民检察院、公安部、司法部。

最高人民法院　最高人民检察院

公安部　司法部

2016年8月30日

## 关于进一步加强社区矫正工作衔接配合管理的意见

为进一步加强社区矫正工作衔接配合,确保社区矫正依法适用、规范运行,根据刑法、刑事诉讼法以及最高人民法院、最高人民检察院、公安部、司法部《社区矫正实施办法》等有关规定，结合工作实际，制定本意见。

## 一、加强社区矫正适用前的衔接配合管理

1. 人民法院、人民检察院、公安机关、监狱对拟适用或者提请适用社区矫正的被告人、犯罪嫌疑人或者罪犯，需要调查其对所居住社区影响的，可以委托其居住地县级司法行政机关调查评估。对罪犯提请假释的，应当委托其居住地县级司法行政机关调查评估。对拟适用社区矫正的被告人或者罪犯，裁定或者决定机关应当核实其居住地。

委托调查评估时，委托机关应当发出调查评估委托函，并附下列材料：

(1)人民法院委托时，应当附带起诉书或者自诉状；

(2)人民检察院委托时，应当附带起诉意见书；

(3)看守所、监狱委托时，应当附带判决书、裁定书、执行通知书、减刑裁定书复印件以及罪犯在服刑期间表现情况材料。

2. 调查评估委托函应当包括犯罪嫌疑人、被告人、罪犯及其家属等有关人员的姓名、住址、联系方式、案由以及委托机关的联系人、联系方式等内容。

调查评估委托函不得通过案件当事人、法定代理人、诉讼代理人或者其他利害关系人转交居住地县级司法行政机关。

3. 居住地县级司法行政机关应当自收到调查评估委托函及所附材料之日起10个工作日内完成调查评估，提交评估意见。对于适用刑事案件速裁程序的，居住地县级司法行政机关应当在5个工作日内完成调查评估，提交评估意见。评估意见同时抄送居住地县级人民检察院。

需要延长调查评估时限的，居住地县级司法行政机关应当与委托机关协商，并在协商确定的期限内完成调查评估。

调查评估意见应当客观公正反映被告人、犯罪嫌疑人、罪犯适用社区矫正对其所居住社区的影响。委托机关应当认真审查调查评估意见，作为依法适用或者提请适用社区矫正的参考。

4. 人民法院在作出暂予监外执行决定前征求人民检察院意见时，应当附罪犯的病情诊断、妊娠检查或者生活不能自理的鉴别意见等有关材料。

## 二、加强对社区服刑人员交付接收的衔接配合管理

5.对于被判处管制、宣告缓刑、假释的罪犯,人民法院、看守所、监狱应当书面告知其到居住地县级司法行政机关报到的时间期限以及逾期报到的后果,并在规定期限内将有关法律文书送达居住地县级司法行政机关,同时抄送居住地县级人民检察院和公安机关。

社区服刑人员前来报到时,居住地县级司法行政机关未收到法律文书或者法律文书不齐全,可以先记录在案,并通知人民法院、监狱或者看守所在5日内送达或者补齐法律文书。

6.人民法院决定暂予监外执行或者公安机关、监狱管理机关批准暂予监外执行的,交付时应当将罪犯的病情诊断、妊娠检查或者生活不能自理的鉴别意见等有关材料复印件一并送达居住地县级司法行政机关。

7.人民法院、公安机关、司法行政机关在社区服刑人员交付接收工作中衔接脱节,或者社区服刑人员逃避监管、未按规定时间期限报到,造成没有及时执行社区矫正的,属于漏管。

8.居住地社区矫正机构发现社区服刑人员漏管,应当及时组织查找,并由居住地县级司法行政机关通知有关人民法院、公安机关、监狱、居住地县级人民检察院。

社区服刑人员逃避监管、不按规定时间期限报到导致漏管的,居住地县级司法行政机关应当给予警告;符合收监执行条件的,依法提出撤销缓刑、撤销假释或者对暂予监外执行收监执行的建议。

9.人民检察院应当加强对社区矫正交付接收中有关机关履职情况的监督,发现有下列情形之一的,依法提出纠正意见:

(1)人民法院、公安机关、监狱未依法送达交付执行法律文书,或者未向社区服刑人员履行法定告知义务;

(2)居住地县级司法行政机关依法应当接收社区服刑人员而未接收;

(3)社区服刑人员未在规定时间期限报到,居住地社区矫正机构未及时组织查找;

(4)人民法院决定暂予监外执行,未通知居住地社区矫正机构与有关公

安机关,致使未办理交接手续;

(5)公安机关、监狱管理机关批准罪犯暂予监外执行,罪犯服刑的看守所、监狱未按规定与居住地社区矫正机构办理交接手续;

(6)其他未履行法定交付接收职责的情形。

## 三、加强对社区服刑人员监督管理的衔接配合

10. 社区服刑人员在社区矫正期间脱离居住地社区矫正机构的监督管理下落不明,或者虽能查找到其下落但拒绝接受监督管理的,属于脱管。

11. 居住地社区矫正机构发现社区服刑人员脱管,应当及时采取联系本人、其家属亲友,走访有关单位和人员等方式组织追查,做好记录,并由县级司法行政机关视情形依法给予警告、提请治安管理处罚、提请撤销缓刑、撤销假释或者对暂予监外执行的提请收监执行。

12. 人民检察院应当加强对社区矫正监督管理活动的监督,发现有下列情形之一的,依法提出纠正意见:

(1)社区服刑人员报到后,居住地县级司法行政机关未向社区服刑人员履行法定告知义务,致使其未按照有关规定接受监督管理;

(2)居住地社区矫正机构违反规定批准社区服刑人员离开所居住的市、县,或者违反人民法院禁止令的内容批准社区服刑人员进入特定区域或者场所;

(3)居住地县级司法行政机关对违反社区矫正规定的社区服刑人员,未依法给予警告、提请治安管理处罚;

(4)其他未履行法定监督管理职责的情形。

13. 司法行政机关应当会同人民法院、人民检察院、公安机关健全完善联席会议制度、情况通报制度,每月通报核对社区服刑人员人数变动、漏管脱管等数据信息,及时协调解决工作中出现的问题。

14. 司法行政机关应当建立完善社区服刑人员的信息交换平台,推动与人民法院、人民检察院、公安机关互联互通,利用网络及时准确传输交换有关法律文书,根据需要查询社区服刑人员脱管漏管、被治安管理处罚、犯罪等情况,共享社区矫正工作动态信息,实现网上办案、网上监管、网上监督。

对社区服刑人员采用电子定位方式实施监督，应当采用相应技术，防止发生人机分离，提高监督管理的有效性和安全性。

15. 社区服刑人员被依法决定行政拘留、司法拘留、收容教育、强制隔离戒毒等或者因涉嫌犯新罪、发现判决宣告前还有其他罪没有判决被采取强制措施的，决定机关应当自作出决定之日起3日内将有关情况通知居住地县级司法行政机关和居住地县级人民检察院。

## 四、加强对社区服刑人员收监执行的衔接配合管理

16. 社区服刑人员符合收监执行条件的，居住地社区矫正机构应当及时按照规定，向原裁判人民法院或者公安机关、监狱管理机关送达撤销缓刑、撤销假释建议书或者对暂予监外执行的收监执行建议书并附相关证明材料。人民法院、公安机关、监狱管理机关应当在规定期限内依法作出裁定或者决定，并将法律文书送达居住地县级司法行政机关，同时抄送居住地县级人民检察院、公安机关。

17. 社区服刑人员因违反监督管理规定被依法撤销缓刑、撤销假释或者暂予监外执行被决定收监执行的，应当本着就近、便利、安全的原则，送交其居住地所属的省(区、市)的看守所、监狱执行刑罚。

18. 社区服刑人员被裁定撤销缓刑的，居住地社区矫正机构应当向看守所、监狱移交撤销缓刑裁定书和执行通知书、撤销缓刑建议书以及原判决书、裁定书和执行通知书、起诉书副本、结案登记表以及社区矫正期间表现情况等文书材料。

社区服刑人员被裁定撤销假释的，居住地社区矫正机构应当向看守所、监狱移交撤销假释裁定书和执行通知书，撤销假释建议书、社区矫正期间表现情况材料，原判决书、裁定书和执行通知书、起诉书副本、结案登记表复印件等文书材料。罪犯收监后，居住地社区矫正机构通知罪犯原服刑看守所、监狱将罪犯假释前的档案材料移交撤销假释后的服刑看守所、监狱。

暂予监外执行社区服刑人员被人民法院决定收监执行的，居住地社区矫正机构应当向看守所、监狱移交收监执行决定书和执行通知书以及原判决书、裁定书和执行通知书、起诉书副本、结案登记表、社区矫正期间表现等

文书材料。

暂予监外执行社区服刑人员被公安机关、监狱管理机关决定收监执行的，居住地社区矫正机构应当向看守所、监狱移交社区服刑人员在接受矫正期间的表现情况等文书材料。

19. 撤销缓刑、撤销假释裁定书或者对暂予监外执行罪犯收监执行决定书应当在居住地社区矫正机构教育场所公示。属于未成年或者犯罪的时候不满十八周岁被判处五年有期徒刑以下刑罚的社区服刑人员除外。

20. 被裁定、决定收监执行的社区服刑人员在逃的，居住地社区矫正机构应当在收到人民法院、公安机关、监狱管理机关的裁定、决定后，立即通知居住地县级公安机关，由其负责实施追捕。

撤销缓刑、撤销假释裁定书和对暂予监外执行罪犯收监执行决定书，可以作为公安机关网上追逃依据。公安机关根据案情决定是否实施网上追逃。

21. 社区服刑人员被行政拘留、司法拘留、收容教育、强制隔离戒毒等行政处罚或者强制措施期间，人民法院、公安机关、监狱管理机关依法作出对其撤销缓刑、撤销假释的裁定或者收监执行决定的，居住地社区矫正机构应当将人民法院、公安机关、监狱管理机关的裁定书、决定书送交作出上述决定的机关，由有关部门依法收监执行刑罚。

22. 人民检察院应当加强对社区矫正收监执行活动的监督，发现有下列情形之一的，依法提出纠正意见：

（1）居住地县级司法行政机关未依法向人民法院、公安机关、监狱管理机关提出撤销缓刑、撤销假释建议或者对暂予监外执行的收监执行建议；

（2）人民法院、公安机关、监狱管理机关未依法作出裁定、决定，或者未依法送达；

（3）居住地县级司法行政机关、公安机关未依法将罪犯送交看守所、监狱，或者未依法移交被收监执行罪犯的文书材料；

（4）看守所、监狱未依法收监执行；

（5）公安机关未依法协助送交收监执行罪犯，或者未依法对在逃的收监执行罪犯实施追捕；

(6)其他违反收监执行规定的情形。

23. 对社区服刑人员实行社区矫正,本意见未明确的程序和事项,按照有关法律法规以及最高人民法院、最高人民检察院、公安部、司法部《社区矫正实施办法》,最高人民法院、最高人民检察院、公安部、司法部、国家卫生计生委《暂予监外执行规定》等执行。

24. 本意见自发布之日起施行。

2016年9月22日

# 中国银行业监督管理委员会　公安部
# 关于印发电信网络新型违法犯罪案件冻结资金返还若干规定的通知

（银监发〔2016〕41 号）

各银监局，各省、自治区、直辖市公安厅（局），新疆生产建设兵团公安局，各政策性银行、大型银行、股份制银行，邮储银行，外资银行：

根据国务院关于研究解决电信网络新型违法犯罪案件冻结资金及时返还问题的工作部署，切实维护人民群众的财产权益，银监会、公安部联合制定了电信网络新型违法犯罪案件冻结资金返还若干规定。现印发给你们，请遵照执行。

## 电信网络新型违法犯罪案件冻结资金返还若干规定

**第一条**　为维护公民、法人和其他组织的财产权益，减少电信网络新型违法犯罪案件被害人的财产损失，确保依法、及时、便捷返还冻结资金，根据《中华人民共和国刑法》、《中华人民共和国刑事诉讼法》、《中华人民共和国银行业监督管理法》、《中华人民共和国商业银行法》等法律、行政法规，制定本规定。

**第二条**　本规定所称电信网络新型违法犯罪案件，是指不法分子利用电信、互联网等技术,通过发送短信、拨打电话、植入木马等手段,诱骗(盗取)被害人资金汇(存)入其控制的银行账户,实施的违法犯罪案件。

本规定所称冻结资金,是指公安机关依照法律规定对特定银行账户实施冻结措施,并由银行业金融机构协助执行的资金。本规定所称被害人,包括自然人、法人和其他组织。

**第三条** 公安机关应当依照法律、行政法规和本规定的职责、范围、条件和程序,坚持客观、公正、便民的原则,实施涉案冻结资金返还工作。

银行业金融机构应当依照有关法律、行政法规和本规定,协助公安机关实施涉案冻结资金返还工作。

**第四条** 公安机关负责查清被害人资金流向,及时通知被害人,并作出资金返还决定,实施返还。

银行业监督管理机构负责督促、检查辖区内银行业金融机构协助查询、冻结、返还工作,并就执行中的问题与公安机关进行协调。

银行业金融机构依法协助公安机关查清被害人资金流向,将所涉资金返还至公安机关指定的被害人账户。

**第五条** 被害人在办理被骗(盗)资金返还过程中,应当提供真实有效的信息,配合公安机关和银行业金融机构开展相应的工作。

被害人应当由本人办理冻结资金返还手续。本人不能办理的,可以委托代理人办理;公安机关应当核实委托关系的真实性。

被害人委托代理人办理冻结资金返还手续的,应当出具合法的委托手续。

**第六条** 对电信网络新型违法犯罪案件,公安机关冻结涉案资金后,应当主动告知被害人。

被害人向冻结公安机关或者受理案件地公安机关提出冻结涉案资金返还请求的,应当填写《电信网络新型违法犯罪涉案资金返还申请表》(附件1)。

冻结公安机关应当对被害人的申请进行审核,经查明冻结资金确属被害人的合法财产,权属明确无争议的,制作《电信网络新型违法犯罪涉案资金流向表》和《呈请返还资金报告书》(附件2),由设区的市一级以上公安机关批准并出具《电信网络新型违法犯罪冻结资金返还决定书》(附件3)。

受理案件地公安机关与冻结公安机关不是同一机关的，受理案件地公安机关应当及时向冻结公安机关移交受、立案法律手续、询问笔录、被骗盗银行卡账户证明、身份信息证明、《电信网络新型违法犯罪涉案资金返还申请表》等相关材料，冻结公安机关按照前款规定进行审核决定。

冻结资金应当返还至被害人原汇出银行账户，如原银行账户无法接受返还，也可以向被害人提供的其他银行账户返还。

**第七条** 冻结公安机关对依法冻结的涉案资金，应当以转账时间戳（银行电子系统记载的时间点）为标记，核查各级转账资金走向，一一对应还原资金流向，制作《电信网络新型违法犯罪案件涉案资金流向表》。

**第八条** 冻结资金以溯源返还为原则，由公安机关区分不同情况按以下方式返还：

（一）冻结账户内仅有单笔汇（存）款记录，可直接溯源被害人的，直接返还被害人；

（二）冻结账户内有多笔汇（存）款记录，按照时间戳记载可以直接溯源被害人的，直接返还被害人；

（三）冻结账户内有多笔汇（存）款记录，按照时间戳记载无法直接溯源被害人的，按照被害人被骗（盗）金额占冻结在案资金总额的比例返还（返还计算公式见附件4）。

按比例返还的，公安机关应当发出公告，公告期为30日，公告期间内被害人、其他利害关系人可就返还冻结提出异议，公安机关依法进行审核。

冻结账户返还后剩余资金在原冻结期内继续冻结；公安机关根据办案需要可以在冻结期满前依法办理续冻手续。如查清新的被害人，公安机关可以按照本规定启动新的返还程序。

**第九条** 被害人以现金通过自动柜员机或者柜台存入涉案账户内的，涉案账户交易明细账中的存款记录与被害人笔录核对相符的，可以依照本规定第八条的规定，予以返还。

**第十条** 公安机关办理资金返还工作时，应当制作《电信网络新型违法犯罪冻结资金协助返还通知书》（附件5），由两名以上公安机关办案人员持本人有效人民警察证和《电信网络新型违法犯罪冻结资金协助返还通知书》

前往冻结银行办理返还工作。

**第十一条** 立案地涉及多地,对资金返还存在争议的,应当由共同上级公安机关确定一个公安机关负责返还工作。

**第十二条** 银行业金融机构办理返还时,应当对办案人员的人民警察证和《电信网络新型违法犯罪冻结资金协助返还通知书》进行审查。对于提供的材料不完备的,有权要求办案公安机关补正。

银行业金融机构应当及时协助公安机关办理返还。能够现场办理完毕的,应当现场办理;现场无法办理完毕的,应当在三个工作日内办理完毕。银行业金融机构应当将回执反馈公安机关。

银行业金融机构应当留存《电信网络新型违法犯罪冻结资金协助返还通知书》原件、人民警察证复印件,并妥善保管留存,不得挪作他用。

**第十三条** 银行业金融机构应当指定专门机构和人员,承办电信网络新型违法犯罪涉案资金返还工作。

**第十四条** 公安机关违法办理资金返还,造成当事人合法权益损失的,依法承担法律责任。

**第十五条** 中国银监会和公安部应当加强对新型电信网络违法犯罪冻结资金返还工作的指导和监督。

银行业金融机构违反协助公安机关资金返还义务的,按照《银行业金融机构协助人民检察院公安机关国家安全机关查询冻结工作规定》第二十八条的规定,追究相应机构和人员的责任。

**第十六条** 本规定由中国银监会和公安部共同解释。执行中遇有具体应用问题,可以向银监会法律部门和公安部刑事侦查局报告。

**第十七条** 本规定自发布之日起施行。

2016年9月18日

附件:

1. 电信网络新型违法犯罪案件冻结资金返还申请表(略)
2. 呈请返还资金报告书(略)
3. 电信网络新型违法犯罪冻结资金返还决定书(略)

4. 电信网络新型违法犯罪冻结资金协助返还通知书(略)

5. 资金返还比例计算方法

## 资金返还比例计算方法

冻结公安机关逐笔核对时间戳,按所拦截的资金来源区分被害人资金份额。若冻结账户为A账户;冻结账户的上级账户为B账户,B账户内有多笔资金来源;B账户的上级账户为C账户,C账户内的资金可明确追溯单一被害人资金。

$$\text{C账户应分配的资金}=\frac{\text{特定时间戳C账户汇入B账户的资金额}}{\text{特定时间戳B账户内资金余额}}\times\text{特定时间戳B账户资金汇入A账户的冻结资金额}$$

C账户可分配资金若不能明确对应至单一被害人资金的,应参照前述所列公式,将C账户可分配资金视作公式中的"冻结账户金额"向上一级账户溯源分配,依此类推。

举例说明:

2016年3月事主王某被电信网络诈骗100万元,事主账号为62226001400××××2209,被犯罪嫌疑人通过逐层转账的方式转至下级账号。

出账:于3月16日13时20分10秒被网银转到账号62226009100××××4840金额100万。

出账:于13时21分05秒分别网银转账到62128802000××××5406金额50万元,账号62170017000××××9449金额50万元。

出账:62128802000××××5406金额50万元又分别于13时21分56秒转到62220213060××××5495账号金额20万元和62170017000××××5431账号金额30万元。

进账:与此同时62170017000××××5431账号于13时22分18秒又收到账号62148302××××1469网银转来金额15万元。

出账:62170017000××××5431账号又于13时23分50秒分别通过网银转账转至62178663000××××7604账号金额10万,转至62258801××

××0272账号金额35万元。

出账:62258801××××0272账号于13时25分01秒转至另一账号18万元后。

冻结:62258801××××0272账号于13时25分30秒该账号被我公安机关冻结,共冻结金额17万元。

通过以上案例,对照公式,其中13时25分30秒62258801××××0272账号为特定时间戳A,13时23分50秒62170017000××××5431账号为特定时间戳B,13时21分56秒62128802000××××5406账号为特定时间戳C,事主王某应返还钱款计算公式为:$\frac{30}{45}\times17=11.33$万元。

# 最高人民法院　最高人民检察院　公安部　工业和信息化部　中国人民银行　中国银行业监督管理委员会关于防范和打击电信网络诈骗犯罪的通告

（2016年9月23日）

电信网络诈骗犯罪是严重影响人民群众合法权益、破坏社会和谐稳定的社会公害，必须坚决依法严惩。为切实保障广大人民群众合法权益，维护社会和谐稳定，根据《中华人民共和国刑法》《中华人民共和国刑事诉讼法》《全国人民代表大会常务委员会关于加强网络信息保护的决定》等有关规定，现就防范和打击电信网络诈骗犯罪相关事项通告如下：

一、凡是实施电信网络诈骗犯罪的人员，必须立即停止一切违法犯罪活动。自本通告发布之日起至2016年10月31日，主动投案、如实供述自己罪行的，依法从轻或者减轻处罚，在此规定期限内拒不投案自首的，将依法从严惩处。

二、公安机关要主动出击，将电信网络诈骗案件依法立为刑事案件，集中侦破一批案件、打掉一批犯罪团伙、整治一批重点地区，坚决拔掉一批地域性职业电信网络诈骗犯罪“钉子”。对电信网络诈骗案件，公安机关、人民检察院、人民法院要依法快侦、快捕、快诉、快审、快判，坚决遏制电信网络诈骗犯罪发展蔓延势头。

三、电信企业（含移动转售企业，下同）要严格落实电话用户真实身份信息登记制度，确保到2016年10月底前全部电话实名率达到96%，年底前达到100%。未实名登记的单位和个人，应按要求对所持有的电话进行实名登记，在规定时间内未完成真实身份信息登记的，一律予以停机。电信企业在为新入网用户办理真实身份信息登记手续时，要通过采取二代身份证识别设备、联网核验等措施验证用户身份信息,并现场拍摄和留存用户照片。

四、电信企业立即开展一证多卡用户的清理,对同一用户在同一家基础电信企业或同一移动转售企业办理有效使用的电话卡达到5张的,该企业不得为其开办新的电话卡。电信企业和互联网企业要采取措施阻断改号软件网上发布、搜索、传播、销售渠道,严禁违法网络改号电话的运行、经营。电信企业要严格规范国际通信业务出入口局主叫号码传送,全面实施语音专线规范清理和主叫鉴权,加大网内和网间虚假主叫发现与拦截力度,立即清理规范一号通、商务总机、400等电话业务,对违规经营的网络电话业务一律依法予以取缔,对违规经营的各级代理商责令限期整改,逾期不改的一律由相关部门吊销执照,并严肃追究民事、行政责任。移动转售企业要依法开展业务,对整治不力、屡次违规的移动转售企业,将依法坚决查处,直至取消相应资质。

五、各商业银行要抓紧完成借记卡存量清理工作,严格落实"同一客户在同一商业银行开立借记卡原则上不得超过4张"等规定。任何单位和个人不得出租、出借、出售银行账户(卡)和支付账户,构成犯罪的依法追究刑事责任。自2016年12月1日起,同一个人在同一家银行业金融机构只能开立一个Ⅰ类银行账户,在同一家非银行支付机构只能开立一个Ⅲ类支付账户。自2017年起,银行业金融机构和非银行支付机构对经设区市级及以上公安机关认定的出租、出借、出售、购买银行账户(卡)或支付账户的单位和个人及相关组织者,假冒他人身份或虚构代理关系开立银行账户(卡)或支付账户的单位和个人,5年内停止其银行账户(卡)非柜面业务、支付账户所有业务,3年内不得为其新开立账户。对经设区市级及以上公安机关认定为被不法分子用于电信网络诈骗作案的涉案账户,将对涉案账户开户人名下其他银行账户暂停非柜面业务,支付账户暂停全部业务。自2016年12月1日起,个人通过银行自助柜员机向非同名账户转账的,资金24小时后到账。

六、严禁任何单位和个人非法获取、非法出售、非法向他人提供公民个人信息。对泄露、买卖个人信息的违法犯罪行为,坚决依法打击。对互联网上发布的贩卖信息、软件、木马病毒等要及时监控、封堵、删除,对相关网站和网络账号要依法关停,构成犯罪的依法追究刑事责任。

七、电信企业、银行、支付机构和银联，要切实履行主体责任，对责任落实不到位导致被不法分子用于实施电信网络诈骗犯罪的，要依法追究责任。各级行业主管部门要落实监管责任，对监管不到位的，要严肃问责。对因重视不够，防范、打击、整治措施不落实，导致电信网络诈骗犯罪问题严重的地区、部门、国有电信企业、银行和支付机构，坚决依法实行社会治安综合治理“一票否决”，并追究相关责任人的责任。

八、各地各部门要加大宣传力度，广泛开展宣传报道，形成强大舆论声势。要运用多种媒体渠道，及时向公众发布电信网络犯罪预警提示，普及法律知识，提高公众对各类电信网络诈骗的鉴别能力和安全防范意识。

九、欢迎广大人民群众积极举报相关违法犯罪线索，对在捣毁特大犯罪窝点、打掉特大犯罪团伙中发挥重要作用的，予以重奖，并依法保护举报人的个人信息及安全。

本通告自发布之日起施行。

# 吸毒者实施毒品犯罪的司法认定

方文军*

在我国内地，吸毒不构成犯罪，故对吸毒者实施毒品犯罪的，对其已经吸食或者根据在案证据确定将用于吸食的毒品，不应计入犯罪数量，否则就等于变相对吸毒行为追究刑事责任。但是，近年来我国吸毒人数不断上升，①吸毒者实施的毒品犯罪也在大量增加，很有必要防范犯罪分子利用其吸毒人员的身份逃避应有的惩处，导致变相鼓励吸毒人员实施犯罪。2015年5月18日，最高人民法院印发了《全国法院毒品犯罪审判工作座谈会纪要》（以下简称《武汉会议纪要》），其中对吸毒者实施的犯罪作了一些与以往不同的规定。本文结合当前的司法实践，对吸毒者实施毒品犯罪所涉及的几个主要法律适用问题加以探讨，供办案工作参考。

## 一、吸毒者运输毒品行为的定性

吸毒者携带毒品在运输途中被查获，是实践中的常见情形。对这种情形如何处理，司法工作中的认识有一个演变过程。最高人民法院于2000年印发的《全国法院审理毒品犯罪案件工作座谈会纪要》（已废止，以下简称《南宁会议纪要》）规定，吸毒者在购买、运输、存储毒品过程中被抓获的，如没有证据证明被告人实施了其他毒品犯罪行为的，一般不应定罪处罚，但查获的毒品数量达到刑法第三百四十八条规定的定罪标准的，应当以非法持

* 最高人民法院刑五庭审判长，法学博士。

① 据统计，截至2015年年底，全国现有吸毒人员234.5万名（不含戒断3年未发现复吸人数、死亡人数和离境人数）。其中，2015年全国共查处有吸毒行为人员106.2万人次，同比上升20%。

有毒品罪定罪。根据上述规定，即使吸毒者运输毒品数量大且明显超出其个人合理吸食量的，也应认定为非法持有毒品罪，而非运输毒品罪。由此造成吸毒者实施的运输毒品数量很大的犯罪没有得到有力惩处。

为解决这一问题，2008 年印发的《全国部分法院审理毒品犯罪案件工作座谈会纪要》（以下简称《大连会议纪要》）对上述规定作了调整，规定："吸毒者在购买、运输、储存毒品过程中被查获的，如果没有证据证明其是为了实施贩卖等其他毒品犯罪行为，毒品数量未超过刑法第三百四十八条规定的最低数量标准的，一般不定罪处罚；查获毒品数量达到较大以上的，应以其实际实施的毒品犯罪行为定罪处罚。"据此，有观点认为，对于运输过程中被查获且毒品数量达到较大以上的，就应当认定为运输毒品罪，而不是非法持有毒品罪。但是，根据《大连会议纪要》的制定初衷，对吸毒者在运输毒品过程被查获的情形认定为运输毒品罪，并非只要满足毒品数量较大，还要求毒品数量明显超过行为人的合理吸食量，①如果毒品数量达到较大以上，但没有超过合理吸食量的，仍认定为非法持有毒品罪。由此，《大连会议纪要》在一定程度上解决了《南宁会议纪要》相关规定造成的处罚力度不够的问题，但在实践中又造成了新的问题。即由于毒品吸食量的个体差异较大，办案中又难以取得证明吸毒者合理吸食量的确切证据，各地司法机关对如何把握合理吸食量的标准不尽统一，由此对吸毒者运输毒品行为在认定为运输毒品罪的数量条件上也存在一些差异，在一定程度上影响了法律适用的统一性。

有鉴于此，2015 年印发的《武汉会议纪要》对《大连会议纪要》的相关规定作了调整，其规定："吸毒者在购买、存储毒品过程中被查获，没有证据证明其是为了实施贩卖毒品等其他犯罪，毒品数量达到刑法第三百四十八条规定的最低数量标准的，以非法持有毒品罪定罪处罚。吸毒者在运输毒品过程中被查获，没有证据证明其是为了实施贩卖毒品等其他犯罪，毒品数量

① 《大连会议纪要》的起草者撰文指出："如果其（吸毒者——引者注）在运输毒品过程中被当场查获，毒品数量大，明显超出其个人正常吸食量的，可以运输毒品罪定罪处罚。"参见高贵君、王勇、吴光侠：《〈全国部分法院审理毒品犯罪案件工作座谈会纪要〉的理解与适用》，载最高人民法院刑事审判第一至五庭主办：《刑事审判参考》（总第 65 集），法律出版社 2009 年版，第 75 页。

达到较大以上的,以运输毒品罪定罪处罚。”与《大连会议纪要》的相关规定对比,本次修改的要点有两方面:一是将运输毒品行为与购买、储存毒品行为分开加以规定,明确对于吸毒者运输毒品,数量达到较大以上的情形认定为运输毒品罪,而不再采取《大连会议纪要》中“实际实施的毒品犯罪行为”的表述,以减少认识分歧。二是不再把合理吸食量作为对吸毒者运输毒品行为认定为运输毒品罪的额外条件。即吸毒者运输毒品被查获,只要毒品数量达到较大以上,除有证据证明构成走私、贩卖毒品罪等其他犯罪的情形之外,都认定为运输毒品罪,而不再认定为非法持有毒品罪。[①] 也就是说,《武汉会议纪要》进一步放宽了对吸毒者运输毒品行为认定为运输毒品罪的数量条件。这里值得注意的是,尽管从文字表述看,《大连会议纪要》没有明确把合理吸食量作为认定吸毒者运输毒品行为构成运输毒品罪的条件,《武汉会议纪要》也没有写明不再把合理吸食量作为认定条件,但司法工作中适用相关规定有必要充分了解这两份纪要的起草背景和制定意图。简言之,直接按照字面含义理解《武汉会议纪要》的上述规定,不再额外地加上合理吸食量作为认定条件,便是对上述规定的正确理解。总的来看,《武汉会议纪要》的上述规定,有利于减少司法过程中对如何把握运毒者合理吸食量所产生的认识分歧,可以促进执法尺度的统一,也较好地体现了《武汉会议纪要》对吸毒者实施的犯罪加大打击力度的指导思想,并在一定程度上产生遏制毒品流通量的积极效应。

### 二、吸毒者托购、代购毒品行为的定性

对吸毒者托购、代购毒品问题的处理与吸毒者自行购买、运输毒品问题的定性直接相关。这里的托购、代购毒品,是指行为人受吸毒者委托无偿代为购买毒品,托购者与代购者之间是委托关系,故对此类案件的处理应当与对吸毒者自行购买、运输毒品行为的处理保持衔接、平衡。但《南宁会议纪

① 需要说明的是,这里所说的运输毒品,通常是指跨城市的长距离运输毒品。对于吸毒人员实施的短距离运输毒品,特别是同城之内的运输毒品行为,即使毒品数量很大,原则上不认定为运输毒品罪,而仍应认定为非法持有毒品罪。当然,如果吸毒人员实施的是贩卖毒品等其他犯罪,则应当依法定罪处罚。

要》和《大连会议纪要》均没有很好解决该问题。《大连会议纪要》提出:“有证据证明行为人不以牟利为目的,为他人代购仅用于吸食的毒品,毒品数量超过刑法第三百四十八条规定的最低数量标准的,对托购者、代购者应以非法持有毒品罪定罪。”《大连会议纪要》的这一规定是《南宁会议纪要》相关规定的延续,仅改动了个别文字。[①] 可见,《大连会议纪要》和《南宁会议纪要》没有对代购者在运输环节被查获的情形如何定性作出规定,实践中一些地方对托购者、代购者均以非法持有毒品罪定罪处罚。但这显然与吸毒者自己在运输毒品途中被查获的情形,在处理上不协调。根据《大连会议纪要》,当吸毒者自行运输毒品数量大且超过合理吸食量时,认定为运输毒品罪,但当吸毒者委托他人代为购买数量大的毒品时,即便代购者在运输途中被查获,对代购者和托购者均认定为非法持有毒品罪。这显然使托购者、代购者获得了不应有的从宽处理。对此问题,有意见认为,可以对代购者认定为运输毒品罪,对托购者认定为非法持有毒品罪。但托购者与代购者之间属于共同犯罪,且托购者系指使者,其所承担的刑事责任应当重于代购者,而不是相反,故该意见并不妥当。

为解决这一问题,《武汉会议纪要》在调整《大连会议纪要》对吸毒者自行运输毒品行为的定性条件的基础上作出了明确规定:“行为人为吸毒者代购毒品,在运输过程中被查获,没有证据证明托购者、代购者是为了实施贩卖毒品等其他犯罪,毒品数量达到较大以上的,对托购者、代购者以运输毒品罪的共犯论处。”该规定包含了多层含义:(1)代购者在运输途中被查获,如果毒品数量没有达到较大的标准,对托购者、代购者不应定罪处罚。[②] 但是,如果托购者、代购者实施的是走私、贩卖毒品等其他犯罪,即使毒品数量没有达到较大的标准,也应依法定罪处罚。(2)如果代购的毒品达到了数量

---

① 《南宁会议纪要》的相关规定是:“有证据证明行为人不是以营利为目的,为他人代买仅用于吸食的毒品,毒品数量超过刑法第三百四十八条规定数量最低标准,构成犯罪的,托购者、代购者均构成非法持有毒品罪。”

② 有意见认为,刑法对运输毒品罪没有规定数量条件,故对于吸毒人员自行运输或者托购毒品的,即使毒品数量没有达到较大的标准,也应认定为运输毒品罪。这种意见忽视了在我国内地吸毒行为不构成犯罪的问题,客观上将导致变相对吸毒行为追究刑事责任,也与多年来司法实践中的惯常做法不符,因而是不妥当的。

较大的标准,对托购者、代购者则以运输毒品罪定罪处罚,而不是非法持有毒品罪。当然,如果托购者、代购者实施的是走私、贩卖等其他犯罪,则认定为走私、运输毒品罪或者贩卖、运输毒品罪。(3)如果托购者购买毒品不仅是为了吸食,还准备用于贩卖,但代购者对此不明知,以为托购者购买的毒品都是用于吸食的,则对托购者应认定为贩卖、运输毒品罪,对代购者仅认定为运输毒品罪,二者在运输毒品罪的范围内成立共同犯罪。可见,《武汉会议纪要》的上述规定较好地解决了《大连会议纪要》悬而未决的相关问题。

从实践情况来看,理解《武汉会议纪要》的这一规定,还有两个值得注意的问题。

其一,如果行为人代购的毒品数量超过海洛因或甲基苯丙胺(冰毒)50克,但确有证据证明这些毒品都已被吸食,而不是现场查获的,则不应当再追究托购者和代购者的刑事责任。因为吸毒行为本身不构成犯罪,既然托购、代购的毒品都已经被吸食,就不存在今后用于实施贩卖毒品等其他犯罪的风险。《武汉会议纪要》的上述规定针对的是查获毒品实物的情况,查获毒品实物意味着托购、代购毒品的用途存在不确定性,即便托购者系吸毒人员,亦不能保证这些毒品必然都用于吸食,故在运输毒品数量较大的情况下以运输毒品罪定罪处罚才有正当性。

其二,对代购者"蹭吸"毒品的行为原则上不应定罪处罚。所谓"蹭吸",是指代购者以自身吸食为目的,从托购者处收取少量毒品作为酬劳的情形。对"蹭吸"是否认定为贩卖毒品罪,关键在于是否把"蹭吸"认定为代购毒品中的"牟利"行为。对于何谓牟利,《大连会议纪要》作了原则性规定:"代购者从中牟利,变相加价贩卖毒品的,对代购者应以贩卖毒品罪定罪。"但这一规定较为抽象,实践中难以把握。《武汉会议纪要》在此基础上作了具体规定:"行为人为他人代购仅用于吸食的毒品,在交通、食宿等必要开销之外收取'介绍费'、'劳务费',或者以贩卖为目的收取部分毒品作为酬劳的,应视为从中牟利,属于变相加价贩卖毒品,以贩卖毒品罪定罪处罚。"这一规定强调以贩卖为目的收取部分毒品作为酬劳的,以贩卖毒品罪定罪处罚,实际上包含了对"蹭吸"行为原则上不作为犯罪处理的思路,因为"蹭吸"是代购者出于自身吸食而非贩卖目的收取部分毒品作为酬劳。笔者认为,这一处理思路是妥当的,主要理由有三点:(1)从生活意义上看,确实可以把"蹭吸"视为一种牟利行为,因为吸毒人员获得毒品通常需要支付金钱等对价,而"蹭吸"使作为吸毒者的代购者省去了该笔费用。但是,贩卖毒品行为的本质特征是促进毒品的流通,而"蹭吸"者是自身吸食、消耗毒品,并没有通过"蹭吸"进一步造成毒品从托购者向下一环节流通。(2)"蹭吸"者的代购行为客观上为贩毒者提供了帮助,但不能简单地据此认定为贩毒者的共犯,因为吸毒者自行购买毒品时客观上也为贩毒者提供了帮助,但此时吸毒者属于购买毒品的"下家",故不能对吸毒者认定为贩毒者的共犯。(3)托购者本身是吸毒人员,"蹭吸"仅是代购者的酬劳,如果托购少量毒品的行为不构成犯罪,则打击"蹭吸"这一从属行为就有变相打击吸毒行为之嫌。基于上述三点考虑,笔者认为原则上不宜对"蹭吸"行为追究刑事责任。这应当也是《武汉会议纪要》作出上述规定的"潜台词"。不过,鉴于实践情况的复杂性,在例外情况下也可以考虑对"蹭吸"行为追究刑事责任。例如,"蹭吸"者与毒品上家熟识,多次从同一毒品上家为他人代购毒品,客观上为毒品上家贩卖毒品提供了较大帮助,尤其是当有证据表明"蹭吸"者很可能也从毒品上家得到好处时,鉴于这种惯常性代购"蹭吸"行为的危害性明显大于偶尔代购"蹭吸"的情形,故可以考虑对这种"蹭吸"者认定与毒品上家构成贩卖毒品罪的共犯(地位上属于从犯)。

## 三、以贩养吸的认定与处理

以贩养吸并不是刑法中的规范概念,而是司法实践中形成的类型化术语,指的是吸毒者通过少量贩卖毒品获得利润来维持其吸毒需求的情形。以贩养吸应当符合以下两个条件:(1)吸毒者没有其他可靠的经济来源,贩卖毒品的主要目的是满足其自身吸毒需求。(2)必须是少量贩卖,如果是大量贩卖毒品,所得利润明显超出吸毒所需的,则不应当认定为以贩养吸,而只能归类为具有吸毒情节的贩毒人员。正是鉴于以贩养吸的这些特征,以往相关司法文件规定对以贩养吸案件的处理要考虑被告人的吸毒情节,实践中也多予从宽处理。

例如,2000 年印发的《南宁会议纪要》提出:"对于以贩养吸的被告人,被查获的毒品数量应认定为其犯罪的数量,但量刑时应考虑被告人吸食毒品的情节。”2008年印发的《大连会议纪要》基本延续了这一规定,提出:“对于以贩养吸的被告人,其被查获的毒品数量应认定为其犯罪的数量,但量刑时应考虑被告人吸食毒品的情节,酌情处理。”《武汉会议纪要》在这方面作了一些调整,规定:“对于有吸毒情节的贩毒人员,一般应当按照其购买的毒品数量认定其贩卖毒品的数量,量刑时酌情考虑其吸食毒品的情节。”主要修改是:把量刑时酌情考虑吸食情节的主体范围,从“以贩养吸”者扩大为“有吸毒情节的贩毒人员”。

对于上述规定,主要需注意以下两个问题:

其一,对于吸毒者实施毒品犯罪的数量达到上一法定刑档次的,不应以其具有吸毒情节为由而降低法定刑档次量刑。例如,被告人购买了50克海洛因后被查获,辩称所购买的毒品中有部分用于个人吸食,在此情况下能否因其系吸毒人员而在有期徒刑15年的幅度之下量刑?有意见认为,既然这50克毒品中有部分用于吸食,扣除吸食的部分后毒品数量必然少于50克,本着有利于被告人的处理原则,应当在有期徒刑15年的幅度之下量刑。笔者认为,这种意见虽然有一定道理,但仍不妥当。主要理由在于,上述指导性文件规定的“酌情处理”或“酌情考虑”,是对从宽政策的倡导,并非机械性要求,如查获海洛因100克,可以考虑在相应的法定刑幅度内就低判处15年有期徒刑,但当查获的毒品是海洛因50克时,所对应的法定刑为15年有期徒刑,量刑上便没有再从宽的余地。被告人辩称其中部分用于吸食,只是一种可能性而非现实,也存在日后都用于贩卖的可能性。并且,如果认为查获的毒品中有部分可能被吸食,便要降低法定刑档次量刑,那么,当查获的毒品为51克、55克或者60克时,是否也应考虑被告人的吸毒情节而降低法定刑档次量刑?如果回答是肯定的,由此又会导致《武汉会议纪要》所淡化的合理吸食量问题又凸显出来,造成新的法律适用标准不统一。因此,对于上述“酌情处理”或“酌情考虑”的规定,应理解为体现从宽政策的一般性指导意见,不能绝对化,更不能在量刑时降低法定刑档次以体现从宽处罚。

其二,对于毒品犯罪数量大,特别是涉及死刑适用的,量刑时一般不再把吸毒情节作为酌定从宽处罚情节。上文已述,以贩养吸是指为获取吸食毒品所需资金而贩卖少量毒品,并将贩毒所得主要用于购买毒品吸食的情形。因此,对于有吸毒情节的毒枭、职业毒犯及大量贩卖毒品的被告人,由于其贩毒目的已不是满足自身吸毒需求,故原则上不能把吸毒情节作为量刑上体现从宽的因素来把握。这里值得注意的是,《大连会议纪要》规定,对于以贩养吸的被告人,被查获的毒品数量刚达到实际掌握的死刑数量标准的,可以不判处死刑立即执行。这种对以贩养吸的界定不够准确,因为当被告人面临判处死刑时说明其贩毒数量已达到了实际掌握的死刑数量标准,其贩毒的目的显然不是仅仅满足自身的吸毒需求,故已不具备上述以贩养吸的特征。但这一指导意见当前仍然具有参照性,当查获的毒品数量刚达到实际掌握的死刑数量标准,又确有证据证实其中有部分毒品极可能是被告人用于吸食的,扣除该部分毒品后则没有达到判处死刑的数量标准,因而对这种情形可以不判处死刑立即执行。不过,如果查获的毒品数量远远超出实际掌握的死刑适用数量标准,即使被告人系吸毒人员,也不能因其具有吸毒情节而不判处死刑立即执行。

## 四、吸毒者贩毒数量的认定

吸毒者贩毒案件在实践中有多种情形,其中一些在认定贩毒数量上并没有争议(如尚未出售即被查获的)。容易引发争议的情形是,吸毒者购买了一定数量的毒品后,有证据证明已经卖出了部分毒品,又从其身边或者住处查获了部分毒品,但查获的毒品与贩卖的毒品数量之和明显少于其购买的毒品数量。即购买的毒品数量 = 能够证明的卖出毒品数量 + 查获的毒品数量 + 去向不明的毒品数量,而去向不明的毒品数量系主要部分,对这部分去向不明的毒品,被告人通常辩称已被其吸食。如果确有证据证明这部分去向不明的毒品已被吸食,即使数量很大,也不应计入被告人贩卖的数量,因为吸毒不构成犯罪。这也正是《大连会议纪要》中相关规定已经明确解决的情形,即“被告人购买了一定数量的毒品后,部分已被其吸食的,应当按能够证明的贩卖数量及查获的毒品数量认定其贩毒的数量,已被吸食部分不计入在内”。

但是,实践情况往往是,证明这部分毒品被吸食的证据仅有被告人的供述,没有其他证据印证。如果去向不明的毒品数量不是很大,没有明显超出被告人一段时期内的合理吸食量,则对这部分毒品均认定为已被其吸食亦属合理。但是,如果去向不明的毒品数量很大,明显超出一段时期内的合理吸食量,若仍把这部分毒品都认定为已被吸食,不计入贩毒数量,实际上不利于打击吸毒者实施的毒品犯罪。对于这一问题,《大连会议纪要》没有明确提出解决方案,实践中有的地方对《大连会议纪要》的上述规定作了扩大适用,即使不能确认去向不明的毒品已被被告人吸食的,也根据被告人的辩解认定为已被其吸食,从而不计入其贩毒的数量。

鉴于上述做法不利于有效打击吸毒人员实施的贩毒行为,有必要调整处理思路。《武汉会议纪要》对此规定:“对于有吸毒情节的贩毒人员,一般应当按照其购买的毒品数量认定其贩卖毒品的数量,量刑时酌情考虑其吸食毒品的情节;购买的毒品数量无法查明的,按照能够证明的贩卖数量及查获的毒品数量认定其贩毒数量;确有证据证明其购买的部分毒品并非用于贩卖的,不应计入其贩毒数量。”这一修改的关键点在于,将吸毒人员贩毒数量的认定基准,从以往的“出口”转为“进口”。即对于有吸毒情节的贩毒人员,一般应当将其购买的毒品数量全部认定为其用于贩卖的数量,只是在量刑时酌情考虑其吸食毒品的情节。也就是说,只要有证据能够证明被告人所购毒品的确切数量,不论能够证明的贩卖数量及查获的毒品数量与其购买的毒品数量之间存在多大差距,都按照其购买的毒品数量认定其贩毒数量,量刑时酌情考虑去向不明的毒品可能部分被其吸食的情节。例如,张某某从他人处购买了180克甲基苯丙胺(冰毒)后,向多名吸毒人员贩卖了共计30克,公安机关抓获张某某时从其住处查获9克冰毒。对于去向不明的141克冰毒,张某某辩称均被其吸食,但张某某系在被查获前1个月购买上述冰毒,这意味着其在1个月内吸食了141克冰毒,平均每天超过4克。根据目前的相关研究数据,[①]张某某对其吸食量的辩解明显不合理。对于本案,应当按照张某某购买的毒品数量即180克冰毒来认定其贩毒数量,量刑

① 笔者在工作中了解到,海洛因的单次用量通常为0.05~0.08克,致死量为0.75~1.2克;甲基苯丙胺的单次用量通常为0.02~0.03克,致死量为1.2~1.5克(以上均以纯品计)。尽管吸毒者个体差异较大,但吸食海洛因或冰毒如每天超过2克,则不属于合理吸食量。

时酌情考虑去向不明的毒品可能有部分被其吸食的情节,从而使对张某某的量刑不低于有期徒刑 15 年。这样处理,既有利于解决实践中难以证明去向不明的毒品是否用于吸食的问题,也更加有利于打击此类犯罪行为。

在理解《武汉会议纪要》上述规定时,还需要注意以下问题:

其一,由于实践情况较为复杂,一些案件中没有充分证据证明被告人所购毒品的确切数量,在这种情况下还是应当按照能够证明的贩卖数量及查获的毒品数量认定其贩毒数量。这样处理与《大连会议纪要》规定的精神是一致的。但是,如果去向不明的毒品数量大,明显超出被告人一段时期内的合理吸食量的,考虑这部分毒品被其贩卖的可能性很大,量刑时可酌予从重处罚。

其二,《武汉会议纪要》对于不计入贩毒数量的认定问题,在证明标准上比《大连会议纪要》提高了要求。《大连会议纪要》规定,被告人购买一定数量的毒品后,已被吸食的部分不计入在内。这一规定没有在证明标准方面提出明确要求,实践中一些地方对此放宽了证明标准。《武汉会议纪要》明确规定要"确有证据证明"被告人购买的部分毒品并非用于贩卖的,才不计入贩毒数量。"确有证据证明"包含了推定贩卖的思路,也具有举证责任倒置性质,要求被告人提供确切证据证明部分毒品并非用于贩卖的才不计入贩毒数量,故仅有被告人本人辩解,没有其他证据印证的,不属于"确有证据证明"。这实际上也从证明标准方面加大了对此类犯罪的打击力度。另外,所谓"并非用于贩卖",包括已经消耗的,也包括查获了实物但能够甄别的,具体有多种情形:(1)该部分毒品已经被被告人吸食或者已经被其赠与他人吸食的;(2)查获的毒品中有少量不同种类的毒品(如主要为冰毒,少量毒品为海洛因),而被告人正是吸食此类毒品(如海洛因)的;(3)不以牟利为目的为吸食者代购少量毒品的,等等。但是,有证据证明是已经丢失或者销毁的毒品,则不能简单认定为这里的"并非用于贩卖",因为被告人购买的这部分毒品虽有可能用于吸食,但也完全可能用于贩卖,故无论是否卖出,均应计入其贩卖毒品的数量。如果灭失的这部分毒品数量很大,特别是占总数量的比重很大时,应在量刑时予以考虑,对死刑适用也将产生影响。

## 五、吸毒者大量持有毒品的定性

吸毒必然持有毒品,但只有当持有毒品数量较大时,才构成非法持有毒品罪。但有的案件中,吸毒者持有的毒品数量很大(如海洛因或冰毒几百克甚至几千克),明显超出一段时期内的正常吸食量的,如何定性?对此,一种观点认为,非法持有毒品罪是在没有证据证实行为人有实施其他毒品犯罪故意的情况下,发挥兜底作用的一个罪名,如果没有证据证明行为人持有的大量毒品系用于贩卖,就应当认定其行为构成非法持有毒品罪,而不能仅因为行为人持有毒品数量大就认定其有贩卖毒品的故意,否则非法持有毒品罪也失去了设立意义。另一种观点认为,吸毒人员持有的毒品数量明显超出一段时间内的正常吸食量的,可以据此认定其有贩卖毒品的故意,以贩卖毒品罪定罪处罚,否则不利于有效打击此类犯罪。

上述两种观点中,第一种是目前实践中的主流观点和惯常做法。[①] 实践中之所以对吸毒人员大量持有毒品的行为主张认定为非法持有毒品罪,而不主张推定为贩卖毒品罪,主要有如下理由:(1)当前我国刑事立法并没有就非法持有毒品罪规定毒品数量上限,非法持有毒品罪与贩卖毒品罪的划分依据不是毒品数量,单纯根据毒品数量认定行为人是否构成贩卖毒品罪缺乏充分法律依据。(2)非法持有毒品罪的法定最高刑为无期徒刑,严厉性仅次于死刑,说明立法者已经考虑非法持有毒品罪与走私、贩卖、运输、制造毒品罪的差别,这种差别不是毒品数量而是犯罪性质。(3)如果在没有确切证据的情况下,仅根据行为人大量持有毒品的事实,便推定其具有贩卖意图,也存在操作上的困难,即划分非法持有毒品罪与贩卖毒品罪的毒品数量

---

① 例如,被告人宋国华指使两名女性采取人体藏毒方式从云南购买900克海洛因运输到重庆。被告人辩称是用于吸食,父子二人吸毒量大,每天4~5克,因听说缅甸毒品要涨价,才购买这么多毒品。一、二审以贩卖毒品罪判处死刑。最高人民法院复核后改判非法持有毒品罪,主要理由有三点:第一,宋国华虽系毒品再犯,但犯前罪之后五年内没有证据证明其贩毒。第二,查获的涉嫌贩毒的工具锈蚀严重,无法再用。查获的烟酰胺可以掺杂在毒品中使用,也是食品添加剂。第三,宋国华父子二人吸毒量大,不排除查获的900克海洛因均用于吸食。参见《宋国华贩卖毒品案——对购买数量巨大的毒品且被告人本人系吸毒成瘾者的应当如何定性》,载最高人民法院刑事审判第一庭、第二庭编:《刑事审判参考》(总第46集),法律出版社2006年版,第45页。需要说明的是,本案发生在最高人民法院统一行使死刑案件核准权之前,当时可以直接改判。

标准应当如何确定？是海洛因500克还是1 000克？如果允许各地自行探索形成此方面的数量标准，则又会导致法律适用不统一，故不妥当。

从尊重立法原意角度，笔者原则上赞同上述第一种观点，但从实践理性分析，第二种意见也有相应的合理性，且在当前形势下更有利于打击毒品犯罪，值得进一步探讨。

首先，解决该问题的理想方案是修改刑法，从立法上设置推定条款，从而使司法认定获得明确的法律依据。推定是一种根据所证明的基础事实来认定推定事实成立的方法，对司法证明具有替代作用；推定一旦为法律所确立，就变成一种法律规则，即“法律推定”。① 例如，我国澳门地区的法律就没有规定非法持有毒品罪，而规定了吸食毒品罪，实践中司法机关通常把行为人持有5日以内吸食量的毒品的行为认定为吸食毒品罪，一旦持有超过5日吸食量的毒品即认定为贩卖毒品罪。澳门地区第17/2009号法律《禁止不法生产、贩卖和吸食麻醉药品及精神药品》的附件中规定了常见毒品的单日吸食量，如海洛因的单日吸食量为0.25克，甲基苯丙胺为0.2克，氯胺酮为0.6克。澳门法律这种以持有超过一定期间吸食量的毒品来认定贩卖毒品罪的做法，并不要求有确切的贩卖毒品的证据，实际上就是法律推定，较好地体现了对毒品犯罪的严惩立场。再如，在澳大利亚维多利亚州，法律就“少量毒品”“可贩卖数量毒品”“商业数量的混合型毒品”等多层次毒品数量标准作了界定。其中，持有“可贩卖数量的毒品”这一事实状态，即可作为构成贩卖毒品的初步证据，如果被告人不能提出相反证据，法庭将判决贩卖毒品罪成立。② 这显然也是一种法律推定。笔者认为，我国可以借鉴上述立法思路，在刑法中规定将持有大量毒品的行为推定为贩卖毒品罪的条款，但在条件设定上可以结合当前我国毒品滥用的实际情况。例如，可以在刑法第三百四十八条中增加一款作为第二款，规定：“非法持有毒品数量巨大，明显不可能全部用于吸食的，以贩卖毒品罪定罪处罚，但毒品持有人能够证明并非用于贩卖的除外。”这样修改，是以非法持有毒品是否达到数量巨大标

① 陈瑞华：《刑事证据法学》，北京大学出版社2012年版，第265~267页。

② 2012年，笔者作为最高人民法院“毒品犯罪的司法对策”考察团成员赴澳大利亚考察，由此了解到上述法律规定。

准来区别非法持有毒品罪和贩卖毒品罪,属于折中方案,既肯定了非法持有毒品数量大但尚未达到数量巨大的情形仍构成非法持有毒品罪,又增强了对非法持有毒品数量巨大案件的打击力度。至于何谓数量巨大,可由司法机关通过制定司法解释来解决,初步考虑可以按照刑法第三百四十八条中"毒品数量大"最低限的10倍(即海洛因500克以上)掌握。[①]

其次,由于能否修改刑法尚不可预期,为了准确有力打击毒品犯罪,司法实践中可以对部分非法持有毒品数量巨大的案件,探索认定为贩卖毒品罪的途径。笔者认为,根据当前的司法实践,对于下列情形,可以认定为贩卖毒品罪:(1)对于吸毒人员因贩卖毒品被查获,又从其住所等处查获大量毒品的,原则上可以将查获的毒品全部认定为其贩卖毒品的数量,但被告人确有证据证明查获的毒品并非用于贩卖的除外。这种情形也是《武汉会议纪要》作出的新规定,[②]具体理由本文不再赘述。(2)对于曾经贩卖少量毒品(当时未被查获),相隔一段时间后(如数月后)被查获持有大量毒品的,即使被告人辩称被查获的毒品均用于吸食,也可以全部认定为其贩卖毒品的数量。(3)对于因实施贩卖毒品罪被判刑,释放后不久(如一年内)又购进大量毒品的,一般可以考虑认定为贩卖毒品罪。主要理由是,被告人曾因贩卖毒品被判刑,说明其已具有贩卖毒品的故意,而其释放后不久又大量购进毒品,根据生活经验通常系用于贩卖,故可以推定其构成贩卖毒品罪。当然,如果确有证据证明其大量购进毒品并非用于贩卖的,如帮助吸毒人员代为购买且不知他人用于贩卖的,则不应认定其行为构成贩卖毒品罪。(4)被告人在短时间内(如数月内)连续购入大量毒品,特别是所购毒品种类不同的,即使被告人辩称均用于吸食的,也可以认定为贩卖毒品罪。实践中已有此方面的案例。

---

① 这里的条文设计只是笔者的初步考虑,如果日后此类立法建议得到立法机关采纳,则条文表述还需要深入研究。

② 《武汉会议纪要》规定:"贩毒人员被抓获后,对于从其住所、车辆等处查获的毒品,一般均应认定为其贩卖的毒品。确有证据证明查获的毒品并非贩毒人员用于贩卖,其行为另构成非法持有毒品罪、窝藏毒品罪等其他犯罪的,依法定罪处罚。"

# 关于强制网络裸聊行为性质认定问题的探讨

赵俊甫*

## 一、问题的提出

被告人沈某通过QQ与被害人包某某(15周岁)聊天,获知其基本信息后,于2013年11月17日23时许,谎称包某某电脑中了病毒,已秘密拍摄包某某的裸照,以将包某某的裸照发布到互联网为由,胁迫包某某脱衣露出乳房、下体等隐私部位,裸体与其视频聊天,沈某边观看边自慰,同时将包某某裸体视频进行录像并保存在自己电脑中供以后自慰时观看。同月22日21时许,沈某与包某某聊天时,胁迫包某某与其同学被害人卢某某(不满14周岁)在视频中脱掉衣服,相互舔对方乳房,供其边观看边自慰,同时将裸体视频录制并保存在电脑中。沈某采取类似上述方式,分别于2013年8月、11月,胁迫被害人游某某(不满14周岁)、文某某(15周岁)裸体与其视频聊天,供其自慰时观看并录制了相关视频。

我国刑法第二百三十七条规定了强制猥亵、侮辱罪和猥亵儿童罪,但对于何谓"猥亵",刑法和相关司法解释尚未作出明确界定,实践中存在一定争议。在上述案例中,对被告人沈某强制被害人裸体网聊的行为是否构成强制猥亵罪、猥亵儿童罪(为行文简洁,以下统称猥亵犯罪),存在两种不同意见:

一种意见认为,被告人沈某的行为不构成猥亵犯罪,主要理由是:强制网络裸聊不同于强制猥亵行为,网络裸聊仅在于聊和看,行为人与被害人不在同一物理空间,双方没有身体上的接触;而刑法中的猥亵一般表现为对妇

---

* 作者为最高人民法院刑一庭法官,法学博士。

女抠摸、亲吻、搂抱等行为。因此,沈某强制他人网络裸聊不属于刑法中的猥亵行为。

另一种意见认为,被告人沈某的行为已构成猥亵犯罪,主要理由是:不能以被告人与被害人是否在同一物理空间,是否有身体实质接触来判断是否存在猥亵犯罪行为。沈某以在网络发布被害人裸照为由,要挟被害人在视频中露出隐私部位供其自慰观看,对被害人形成了精神强制;迫使被害人脱光衣服暴露身体隐私部位供其观看,侵害了妇女的性自主权,与直接进行身体接触的猥亵行为相比,二者侵害的法益本质上是相同的,故沈某的行为已经构成猥亵犯罪。

上述争议的焦点在于,强制网络裸聊是否属于猥亵犯罪规制的行为类型?对非接触性的猥亵行为定罪处罚需要考虑哪些因素?鉴于近年来类似案件时有发生,实践中存在不同认识,确有探讨的必要。

## 二、从妨害被害人性自主权的角度把握猥亵的本质内涵及表现形式

猥亵概念属于规范性构成要件要素,其内涵往往受社会环境与伦理风尚变迁的影响,而呈现出不同特征,并受制于一国刑法的具体规定。例如,根据我国刑法对强奸罪、猥亵犯罪的规定和一般理解,强奸与猥亵均是妨害被害人性自主权的行为,两者的主要区别在于行为方式不同,强奸一般是指男性对女性的强行性交行为,猥亵通常是指用性交以外的方式对被害人实施的能够满足性欲和性刺激的淫秽行为。据此,强奸罪与猥亵罪的规制对象范围呈此消彼长之势,男性以生殖器侵入女性生殖器的行为,为强奸罪所规制,自应排除在“猥亵”概念范畴之外;而女性以生殖器与男性生殖器相交合的行为,在我国因不构成强奸罪,也应认定在“猥亵”行为方式之内。由于我国刑法对强奸罪采取的仍然是狭隘定义,即以生殖器对生殖器的侵入行为为限,由此,异性或同性之间进行的违反对方意愿的鸡奸、口交等性行为,也属于猥亵犯罪所规制的行为类型。除此之外,对被害人身体隐私部位进行抠摸、舌舔等行为,一般也理解为猥亵犯罪的行为方式。

对猥亵的通常理解和行为方式的上述列举,大多停留在对被害人人身直接接触的层面,但从猥亵犯罪的本质来看,只要是妨害或推定妨害被害人

性的自主权，足以刺激或满足性欲，并冒犯普通公民性的羞耻心或引起其厌恶感的淫秽行为，即属猥亵，行为方式不一而足，因此，不应局限于行为人是否直接接触了被害人身体。例如，行为人施以暴力脱光被害人衣物，触摸被害人下体，属于猥亵无异；而行为人威吓被害人自己当场脱光衣物进行自慰，供其观看，尽管行为人没有触摸被害人隐私部位，但同样妨害了被害人性的自主权，而且从社会一般观念来看，是一种足以刺激或满足性欲、冒犯公民性的羞耻心的淫秽行为，将该行为解释为对被害人实施了猥亵，是合乎逻辑的。由此推演，行为人强迫被害人观看自己自慰，也属对被害人的猥亵。

强制网络裸聊行为的特殊之处在于，被告人与被害人居于不同物理场所，被告人强制被害人裸体与其聊天，均是通过网络技术在虚拟空间进行，既未直接接触被害人身体，也未当面目睹，似与实践中常见的猥亵犯罪方式有别。但是，根据如上分析，实践中的犯罪行为样态各异，判断一种行为是否属于猥亵，应参酌社会一般观念，立足于考察是否具备妨害被害人性的自主权并有伤风化的特质，据此分析判断所谓的新型手段是否符合“猥亵犯罪的类型化”，而非拘泥于行为人采取何种方式侵犯刑法所保护的相应法益。况且，现代信息技术的发达，已经大大改变、拓宽了人与人之间传统的交往沟通方式，包括新的犯罪方式亦层出不穷，我们也需与时俱进，更新对猥亵手段的传统认知。上述案例中，沈某以在网络发布被害人裸照为由，要挟被害人在视频中露出隐私部位供其观看，侵害了妇女的性自主权，亦属有伤风化的淫秽行为。该强制网络裸聊行为与直接进行身体接触的猥亵行为相比，只是表现形式不同，本质上均是对被害人的伤害，与普通猥亵犯罪侵犯的法益具有相当性，将其解释为猥亵犯罪构成要件预设的行为类型，并未远远超出一般公众所能理解和接受的认知范畴。

## 三、准确区分猥亵一般违法行为与猥亵犯罪的界限

在我国，往往对许多同一类型的危害社会行为，依据情节轻重区分行政违法与刑事违法，即“出行入刑”或“出刑入行”，但实践中，两种性质不同的违法类型的界限并非泾渭分明，而是经常存在重合交叉状态。刑法总则第

十三条但书规定“情节显著轻微，危害不大的，不认为是犯罪”，作为原则，提出了犯罪行为的量的限制；在刑法分则中，以各种各样量的限制性语言表明具体犯罪的成立，如情节严重、情节特别严重、情节恶劣、数额较大、后果严重等。分则中除直接明示的罪量情节外，还存在一些默示的要求罪量的罪名，猥亵犯罪即为适例。刑法第二百三十七条规定，以暴力、胁迫或者其他方法强制猥亵他人或者侮辱妇女的，处五年以下有期徒刑或拘役；猥亵儿童的，依照上述规定从重处罚，条文本身似未要求罪量情节。但治安管理处罚法第四十四条规定，猥亵他人的，处五日以上十日以下拘留；猥亵智力残疾人、精神病人、不满十四周岁的人或者有其他严重情节的，处十日以上十五日以下拘留。因此，同属猥亵行为，引起的法律责任并不相同，如果不从刑事处罚的必要性角度考虑，就无法准确区分罪与非罪。类似本案网络裸聊行为也是如此，并非只要形式上属于猥亵，就必然构成刑事犯罪。

从猥亵犯罪立法沿革考察。1979年刑法并未规定单独的猥亵犯罪，而是将该类行为规定为“流氓罪”，即“聚众斗殴，寻衅滋事，侮辱妇女或者进行其他流氓活动，破坏公共秩序，情节恶劣的，处七年以下有期徒刑、拘役或者管制”。1997年刑法修改时，将流氓罪一分为四，即猥亵犯罪（强制猥亵、侮辱妇女罪，猥亵儿童罪）、聚众斗殴罪、寻衅滋事罪、聚众淫乱罪。其中，1984年《最高人民法院、最高人民检察院关于当前办理流氓案件中具体应用法律的若干问题的解答》（已失效）列举解释了侮辱妇女情节恶劣构成流氓罪的情形，如“用淫秽行为或暴力、胁迫的手段，侮辱、猥亵妇女多人，或人数虽少，后果严重的，以及在公共场所公开猥亵妇女引起公愤的”“在公共场所故意向妇女显露生殖器或者用生殖器顶擦妇女身体，屡教不改的”“鸡奸幼童的；强行鸡奸少年的；或者以暴力、胁迫等手段，多次鸡奸，情节严重的”，等等。由此足见，尽管现行刑法中规定的猥亵犯罪并未明示“情节恶劣”等限定性条件，但在司法适用时秉持刑法谦抑性原则，对“猥亵”予以适度的限制解释方为妥当。我国没有性骚扰的法定概念，但对于一些情节显著轻微的性冒犯行为，作为治安违法的猥亵行为予以处罚是适当的。

尤需注意的是，现行刑法规定，“在公共场所当众猥亵”的，应处五年以上有期徒刑，即猥亵犯罪的情节加重犯，而根据1979年刑法规定的流氓罪及有关规范性文件,在公共场所实施猥亵仅系入罪情节之一,而非法定刑升格条件,由此现行刑法规定在部分案件中可能造成法律适用的两难困境。例如,在地铁、公交车、游泳馆等场所以肢体触碰被害人胸部或下体等隐私部位数秒钟,总体情节一般,如果认为属刑法中的"猥亵",则无疑符合"在公共场所当众猥亵"的加重情节,但对该行为判处五年以上有期徒刑,明显违背一般人的罪刑观念,造成形式上合法而实质上不甚合理;如果认为该行为情节轻微,那么,就不构成犯罪,仅系治安管理处罚的对象。两相权衡,我们认为,对猥亵行为是否论罪判刑,不能仅作形式上的判断,还必须综合考虑猥亵手段、针对的身体部位、持续时间长短、对被害人身心伤害大小、对社会风尚的冒犯程度等因素,对刑事处罚的必要性予以实质把握。

强制网络裸聊虽属猥亵行为,但是否构成猥亵犯罪,亦离不开价值判断,需综合考虑事实、情节及对社会良好风尚的冒犯程度,对刑事处罚的必要性予以实质把握。考虑网络通信、聊天中双方非直接接触的虚拟性等特点,如果行为人言语胁迫被害人通过视频观看自己实施自慰等淫秽行为的,一般不宜以猥亵犯罪论处,必要时可予以治安管理处罚。对于强制被害人裸聊的时间短暂,被害人人数、裸聊次数较少,手段、情节及危害一般的,对行为人是否予以刑事处罚需慎重把握。而在聊天交友等过程中,以公开被害人隐私等相要挟,胁迫被害人自行拍摄裸照或影像视频后通过网络或手机彩信等传输给行为人的,属于对被害人的猥亵,但在入罪与否的把握上同样要遵循上述判断原则。

在本文所引上述案例中,被告人沈某借助网络通信手段,精心编织骗局,利用未成年人少女社会阅历尚浅,施以哄骗、威胁,迫使多名被害人在视频中暴露身体隐私部位,或做出淫秽动作,以供其观看,满足淫欲,而且还对聊天视频刻录光盘留存,无论是客观上对被害人的身心伤害、对社会风化的影响,还是主观恶性,被告人沈某所实施的猥亵行为均具备刑事处罚的必要性。

# 陈满故意杀人、放火案

**编者按：**本案是比较典型的人民法院经再审宣告被告人无罪的故意杀人、放火案件，曾引起社会广泛关注。本案裁判文书结构合理、详略得当，对原判认定的事实、证据进行了全面、深入地分析，措辞严密、说理性强，体现了证据裁判原则和疑罪从无的司法理念，可为今后类似案件的处理提供有益借鉴。特予刊登，供办案工作参考。

## 浙江省高级人民法院
## 刑事判决书

(2015)浙刑再字第2号

原公诉机关海南省海口市人民检察院。

原审被告人陈满，男，1963年2月18日出生，汉族，四川省富县人，高中文化，无业，户籍所在地四川省绵竹县水电局宿舍3单元12号。因本案于1992年12月28日被收容审查，1993年9月25日被逮捕。现在海南省美兰监狱服刑。

辩护人易延友，北京市中闻律师事务所律师。

辩护人王万琼，四川容德律师事务所律师。

海口市人民检察院指控原审被告人陈满犯故意杀人罪一案,海口市中级人民法院于1994年11月9日作出(1994)海中刑初字第19号刑事判决,以故意杀人罪,判处陈满死刑,缓期二年执行,剥夺政治权利终身;以放火罪,判处其有期徒刑九年,决定执行死刑,缓期二年执行,剥夺政治权利终身。宣判后,海口市人民检察院不服,提出抗诉,海南省人民检察院支持抗诉。海南省高级人民法院经依法公开开庭审理,于1999年4月15日作出(1994)琼刑终字第81号刑事裁定,驳回抗诉,维持原判。裁判生效后,陈满不服,向最高人民检察院提出申诉。2015年2月10日,最高人民检察院作出高检刑申抗(2015)1号刑事抗诉书,按照审判监督程序向最高人民法院提出抗诉。最高人民法院于同年4月24日作出(2015)刑抗字第2号再审决定书,决定将本案指令本院再审。本院依法组成合议庭,于2015年12月29日在海南省海口市琼山区人民法院,公开开庭审理了本案。浙江省人民检察院指派检察员王菊芬、马云、代理检察员竺咏华出庭执行职务。陈满及其辩护人到庭参加诉讼。现已审理终结。

海口市中级人民法院一审判决认定,1992年1月,被告人陈满搬到海口市上坡下村109号被害人钟作宽所在公司的住房租住。其间,陈满因未交房租等,与钟作宽发生矛盾,钟声称要向公安机关告发陈满私刻公章帮他人办工商执照之事,并于同年12月17日要陈满搬出上坡下村109号房。陈满怀恨在心,遂起杀害钟作宽的歹念。同年12月25日晚7时许,陈满发现上坡下村地面停电并得知钟作宽要返回四川老家,便从宁屯大厦至上坡下村109号,见钟作宽正在客厅喝酒,便与其聊天,随即陈满进到房间从厨房拿起菜刀一把,趁钟不备,朝钟的头部、颈部、躯干部等处连砍数刀,致钟当即死亡。接着,陈满将厨房的煤气罐搬到钟的卧室的门口,用打火机点着火焚尸灭迹。大火烧毁了钟作宽住室、床及办公桌等家具,经消防队员及时赶到,才将大火扑灭。经法医鉴定,钟作宽身有多处锐器伤、颈动脉被割断造成失血性休克死亡。

一审判决认为,被告人陈满因债务纠纷而将他人杀死,并焚尸灭迹,其行为已构成故意杀人罪,且情节特别恶劣,后果特别严重,应依法严惩。此外,陈满为湮灭罪迹,纵火焚尸,在人口密集的住宅区放火,危害公共安全,又构成放火罪,应予数罪并罚。遂根据相关法律规定,作出前述判决。

海口市人民检察院抗诉提出,被告人陈满蓄意杀人,手段残忍,情节特别恶劣,后果特别严重,社会影响极坏,依法应予严惩;陈满没有任何法定或酌定从轻处罚条件;原判认为陈满犯罪"事实清楚、证据充分""且情节特别恶劣,后果特别严重,应予严惩",但对其量刑时却适用死刑缓期二年执行,显然过轻,未充分体现罪刑相一致的原则,应判处其死刑立即执行。

海南省人民检察院支持抗诉认为,原审被告人陈满有罪供述交代的犯罪动机、犯罪过程与现场勘查笔录、法医检验报告、证人证言完全一致,陈满作案手段凶残,情节特别恶劣,没有法定从轻处罚的情节,一审判决判处其死刑缓期二年执行不当,应当撤销原判,判处陈满死刑,剥夺政治权利终身。

原审被告人陈满及其辩护人均提出,认定陈满杀死钟作宽在作案时间上不成立,所依据的间接证据由于不确实且相互矛盾,不能起到证明犯罪事实的作用,陈满在侦查阶段所作的有罪供述系诱供、逼供所致,本案没有确实、充分的证据证明陈满犯罪,应当作出证据不足,指控的犯罪不能成立的无罪判决。

海南省高级人民法院二审裁定认定的事实与一审判决基本一致。

二审裁定认为,原审被告人陈满因欠债不还与钟作宽发生矛盾,被钟以揭露其违法行为要挟,竟怀恨在心,目无国法,持刀将钟杀死,又不顾左邻右舍的安危,在人口密集的作案现场放火焚尸,其行为已分别构成故意杀人罪和放火罪,手段残忍,情节恶劣,后果严重,依法应予严惩。抗诉机关的抗诉理由并无不当,但考虑到本案的具体情况,对陈满可不立即执行死刑。辩护人关于陈满无作案时间及认定其作案证据不足等辩护意见与事实不符,不予采纳。原判认定事实清楚,证据确实、充分,定罪准确,量刑适当,审判程序合法。遂根据相关法律规定,作出前述裁定。

再审中原审被告人陈满及其辩护人均提出,本案有众多证人证言证明陈满没有作案时间,侦查机关也没有收集到认定陈满犯故意杀人罪、放火罪的直接证据,其他间接证据没有形成一个严密、完整的证据体系,如无陈满的有罪供述,并无其他证据证明陈满杀人、放火的事实。陈满的有罪供述与案件事实和已查实的证据具有不可调和的矛盾,侦查人员采用了刑讯逼供等非法手段获取陈满的有罪供述,原裁判据以定罪的主要证据,陈满有罪供述的合法性和真实性存在疑问。证明陈满实施了故意杀人、放火犯罪的证据严重不足,不能认定陈满就是杀人凶手。证明陈满没有实施犯罪的证据确实、充分。本案不能排除其他人作案的可能性。应对陈满宣告无罪。

出庭检察员认为,原裁判认定原审被告人陈满实施杀人、放火行为的主要证据除陈满曾作过的有罪供述外,其他证据均不能证实本案系陈满所为。作为定罪主要证据陈满有罪供述与现场勘查笔录、证人证言等其他在案证据存在矛盾,供述的真实性、合法性存在疑问,且有罪供述中的一些情节得不到其他证据印证。本案没有任何指向陈满作案的客观性证据和技术性证据,作案工具难以认定,相关物证在侦查阶段已经丢失,没有在法院庭审中举证、质证,依法不能作为定案的依据,无法对有罪供述起到印证作用。本案侦查机关取证的合法性存在疑问,但除陈满的辩解外,没有其他证据能够证明存在采用刑讯逼供等非法手段收集犯罪嫌疑人供述的行为。原裁判认定事实的证据不确实、不充分,认定的事实不具有唯一性和排他性。依法应当宣告陈满无罪。

经再审查明,原裁判认定原审被告人陈满于 1992 年 1 月到海口市振东区上坡下村 109 号向被害人钟作宽租房居住,案发前搬离,同年 12 月 25 日晚 7 时许,钟作宽被人杀死在上坡下村 109 号一楼东卧室,中心现场被人放火焚尸灭迹的事实清楚。

但原裁判认定系原审被告人陈满杀死被害人钟作宽并焚尸灭迹的事实不清,证据不足。

### 一、原裁判据以认定案件事实主要证据的有罪供述不能作为定案依据

本案原裁判认定原审被告人陈满故意杀人、放火的事实,主要是依据陈满的有罪供述与现场勘查笔录、法医检验报告反映的情况基本相符来定案。但陈满的有罪供述存在以下问题:

1. 原审被告人陈满的有罪供述不稳定。经再审查实,陈满在侦查阶段

的供述经历了从不承认犯罪,到承认犯罪,又否认犯罪,再又承认犯罪的多次反复,到检察机关审查起诉阶段和原一、二审审理时全面翻供。

2. 原审被告人陈满关于作案时间、进出现场、杀人凶器、作案手段、作案过程以及对作案时着装的处理等主要情节的供述不仅前后矛盾,而且与在案的现场勘查笔录、法医检验报告、证人证言等证据所反映的情况不符。如陈满供称,其持平头菜刀趁被害人钟作宽不备朝钟的头部、颈部、躯干部等处连砍数刀,与现场勘查笔录及照片、法医检验报告及照片,以及再审阶段浙江省人民检察院技术处出具的《技术性证据审查意见书》(以下简称《审查意见》)等证据反映的情况不符。上述证据证实,钟作宽尸体头面部、双手等部位的多处损伤系由带有尖端和锋利面凶器所形成,而不能由平头菜刀形成。

3. 原审被告人陈满供述将自己工作证留在现场的动机得不到合理解释。侦查机关将本案凶手锁定为陈满的关键证据,是在钟作宽的裤口袋里发现了陈满的工作证。陈满曾供述,将自己原来的工作证放在钟的裤袋里是为了让人误以为死者是自己,以逃避他人追债。但杨锡春、章惠胜、刘德生、陆锦昌、肖波、罗俊毅、陈华达等多名证人证言,证明未发现案发后陈满有任何异常,陈满也不存在有意躲藏、躲避他人的情形。

因此,原裁判据以定案的主要证据,即陈满的有罪供述及辨认笔录的客观性、真实性存疑,依法不能作为定案依据。

## 二、本案除原审被告人陈满有罪供述外无其他证据指向陈满作案

1. 收集在案的现场勘查笔录、法医检验报告等证据不能证明原审被告人陈满作案。火灾原因认定书、现场勘查笔录及照片、物证照片、法医检验报告及照片、法医物证检验报告等证据仅能证明被害人钟作宽被人杀害,作案现场被人为纵火的事实。

2. 案发现场提取的物证无法对原审被告人陈满的有罪供述起到印证作用。据现场勘查笔录等证据反映,侦查人员在案发现场收集到大量物证,包括带血的白衬衣、海南日报、卫生纸,破碎的酒瓶,散落在现场的多把刀具,陈满的工作证等,案内证据未显示侦查机关是否对上述物证进行过指纹、血

迹鉴定，对白衬衣、工作证等物证没有进行照相留存，而且上述物证在原一审庭审前均已丢失，原一、二审庭审中也无法出示上述物证，没有进行举证、质证，不能作为定案的依据。

3. 原裁判认定的作案凶器难以确认。原裁判认定原审被告人陈满杀死被害人钟作宽的凶器是，案发当日侦查人员从案发现场厨房砧板上提取，并经陈满辨认的一把锈迹斑斑的木柄平头菜刀。根据现场勘查笔录和法医检验报告及照片、《审查意见》等证据证实，钟作宽被害前曾遭挟制并因反抗而与作案人发生过剧烈的打斗，其头、面、颈部及双手有二十多处损伤，系遭到过一类有尖端凶器一二十次的作用过程所导致，其中尸体颈部有一横行切割创口，长度约25厘米，深至颈椎前缘，气管、左侧颈总静脉和右侧颈总动脉被割断，导致其死亡。陈满有罪供述交代并辨认过的作案工具平头菜刀，难以形成导致钟作宽死亡的相关损伤。

4. 在案证人证言只是证明了发案时的相关情况、案发前后原审被告人陈满的活动情况以及陈满与被害人钟作宽的关系等，无法证明陈满实施了杀死钟作宽并焚尸灭迹的行为。

综上所述，原裁判认定原审被告人陈满杀死被害人钟作宽并焚尸灭迹的事实不具有唯一性和排他性，再审不予认定，检、辩双方对此所提的意见应予采纳。

再审中，原审被告人陈满及其辩护人均提出，侦查机关采用了刑讯逼供等非法手段获取陈满的有罪供述。出庭检察员认为，虽然本案侦查机关取证的合法性存在疑问，但除陈满的辩解外，没有其他证据能够证明本案存在采用刑讯逼供等非法手段收集陈满供述的行为。经再审审查，出庭检察员的意见成立，予以采纳。

本院认为，原裁判认定原审被告人陈满杀死被害人钟作宽并放火焚尸灭迹的事实不清，证据不足，指控的犯罪不能成立，依法应予改判纠正。检、辩双方要求撤销原裁判，宣告陈满无罪的意见成立，均予以采纳。本案经本院审判委员会讨论决定，依照《中华人民共和国刑事诉讼法》第二百四十五条、第二百二十五条第一款第（三）项，《最高人民法院关于适用〈中华人民共和国刑事诉讼法〉的解释》第三百八十九条第二款之规定，判决如下：

一、撤销海南省高级人民法院(1994)琼刑终字第81号刑事裁定和海口市中级人民法院(1994)海中刑初字第19号刑事判决；

二、原审被告人陈满无罪。

本判决为终审判决。

审 判 长 张 勤

审 判 员 任更丰

代理审判员 傅贤生

二〇一六年一月二十五日

书 记 员 姚 聪

# 张磊制造毒品、传播犯罪方法案

**编者按**：本案是我国近年来有效惩治制贩新精神活性物质和易制毒物品犯罪的标志性案件，在全国乃至国际禁毒领域都有一定影响，不仅将对犯罪分子起到有效震慑作用，也为今后类似案件的处理提供有益借鉴。该案裁判文书措辞严密、论理充分，处理结果上既体现了对主犯张磊的依法严惩，也对具有从犯和自首等法定从轻处罚情节的被告人梁炬、张济成予以从宽处罚，符合宽严相济刑事政策的要求。特予刊登，供办案工作参考。

## 上海市第一中级人民法院
## 刑事判决书

(2014)沪一中刑初字第237号

公诉机关上海市人民检察院第一分院。

被告人张磊，男，1976年1月3日出生于江苏省无锡市，汉族，大学文化，上海灿禾医药科技有限公司法定代表人，户籍所在地上海市长宁区长宁路1277弄23号401室，住上海市长宁区金浜路101号A幢106室；因涉嫌犯传授犯罪方法罪于2013年11月8日被刑事拘留，同年12月13日因涉嫌犯制造毒品罪、传授犯罪方法罪被逮捕；现羁押于上海市看守所。

辩护人林东品，上海博和律师事务所律师。

辩护人范为人,上海共识久久律师事务所律师。

被告人梁炬,男,1985年7月15日出生于湖北省咸宁市,汉族,大学文化,上海灿禾医药科技有限公司员工,户籍所在地湖北省咸宁市咸安区马桥镇马桥新街99号,住上海市闵行区古美路1107弄59号202室;因涉嫌犯传授犯罪方法罪于2013年11月8日被刑事拘留,同年12月13日因涉嫌犯制造毒品罪、传授犯罪方法罪被逮捕;现羁押于上海市看守所。

辩护人彭天源,上海首融律师事务所律师。

辩护人张超,湖北宁华律师事务所律师。

被告人张济成,男,1973年11月12日出生于湖北省武汉市,汉族,初中文化,上海灿禾医药科技有限公司员工,户籍所在地湖北省武汉市蔡甸区侏儒街朱朝巷35号;因涉嫌犯传授犯罪方法罪于2013年11月7日被刑事拘留,同年12月13日因涉嫌犯制造毒品罪、传授犯罪方法罪被逮捕;现羁押于上海市看守所。

辩护人许铭强、薛昌,上海诺维律师事务所律师。

上海市人民检察院第一分院以沪检一分诉刑诉〔2014〕209号起诉书指控被告人张磊、梁炬犯制造毒品罪、传授犯罪方法罪;被告人张济成犯制造毒品罪,于2014年11月17日向本院提起公诉。本院受理后,依法组成合议庭,于同年12月18日公开开庭进行了审理。上海市人民检察院第一分院指派检察员于力出庭支持公诉。被告人张磊及其辩护人林东品、范为人;被告人梁炬及其辩护人彭天源、张超;被告人张济成及其辩护人许铭强、薛昌到庭参加诉讼。本案经依法延期审理,现已审理终结。

上海市人民检察院第一分院起诉指控:2011年至2013年,被告人张磊多次指使被告人梁炬、张济成等人根据其安排,在公司实验室内,以2-甲基-3-(3,4-亚甲二氧基苯基)-环氧丙酸钠(IPK)研制成胡椒基甲基酮(IPK-Ⅱ),并最终合成毒品MDMA(IPK-Ⅲ);将2-甲基-3-苯基-环氧丙酸钠(BPK)研制成1-苯基-2-丙酮(BPK-Ⅱ),并最终合成毒品甲基苯丙胺(BPK-Ⅲ)。案发后,侦查人员在灿禾公司实验室查获毒品MDMA共计79.83克。

2012年至2013年间,被告人张磊多次指使被告人梁炬等人向外国客户演示、传授上述制毒方法，以吸引客户购买2－甲基－3－(3,4－亚甲二氧基苯基)－环氧丙酸钠、2－甲基－3－苯基－环氧丙酸钠，从中牟取非法利益。

2013年11月8日，被告人梁炬主动到公安机关投案，到案后如实供述了上述犯罪事实。

为证实上述指控的事实，公诉人当庭讯问了被告人张磊、梁炬、张济成，宣读并出示了相关的证据。公诉机关据此认为，被告人张磊、梁炬、张济成制造毒品；张磊、梁炬还传授犯罪方法，三人的行为已分别触犯《中华人民共和国刑法》(以下简称《刑法》)第三百四十七条第一款、第二款第(一)项、第二百九十五条之规定，应以制造毒品罪、传授犯罪方法罪追究张磊、梁炬的刑事责任；以制造毒品罪追究张济成的刑事责任。鉴于张磊系主犯、梁炬、张济成系从犯，梁炬系自首，还应分别适用《刑法》第二十五条、第二十六条、第二十七条、第六十七条第一款之规定。提请法院依法审判。

被告人张磊对起诉指控其犯制造毒品罪的事实与罪名不持异议，但否认犯传授犯罪方法罪，辩称：没有充分证据证明演示所得产物是毒品。其辩护人提出：(1)张磊的行为构成制造毒品罪，但制造毒品的数量仅应认定为查获的79.83克MDMA；在梁炬、张济成等人实验笔记上记录的制造所得产物已灭失，并无充分证据证明确系毒品，不能计入张磊等人制造毒品的数量，且张磊等人制造的毒品未流入社会，社会危害性较小。(2)张磊的行为不构成传授犯罪方法罪。张磊等人的演示仅供客户参观，与传授犯罪方法罪中的传授不同，更何况客户本身是否具有制造毒品犯罪的故意、张磊等人的演示是否成功获得了毒品等在本案中尚属事实不清、证据不足。退一步而言，即便张磊等人的行为构成传授犯罪方法罪，也与制造毒品罪有重合，应择一重罪处罚。(3)张磊作案时可能存在精神疾病。

被告人梁炬辩称：查获的79.83克MDMA并非全系他制造。他未犯传授犯罪方法罪，他只按张磊的安排及给予的工艺流程向客户进行演示，并不知演示所得产物是什么。其辩护人提出：(1)梁炬的行为虽构成制造毒品罪，但梁炬不应对查获的79.83克MDMA承担全部罪责，至于在梁炬实验笔记上记录的制造所得产物，因不能确定是毒品，更不应计入梁炬制造毒品的数量；(2)没有足够的证据证明梁炬的行为构成传授犯罪方法罪。梁炬的行为只是一种供客户参观的演示，其未与客户交流并进行传授；(3)梁炬是共同犯罪中的从犯且有自首情节，建议法院对梁炬判处五年以下有期徒刑。

被告人张济成否认犯制造毒品罪，辩称：查获的MDMA非他制造。其辩护人提出：现有证据无法证明查获的MDMA是张济成参与制造的；亦不足以证明实验笔记上记录的制造所得产物是毒品，故不能认定张济成犯制造毒品罪。

经审理查明：2011年至2013年间，被告人张磊为吸引境外客户购买2－甲基－3－(3,4－亚甲二氧基苯基)－环氧丙酸钠、2－甲基－3－苯基－环氧丙酸钠等已被某些国家管制的化工原料，多次指使被告人梁炬、张济成等人根据其安排，在上海灿禾医药科技有限公司(以下简称灿禾公司)实验室内，用2－甲基－3－(3,4－亚甲二氧基苯基)－环氧丙酸钠研制成易制毒物品胡椒基甲基酮，并最终合成毒品MDMA；用2－甲基－3－苯基－环氧丙酸钠研制成易制毒物品1－苯基－2－丙酮，并最终合成毒品甲基苯丙胺，通过上述制造实验，完善制造毒品与易制毒物品的工艺流程，进而提供给购买原料的境外客户。其间，张磊还指使梁炬等向境外客户实物演示、传授制毒方法，从中牟取非法利益。案发后，公安人员在灿禾公司实验室内查获未及销毁的毒品MDMA79.83克及梁炬、张济成等人的实验笔记等物。

2013年11月7日，公安人员抓获被告人张磊与张济成。次日，被告人梁炬主动到公安机关投案，如实供述了上述犯罪事实。

以上事实，有公诉机关提供并经庭审质证属实的下列证据证实：

1. 证人杜晓平、胡永安(均系灿禾公司工作人员)的证言；被告人张磊、梁炬、张济成的供述及《辨认笔录》等证明：

张磊系灿禾公司法定代表人。张济成、梁炬、杜晓平、胡永安是灿禾公司负责研发等工作的人员。张磊为打“擦边球”牟取暴利，向境外出口特定化学品。这些作为制毒原料的特定化学品在中国不受管制，但在某些国家受管制。张磊为掩人耳目，自行给这些化学品起代号为IPK、BPK系列及MDN等。其中IPK是2－甲基－3－(3,4－亚甲二氧基苯基)－环氧丙酸钠，进一步反应能生成IPK－Ⅱ，即易制毒物品胡椒基甲基酮，再进一步反应能生成IPK－Ⅲ，即毒品MDMA(俗称“摇头丸”)。BPK是2－甲基－3－苯基－环氧丙酸钠，进一步反应能生成 BPK－Ⅱ，即易制毒物品 1－苯基－2－丙酮，再进一步反应能生成 BPK－Ⅲ，即毒品甲基苯丙胺。而 MDN 是生产毒品 MDA（亦系"摇头丸"的一种）的原料。IPK、BPK 等化学品由公司实验室研发后委托外地工厂批量生产，再销售给境外客户。销售过程中，为逃避海关监管等，张磊采用了伪报货物品名、变更公司英文（缩写）名称等方式。销售获利均归张磊及张磊控制下的灿禾公司。

为吸引境外客户购买 IPK、BPK，张磊要求张济成、梁炬等人在灿禾公司实验室，按其提供的工艺流程对用 IPK 制造 IPK－Ⅱ、IPK－Ⅲ；用 BPK 制造 BPK－Ⅱ、BPK－Ⅲ进行反复实验，不断完善工艺流程，提高产率。张济成、梁炬等人会在各自的笔记本上记录实验的时间、方法、结果等。张磊还应客户要求将实验所得的工艺流程随原料提供给客户，并将客户带至公司实验室，要求张济成、梁炬等人实物演示制造过程，以此证明所提供工艺流程的有效性。梁炬在演示过程中还成功获得了 BPK－Ⅲ，即甲基苯丙胺粉末。张磊一般会令胡永安为演示进行翻译，胡永安按客户关心的内容重点翻译加入什么试剂、加多少量、操作流程、实验温度控制、实验结果产率等。演示获得成功，客户就会高价购买 IPK、BPK 等原料，所付高价中包含了从张磊处获得制造工艺流程等因素。比如，有一名叫 Shaun Michael Cousens 的澳大利亚客户就曾在多次来公司观看梁炬演示从 BPK 做到 BPK－Ⅱ、BPK－Ⅲ的过程并获指导后，先后向张磊高价购买了 100 千克与 2 吨 BPK。实验与演示所得产物，先要进行色谱、质谱分析，然后由实验、演示者各自委托张江药谷进行核磁分析。检测结果需报告张磊。除送检以外的其他残留物一般都会按张磊要求，由各人自行销毁，但也有未及处理的情况，如公安机关从公司实验室查获的 MDMA。

对于张济成、梁炬在制造毒品过程中的具体地位、作用，三名被告人亦分别作了供述：（1）张磊供述：张济成是梁炬的师傅，资格相对老一些，指挥多些；梁炬则动手多些。（2）梁炬供述：他 2011 年进公司不久，张磊就安排他向师傅张济成学习制造甲基苯丙胺与 MDMA 的工艺流程，他学会后与张济成一起合作制造，直到最后能独立制造。数年来，他与张济成等实验室同事的日常工作就是不断进行上述制造实验，调整流程，提高产率。2012 年 8

月前一般都由张济成负责摸索调整、进行安排,他协助并做记录。2012 年 8 月,张济成等人因赴英国为购买了 BPK 原料的客户安装生产 BPK - Ⅱ的机器设备并进行演示,被英国警方抓获,他这才开始独立实验、演示。案发后,公安机关从公司实验室查获的 MDMA 中除了 1 包 4.8 克的以外,其余 5 包有的是他制造所得,有的是张济成与他共同制造所得。(3)张济成供述:公司曾为他印制过职务为研发部经理的名片。梁炬进公司后张磊安排他带梁炬,所以他与梁炬之间以他为主。实验过程中,他与梁炬成功地用 BPK 做到 BPK - Ⅱ,进而做到 BPK - Ⅲ;至于 IPK 系列的制造他也做过实验,但未从 IPK - Ⅱ做成 IPK - Ⅲ,后来还是梁炬做成的。

2. 相关的《搜查笔录》《扣押清单》及查获的书证、物证的照片等证据证明:案发后,公安人员对张磊位于上海市金浜路 101 号 A 幢 86 室的住处及灿禾公司位于徐汇区桂平路 333 号 6 号楼 8 楼的办公地、库房、实验室进行了搜查:在张磊住处查获张磊的苹果牌银色笔记本电脑 1 台、银行卡 12 张。在灿禾公司张磊的办公室内查获上海农村商业银行存折 1 张、标有"4 - DHEA"的白色粉末两袋;在公司办公区域查获含纸质文件的文件夹 23 本、笔记本 17 本,在公司财务室保险箱查获各类面额的美元、欧元若干等。在灿禾公司库房及实验室查获各类桶装、袋装、瓶装、杯盘装的粉末、晶体、液体状化学品及化学试剂 73 种。在公司 807 室实验室中央操控台抽屉内查获标有"IPK - Ⅲ""IPK - Ⅲ结晶"字样的固体 4 包(其中 5 号、6 号、7 号标签系粉末,8 号标签系白色晶体)。在实验室中间实验台西侧靠窗第二个抽屉里发现透明塑料袋包装的淡粉色粉末 1 包;第三个抽屉里发现透明塑料袋包装的淡黄色粉末 1 包(这两包中 1 包标有 MDMA 分子式,被贴上 21 号标签)。另在实验室查获标有"BPK"的粉末一包等。在实验室窗外工作台查获梁炬的笔记本 4 本。2013 年 11 月 7 日,公安人员抓获张济成后,亦从其处查获软皮笔记本一本。

张磊、张济成、梁炬均对被查获物品辨认无疑。梁炬还指认称:贴有 5 号、6 号、7 号、8 号标签的是他与张济成共同做实验时制成及他向客户演示时制成的;贴有 21 号标签的是他刚开始学习时制成的。张济成也从中辨认出了张磊给他的:用 BPK 实验制造 BPK - Ⅱ的流程;用 BPK 制成 BPK - Ⅲ

的参考方法；有关IPK批量生产的工艺及计划；有关用IPK做到IPK－Ⅱ的流程等。

3.上海市毒品检验中心出具的沪毒检字［2013］第4420号、第4811号《检验报告》证明：送检标有“IPK－Ⅲ”“IPK－Ⅲ晶体”的（即5号、6号、7号、8号塑料袋内物品）分别是28.17克黄色粉末、21.64克白色粉末、1.34克白色粉末、18.45克白色晶体；标有化学分子式的（即21号塑料袋内物品）是5.43克黄色粉末；另有一包是4.80克淡粉色粉末。上述6包中均检出MDMA成分。

4.上海市公安局缉毒处出具的《收缴毒品专用单据》证明：上述毒品均已被收缴。

5.公安部国家毒品实验室公禁鉴字［2014］D2号、D3号《鉴定报告》分别证明：经对送检的梁炬2011年8月至2012年2月所使用、2012年2月至8月所使用、2012年9月至2013年9月所使用的三本实验记录本中的20页复印件进行检验后，发现：上述检材中标注日期在2011年12月至2013年9月间的14项内容，描述的是制造MDA、苯丙胺、甲基苯丙胺、MDMA等毒品的流程及历次所获毒品情况。经对送检的张济成实验室记录本中的复印件1页进行检验后，发现描述的是制造甲基苯丙胺的流程及所获毒品情况。经对从灿禾公司内缴获的白色粉末状样品1份（袋上标有“BPK”字样）鉴定后，认定其中成分为2－甲基－3－苯基－环氧丙酸钠。

6.上海张江药谷公共服务平台有限公司出具的公共实验室测试项目单据、公安部国家毒品实验室公禁鉴字［2013］D1号《鉴定报告》证明：经检验，查获的灿禾公司2009年1月至2013年10月期间委托张江药谷测试的检测图谱中，有7张图谱系毒品检测图谱。其中6笔均为张济成送检，分别是：2012年2月1笔，图谱所示苯丙胺；2012年7月5笔，图谱所示甲基苯丙胺。

张济成经辨认上述证据后，确认：其中图谱所示为苯丙胺的是他实验所得的产物；图谱所示为甲基苯丙胺的是他与梁炬一起实验所得的产物。

7.证人张朝群、郎淑敏（均系物流公司员工）的证言；相关的采购申请单、汇款记录、货物出口单证、报关单、快递单据；邀请函、聊天记录、Shaun

Michael Cousens 等人的出入境记录查询、宾(旅)馆住宿登记查询;上海市公安局出具的《现场勘查工作记录》《远程勘验工作记录》《固定电子数据清单》《工作情况》等证据进一步证明:张磊指使梁炬等在灿禾公司内向 Shaun Michael Cousens 等来沪的境外客户演示、传授制毒方法,并向境外客户提供工艺流程,以此吸引境外客户向其高价购买2-甲基-3-苯基-环氧丙酸钠等原料;由于这些原料在澳大利亚等国已受管制,出口报关时,张磊将上述原料伪报成"3氧代-4-苯丁酸钠,金属防锈剂"等品名。

8. 公安机关出具的《抓捕经过》等证明了本案的案发经过。

以上证据,本院均以确认。张磊的辩护人提出张磊作案时精神可能有疾病的意见,经查没有事实依据,不予采纳。

本院认为,被告人张磊、梁炬、张济成共同制造毒品,数量较大,其行为已触犯《刑法》第二十五条第一款、第三百四十七条第一款、第三款、第三百五十七条之规定,构成制造毒品罪。在制造毒品共同犯罪中,张磊起指使等作用,系主犯,应对其依照《刑法》第二十六条第一款、第四款之规定处罚。梁炬受指使制造毒品;张济成亦受指使参与制造毒品犯罪,两人均系从犯,依照《刑法》第二十七条之规定,可以从轻或者减轻处罚,现据梁炬、张济成在共同犯罪中的地位、作用、获利程度以及梁炬到案后的自首情节等,本院决定对两人犯制造毒品罪均减轻处罚。但张济成及其辩护人所提张济成的行为不构成制造毒品罪的意见与证据表明的事实不符,不予采纳。三名被告人共同制造毒品,以改善制毒工艺、提高制毒产率,并将反复实验所得的制毒流程提供给客户,以此向客户表明所销售的原料能制成或能更好地制成毒品,因此涉案的毒品虽未流入社会,但三名被告人制造毒品犯罪的主观恶性程度大,社会危害严重。张磊的辩护人所提张磊等人制造毒品犯罪社会危害性较小的意见不予采纳。张磊还指使梁炬向境外客户演示制造毒品的过程,其行为又均触犯《刑法》第二百九十五条之规定,构成传授犯罪方法罪,且系共同犯罪,其中张磊系主犯、梁炬系从犯。梁炬所称不知演示所得产物是什么的辩解与事实不符,不能成立。鉴于梁炬有自首情节,对其犯传授犯罪方法罪亦可从轻处罚。在案的证人证言、被告人供述、实验室笔记本记录、"制备 BPK-Ⅲ工艺流程"、相关的鉴定意见等证据相互印证,足以证明:以2－甲基－3－苯基－环氧丙酸钠等为原料,通过张磊、梁炬等人所使用的工艺流程,能够制造出甲基苯丙胺等毒品。张磊、梁炬等人掌握了制造毒品的工艺流程即犯罪方法,并据此向客户进行实物演示,其行为完全符合传授犯罪方法罪的构成要件。即便演示产物灭失,亦不影响对张磊、梁炬传授制毒犯罪方法事实的认定。故张磊、梁炬及各自辩护人就此提出的异议不予采纳。张磊、梁炬一人犯数罪,对两人还应依照《刑法》第六十九条之规定,数罪并罚。

综上所述,为严肃国家法制,惩治毒品犯罪,根据被告人张磊、梁炬、张济成犯罪的事实、性质、情节及对于社会的危害程度等,本院依照上述法律条款及《刑法》第五十六条第一款、第六十四条、第六十七条第一款之规定,判决如下:

一、被告人张磊犯制造毒品罪,判处有期徒刑十三年,剥夺政治权利三年,并处罚金人民币五十万元;犯传授犯罪方法罪,判处有期徒刑一年六个月,决定执行有期徒刑十四年,剥夺政治权利三年,并处罚金人民币五十万元。

(刑期从判决执行之日起计算,判决执行前先行羁押的,羁押一日折抵刑期一日。即自2013年11月7日起至2027年11月6日止。罚金自本判决生效之日起一个月内缴纳。)

二、被告人梁炬犯制造毒品罪,判处有期徒刑三年,并处罚金人民币六千元;犯传授犯罪方法罪,判处拘役六个月,决定执行有期徒刑三年,并处罚金人民币六千元。

(刑期从判决执行之日起计算,判决执行前先行羁押的,羁押一日折抵刑期一日。即自2013年11月8日起至2016年11月7日止。罚金自本判决生效之日起一个月内缴纳。)

三、被告人张济成犯制造毒品罪,判处有期徒刑三年,并处罚金人民币六千元。

(刑期从判决执行之日起计算,判决执行前先行羁押的,羁押一日折抵刑期一日。即自2013年11月7日起至2016年11月6日止。罚金自本判决生效之日起一个月内缴纳。)

四、查获的毒品等予以没收;违法所得予以追缴。

如不服本判决,可在接到判决书的第二日起十日内,通过本院或者直接向上海市高级人民法院提出上诉。书面上诉的,应当提交上诉状正本一份、副本一份。

审 判 长 周 欣

审 判 员 吴 斌

人民陪审员 王大路

二〇一五年十二月二十四日

书 记 员 卢 超

**附:相关法律条文**

《中华人民共和国刑法》(节录)

第三百四十七条第一款 走私、贩卖、运输、制造毒品,无论数量多少,都应当追究刑事责任,予以刑事处罚。

第三百四十七条第三款 走私、贩卖、运输、制造鸦片二百克以上不满一千克、海洛因或者甲基苯丙胺十克以上不满五十克或者其他毒品数量较大的,处七年以上有期徒刑,并处罚金。

第三百五十七条 本法所称的毒品,是指鸦片、海洛因、甲基苯丙胺(冰毒)、吗啡、大麻、可卡因以及国家规定管制的其他能够使人形成瘾癖的麻醉药品和精神药品。

毒品的数量以查证属实的走私、贩卖、运输、制造、非法持有毒品的数量计算,不以纯度折算。

第二百九十五条 传授犯罪方法的,处五年以下有期徒刑,拘役或者管制;情节严重的,处五年以上有期徒刑;情节特别严重的,处无期徒刑或者死刑。

第二十五条第一款 共同犯罪是指二人以上共同故意犯罪。

第二十六条第一款 组织、领导犯罪集团进行犯罪活动的或者在共同犯罪中起主要作用的,是主犯。

第二十六条第四款　对于第三款规定以外的主犯,应当按照其所参与的或者组织、指挥的全部犯罪处罚。

第二十七条　在共同犯罪中起次要或者辅助作用的,是从犯。

对于从犯,应当从轻、减轻处罚或者免除处罚。

第五十六条第一款　对于危害国家安全的犯罪分子应当附加剥夺政治权利;对于故意杀人、强奸、放火、爆炸、投毒、抢劫等严重破坏社会秩序的犯罪分子,可以附加剥夺政治权利。

第六十四条　犯罪分子违法所得的一切财物,应当予以追缴或者责令退赔;对被害人的合法财产,应当及时返还;违禁品和供犯罪所用的本人财物,应当予以没收。没收的财物和罚金,一律上缴国库,不得挪用和自行处理。

第六十七条第一款　犯罪以后自动投案,如实供述自己的罪行的,是自首。对于自首的犯罪分子,可以从轻或者减轻处罚。其中,犯罪较轻的,可以免除处罚。

第六十九条　判决宣告以前一人犯数罪的,除判处死刑和无期徒刑的以外,应当在总和刑期以下、数刑中最高刑期以上,酌情决定执行的刑期,但是管制最高不能超过三年,拘役最高不能超过一年,有期徒刑总和刑期不满三十五年的,最高不能超过二十年,总和刑期在三十五年以上的,最高不能超过二十五年。

数罪中有判处有期徒刑和拘役的,执行有期徒刑。数罪中有判处有期徒刑和管制,或者拘役和管制的,有期徒刑、拘役执行完毕后,管制仍须执行。

如果数罪中有判处附加刑的,附加刑仍须执行,其中附加刑种类相同的,合并执行,种类不同的,分别执行。

# 安特·马蒂埃斯·沙伯特引渡案

## 中华人民共和国最高人民法院
## 引渡裁定书

（2016）最高法协外引 2 号

引渡请求国德意志联邦共和国（以下简称德国）。

被请求引渡人安特·马蒂埃斯·沙伯特（Arndt Matthias Schabert，以下简称沙伯特），男，1955 年 9 月 15 日出生于德国伯布林根市，德国国籍，护照号码 604411137，住德国施洛斯菲尔德上莫恩斯海姆 2 号，71297 莫恩斯海姆。2013 年 11 月 19 日被逮捕。现羁押于广东省看守所。

广东省高级人民法院审查德国请求引渡涉嫌犯非法出售显著数量毒品罪的被请求引渡人沙伯特一案，于 2015 年 12 月 25 日以（2015）粤高法刑引字第 1 号引渡裁定，认定德国对被请求引渡人沙伯特提出的引渡请求不符合《中华人民共和国引渡法》规定的准予引渡条件、对沙伯特不予引渡，并依法报请本院核准。本院依法组成合议庭，听取了被请求引渡人委托律师的意见，对本案进行了复核。现已复核终结。

经复核确认：2013 年 10 月 13 日 18 时许，被请求引渡人沙伯特在广州市白云机场被查获非法携带 3 200 克甲基苯丙胺，其明知所携带的毒品将由他人出售而获利，但为获得非法报酬仍实施了上述行为。根据我国法律和德国法律的规定，沙伯特的行为均构成犯罪，且均可能被判处一年以上有期徒刑。在德国向我国请求引渡被请求引渡人沙伯特之前，广东省公安厅机场公安局以沙伯特涉嫌犯运输毒品罪将其刑事拘留，随后交由广州市人民检察院提起公诉。广州市中级人民法院对沙伯特运输毒品一案作出了第一审判决，沙伯特已上诉至广东省高级人民法院。我国对沙伯特运输毒品一案具有刑事管辖权，并且对沙伯特正在进行刑事诉讼，符合《中华人民共和国引渡法》第九条第（一）项规定的可以拒绝引渡的情形。

本院认为，被请求引渡人沙伯特涉嫌犯运输毒品罪，其获取、运输毒品的行为均发生在我国境内，且我国对沙伯特正在进行刑事诉讼，由我国管辖该案更为适宜，可以拒绝德国提出的引渡请求。广东省高级人民法院作出的不予引渡裁定正确。依照《中华人民共和国引渡法》第二十六条第（一）项的规定，裁定如下：

核准广东省高级人民法院（2015）粤高法刑引字第1号关于德国对被请求引沙伯特的引渡请求不符合《中华人民共和国引渡法》规定的准予引渡条件，对沙伯特不予引渡的裁定。

本裁定自宣告之日起发生法律效力。

审　判　长　逄锦温
代理审判员　刘山熵
代理审判员　徐　燕

二〇一六年三月二十五日

书　记　员　肖　波

# 中华人民共和国广东省高级人民法院
# 引渡裁定书

(2015)粤高法刑引字第1号

引渡请求国德意志联邦共和国(以下简称德国)。

被请求引渡人安特·马蒂埃斯·沙伯特(Arndt Matthias Schabert,以下简称沙伯特),男,1955年9月15日出生,德国国籍,护照号码604411137,住德国施洛斯菲尔德上莫恩斯海姆2号,71297莫恩斯海姆(Schlossfeld Obermönsheim 2,71297 Mönsheim)。因涉嫌犯运输毒品罪于2013年10月14日被刑事拘留,同年11月19日被逮捕。现羁押于广东省看守所。

委托律师宋福信、梁确,广东广信君达律师事务所律师。

翻译人田思妍,传神联合(北京)信息技术有限公司德语翻译员。

德国请求引渡涉嫌犯运输毒品罪的德国公民沙伯特一案,最高人民法院于2015年7月27日以(2015)刑引字第6号指定审查决定书,指定本院进行审查。本院依法组成合议庭审查了本案。听取了被请求引渡人沙伯特及其委托律师的意见。现已审查终结。

德国引渡请求书提出:2013年10月13日,被请求引渡人沙伯特在广州市白云机场被查获非法携带3 200克甲基苯丙胺,其明知所携带的毒品将由他人出售而获利,但为获得非法报酬仍实施了上述行为。根据德国禁毒法第29a条第1段第2点、第3条第1段第1点、第1条第1段以及禁毒法附录Ⅱ,德方认为沙伯特涉嫌犯有非法出售显著数量毒品的罪行,德国普福尔茨地方法院已对沙伯特签发了逮捕令,请求将沙伯特引渡回国,对其进行刑事调查。

被请求引渡人沙伯特及其委托律师提出:本案符合《中华人民共和国引渡法》规定的准予引渡条件,如果将沙伯特引渡回德国接受刑事调查,更有利于查明其是否被蒙骗、利用而实施毒品犯罪等事实,更有利于共同打击跨国毒品犯罪,也更有利于沙伯特应诉和接受改造,故请求将沙伯特引渡回德国。

经审查确认:德国引渡请求书所指被请求引渡人沙伯特非法运输 3 200 克甲基苯丙胺的行为,依照中华人民共和国法律和德国法律的规定,均构成犯罪,且均可判处一年以上有期徒刑或者其他更重的刑罚,符合《中华人民共和国引渡法》第七条的规定,属于可引渡的犯罪。

在德国向我国请求引渡被请求引渡人沙伯特之前,广东省公安厅机场公安局已于 2013 年 10 月 14 日以沙伯特涉嫌犯运输毒品罪将其刑事拘留,随后交由广州市人民检察院提起公诉。在本院审查期间,广州市中级人民法院对沙伯特运输毒品一案作出了第一审判决,沙伯特已上诉至本院。我国对沙伯特运输毒品一案具有刑事管辖权,并且对沙伯特正在进行刑事诉讼,符合《中华人民共和国引渡法》第九条第(一)项规定的可以拒绝引渡的情形。

本院认为,被请求引渡人沙伯特涉嫌毒品犯罪中非法获取、运输毒品等主要犯罪事实发生在我国境内,沙伯特本人对此亦无异议,由我国司法机关对其进行刑事诉讼更有利于依法惩处类似犯罪,并且我国司法机关对沙伯特正在进行刑事诉讼,依法可以拒绝引渡。沙伯特及其委托律师的意见不能成立。依照《中华人民共和国引渡法》第十六条第二款、第二十四条第一款第(二)项的规定,裁定如下:

德国对被请求引渡人沙伯特提出的引渡请求不符合《中华人民共和国引渡法》规定的准予引渡的条件,对沙伯特不予引渡。

根据《中华人民共和国引渡法》第二十五条第一款的规定,本裁定依法报请最高人民法院核准。

如不服本裁定,可在本院向被请求引渡人宣读裁定之日起十日内,通过本院或者直接向最高人民法院提出意见。书面提出的,应提交意见正本一份、副本三份。

审 判 长 黄建屏
审 判 员 吴铭泽
审 判 员 陈亦光

二○一五年十二月二十五日

书 记 员 方晓泽

**附:相关法律条文**

## 中华人民共和国相关法律条文

《中华人民共和国引渡法》(节录)(2000年12月28日第九届全国人民代表大会常务委员会第十九次会议通过 2000年12月28日中华人民共和国主席令第42号公布施行)

第七条 外国向中华人民共和国提出的引渡请求必须同时符合下列条件,才能准予引渡:

(一)引渡请求所指的行为,依照中华人民共和国法律和请求国法律均构成犯罪;

(二)为了提起刑事诉讼而请求引渡的,根据中华人民共和国法律和请求国法律,对于引渡请求所指的犯罪均可判处一年以上有期徒刑或者其他更重的刑罚;为了执行刑罚而请求引渡的,在提出引渡请求时,被请求引渡人尚未服完的刑期至少为六个月。

对于引渡请求中符合前款第一项规定的多种犯罪,只要其中有一种犯罪符合前款第二项的规定,就可以对上述各种犯罪准予引渡。

第九条 外国向中华人民共和国提出的引渡请求,有下列情形之一的,可以拒绝引渡:

(一)中华人民共和国对于引渡请求所指的犯罪具有刑事管辖权,并且对被请求引渡人正在进行刑事诉讼或者准备提起刑事诉讼的；

（二）由于被请求引渡人的年龄、健康等原因，根据人道主义原则不宜引渡的。

第十六条　外交部收到请求国提出的引渡请求后，应当对引渡请求书及其所附文件、材料是否符合本法第二章第二节和引渡条约的规定进行审查。

最高人民法院指定的高级人民法院对请求国提出的引渡请求是否符合本法和引渡条约关于引渡条件等规定进行审查并作出裁定。最高人民法院对高级人民法院作出的裁定进行复核。

第二十四条　高级人民法院经审查后，应当分别作出以下裁定；

（一）认为请求国的引渡请求符合本法和引渡条约规定的，应当作出符合引渡条件的裁定。如果被请求引渡人具有本法第四十二条规定的暂缓引渡情形的，裁定中应当予以说明；

（二）认为请求国的引渡请求不符合本法和引渡条约规定的，应当作出不引渡的裁定。

根据请求国的请求，在不影响中华人民共和国领域内正在进行的其他诉讼，不侵害中华人民共和国领域内任何第三人的合法权益的情况下，可以在作出符合引渡条件的裁定的同时，作出移交与案件有关财物的裁定。

第二十五条　高级人民法院作出符合引渡条件或者不引渡的裁定后，应当向被请求引渡人宣读，并在作出裁定之日起七日内将裁定书连同有关材料报请最高人民法院复核。

被请求引渡人对高级人民法院作出符合引渡条件的裁定不服的，被请求引渡人及其委托的中国律师可以在人民法院向被请求引渡人宣读裁定之日起十日内，向最高人民法院提出意见。

## 德国引渡请求书上所列的法律条文

德国禁毒法第29a条第1段第2点：

谁在没有拥有第3条第1段的许可的情况下销售、生产或给出或拥有显著数量毒品，将判不少于1年的监禁。

德国禁毒法第3条第1段第1点：

谁想种植、生产、买卖毒品以及不以买卖为目的地进口、出口、给出、出售、携带和购买毒品,都需要得到联邦药品和医疗器械管理局的许可。

德国禁毒法第1条第1段:

本法律所指的毒品是在附录Ⅰ至Ⅲ中给出的物质及其制剂。

德国禁毒法附录Ⅱ(摘录):

| 世界卫生组织规定的国际非专利名称(INN) | 其他非专有名或俗名 | 化学名称(IUPAC) |
| --- | --- | --- |
| 甲基苯丙胺 | 甲基安非他命 | (2S)-N-甲基-1-苯丙基-2-胺 |

【点评】

引渡裁定书的制作,目前尚未有统一的文书样式,导致实践中引渡裁定书在结构、要素、内容、论证等方面还存在一些亟待完善的问题。广东省高级人民法院制作的这份引渡裁定书,较好地解决了上述几个方面的问题,对今后引渡裁定书的制作具有重要的参考和借鉴价值。详言之,这份引渡裁定书有以下突出特点:

## 一、结构完整,格式规范

该引渡裁定书在结构上参照了人民法院刑事裁判文书样式,由首部、事实、理由、判决结果和尾部五个部分组成,但在内容和表述上,根据我国引渡法等相关法律规定作了适当调整,层次清楚、规范有序。主要体现在以下三个方面:

1. 在列明各诉讼参与人时,法律称谓与事实称谓之间不用标点符号(冒号),也不用空格。例如,“引渡请求国X国”,在“引渡请求国”与“X国”之间,过去多用冒号隔开,而在该引渡裁定书中直接写明,中间不用标点符号,不用空格,形式上保持了刑事诉讼文书的统一、规范,值得赞赏。

2. 单独列明律师、翻译人员等诉讼参与人,体现了律师、翻译人员的法律地位,从而有助于切实保障被请求引渡人的诉讼权利。在具体表述上,参与诉讼的律师是表述为“辩护人”“委托代理人”“法律援助律师”“指定律师”,还是表述为“委托律师”,实践中存在不同做法。从引渡法第二十三条的规定看,高级人民法院审查引渡案件时,“应当听取被请求引渡人的陈述及其委托的中国律师的意见”,并未将律师的身份设定为辩护人或委托代理人,且引渡程序有别于普通刑事诉讼程序,控辩色彩并不明显,根据律师来源系受委托还是被指定,客观表述为委托律师或指定律师,是较为稳妥及正确的做法。

3. 在裁定结果之后另起一段交代了被请求引渡人向最高人民法院提出意见的权利。引渡法第二十五条第二款规定:“被请求引渡人对高级人民法院作出符合引渡条件的裁定不服的,被请求引渡人及其委托的中国律师可以在人民法院向被请求引渡人宣读裁定之日起十日内,向最高人民法院提出意见。”由于该款规定未明确是直接向最高人民法院提出意见还是可以通过高级人民法院提出、提出意见是否仅限于书面形式还是也可以通过口头方式提出以及如何提出等问题,理解和认识上不免存在分歧,该引渡裁定书对这两个问题都做了明确回答,值得肯定。

## 二、详略得当,用语准确

引渡裁定书包含的内容很多,从案件的由来和审理经过,到引渡请求书提出的事实请求、被请求引渡人及其委托律师提出的意见、法院审查确认的事实,再到裁定理由的阐述,需要合理安排、准确表述。该引渡裁定书在制作上突出重点,详略得当,用语准确。主要体现在以下三个方面:

1. 关于引渡案件的由来和审理经过。这部分内容如何表述历来是引渡裁定书制作中的难点,是从外国何时向我国提出引渡请求、最高人民法院何时及如何指定说起,把高级人民法院何时立案、何时送达、听取意见等均一一列明,还是直接从最高人民法院何时指定审查说起,简述审理过程更为适当,实践中做法不一。前者虽然过程清楚明了,但有些内容与高级人民法院的关系并不密切,如外国何时向我国提出引渡请求;有些内容即使从普通刑事诉讼文书样式的要求看也非必要内容,如高级人民法院何时立案、何时送达、听取意见等。该引渡裁定书从文书需要及简洁要求出发,对此部分进行了优化处理,语言简练,案件由来和审理经过清晰明了。

2. 关于事实表述。事实是裁判的基础，是裁判理由和裁判结果的根据。该引渡裁定书对案件事实的叙述清楚、层次分明，对文书中需要详细表述的部分，特别是对法院审查确认的事实中的程序性事实作了较为详尽的表述。同时，在翔实表述中也注意做到该简则简，详略得当。例如，对引渡请求书提出的事实请求、被请求引渡人及其委托律师提出的意见既简要概括又要准确无误，从而在事实表述上详中有略、重点突出。

3. 关于罪名等的表述。"双重犯罪原则"是引渡的重要原则之一，即被请求引渡人的行为不仅根据请求国的法律构成犯罪，而且根据我国的法律同样构成犯罪，才能予以引渡。由于中外法律的差异，针对同一犯罪事实在罪名等方面法律表述不同。有关当事人(国)的表述与其他刑事案件也有不同，该引渡裁定书根据引渡法的规定，结合引渡案件的特点和外国引渡请求书中的表述，客观、准确表述了所涉嫌的外国罪名(非法出售显著数量毒品)、外国的引渡目的(进行刑事调查)、该罪在我国引渡法上的性质(属于可引渡的犯罪)以及所符合的我国引渡法的情形(可以拒绝引渡)等，真正做到事实清楚。

## 三、逻辑严密，说理充分

该引渡裁定书紧扣引渡法的规定，确认了被请求引渡人沙伯特一案的管辖权(我国具有刑事管辖权)、双重犯罪(根据中德双方的法律规定均构成犯罪)、可判处的刑罚(一年以上有期徒刑或者其他更重的刑罚)、正在进行刑事诉讼(已上诉至广东省高级人民法院)等重要事实，在此基础上，用简洁的语言充分论证了不予引渡的理由，逻辑清晰、论证严密、理据充分、结论适当。

应当肯定指出的是，该引渡裁定书在说理部分对被请求引渡人及其委托律师提出的意见进行了有理有据的回应，既与首部列明委托律师相呼应，也体现了对被请求引渡人诉讼权利的尊重和保障。

需要特别注意的是，本案系就被请求引渡人的单一犯罪事实提出引渡请求，如果引渡请求中包含数个犯罪事实，部分罪名符合引渡条件，部分罪名不符合的，裁定结果则应分项列明。此外，引渡请求国是否与我国签订双边引渡条约，将会对裁定依据的引用产生影响。如引渡请求国未与我国签订双边引渡条约，裁定依据只需引用我国引渡法即可；如引渡请求国已与我国签订双边引渡条约且条约已经生效的，鉴于该引渡条约经全国人大批准已成为我国法律，引用为裁定依据既有信守条约之意，又能表明司法审查的权威，故同时引用引渡条约更为适宜。

引渡裁定书是对外展示我国刑事司法公正和司法文明的重要载体之一。该引渡裁定书虽然篇幅不长，但结构完整、详略得当、论证充分、规范准确，不失为一篇可堪范例的精品文书。

# REFERENCE TO CRIMINAL TRIAL

## CONTENTS

**图书在版编目(CIP)数据**

刑事审判参考.总第105集/最高人民法院刑事审判一至五庭主办. -- 北京:法律出版社,2016.12(2020.4重印)
(刑事审判参考)
ISBN 978-7-5197-0342-4

Ⅰ.①刑… Ⅱ.①最… Ⅲ.①刑事诉讼-审判-中国-参考资料 Ⅳ.①D925.218.4

中国版本图书馆CIP数据核字(2016)第304864号

**刑事审判参考(总第105集)**
**XINGSHI SHENPAN CANKAO**
**(ZONG DI-105 JI)**

最高人民法院刑事审判
一、二、三、四、五庭主办

策划编辑 聂 颖
责任编辑 聂 颖
装帧设计 李 瞻

**出版** 法律出版社
**总发行** 中国法律图书有限公司
**经销** 新华书店
**印刷** 三河市龙大印装有限公司
**责任印制** 胡晓雅

**编辑统筹** 司法实务出版分社
**开本** 710毫米×1000毫米 1/16
**印张** 18.75
**字数** 263千
**版本** 2016年12月第1版
**印次** 2020年4月第6次印刷

法律出版社/北京市丰台区莲花池西里7号(100073)
网址/www.lawpress.com.cn
投稿邮箱/info@lawpress.com.cn
举报维权邮箱/jbwq@lawpress.com.cn
销售热线/400-660-8393
咨询电话/010-63939796

中国法律图书有限公司/北京市丰台区莲花池西里7号(100073)
全国各地中法图分、子公司销售电话:
统一销售客服/400-660-8393/6393
第一法律书店/010-83938432/8433 西安分公司/029-85330678 重庆分公司/023-67453036
上海分公司/021-62071639/1636 深圳分公司/0755-83072995

**书号**:ISBN 978-7-5197-0342-4 **定价**:38.00元
(如有缺页或倒装,中国法律图书有限公司负责退换)

# 征稿启事

《刑事审判参考》是最高人民法院刑事审判第一、二、三、四、五庭共同主办、法律出版社出版、面向国内外公开发行的刑事司法业务指导和研究性刊物。

为能够以最前沿的视野、最权威的高度和最贴近刑事司法实践的方式编辑本书，欢迎读者向本书以下栏目提供稿件：

（一）指导案例。在认定事实、采信证据和适用法律、司法解释定罪处刑问题上具有研究价值和指导意义的典型、疑难案件，并须附寄加盖人民法院院印的一审、二审裁判文书。

（二）经验交流。地方司法机关制定的刑事司法规范性文件及其背景说明；地方人民法院院长、副院长在刑事审判工作会议上的讲话，等等。

（三）实务探讨。对某一类实务问题提出的解决方案。

（四）裁判文书。具有较强说理性、体现法官适用普遍的法律规范解决具体的疑难、复杂案件的智慧的优秀裁判文书。

（五）编辑部答疑。读者在刑事司法实践中遇到法律适用方面的疑难、复杂问题。

（六）审判实务释疑。针对刑事审判实务中的争议问题进行分析、探讨。

（七）疑案争鸣。针对刊登的疑难案例争议问题进行分析，发表观点。

来稿请注明作者的联系方式（包括地址、邮编和电话）。除"编辑部答疑"、"疑案争鸣"外，来稿一经采用，按著作权法的规定支付稿酬。凡在本刊发表的文章，自发表之日起一年内，作者如在其他刊物发表，须经本刊同意。因一稿多投，给本刊造成损失的，本刊将依法追究责任。来稿一律不退，如需退稿,请声明并附足邮资。

来稿(案例须附裁判文书,裁判文书请书面邮寄正本)可向以下任何一位执行编辑投递:

北京市东城区北花市大街9号最高人民法院刑一庭　赵俊甫

zhaojunfu81@163.com

北京市东城区北花市大街9号最高人民法院刑二庭　李　萍

cankaoliping@163.com

北京市东城区北花市大街9号最高人民法院刑三庭　刘静坤

liujingkun2008@163.com

北京市东城区北花市大街9号最高人民法院刑四庭　陆建红

Lu_jianhong@126.com

北京市东城区北花市大街9号最高人民法院刑五庭　方文军

fwjzgf@sina.com

邮编:100062

**特别提示:为避免各庭之间采稿重复,来稿不可同时多投。**

最高人民法院刑事审判第一、二、三、四、五庭

## 2016年最高人民法院刑事审判指导系列丛书征订单

第一联：发书凭证　　　　　　　　　　　　　　　　年　　月　　日

| 订购单位 | | 联系人 | | | 订购单位章 |
|---|---|---|---|---|---|
| 详细地址 | | 邮编 | | | |
| 书名 | | 邮购价 | 册（套）数 | 总金额 | |
| 《刑事审判参考》（第108~113集）全年共6集 | | 250.80 | | | |
| 《中国刑事审判指导案例》（增订第3版）全套共7册 | | 1088.00 | | | |
| 总金额（大写）： | | | | | |
| 汇款方式 | 邮局汇款：（　　） | 银行汇款：（　　） | | | |
| 汇款凭证号 | | ★联系电话 | | | |

注：如果您通过邮局汇款，请准确详细填写汇款单并在汇款单附言注明书名、册数及联系电话。请务必将此联传真或邮寄给我们，以便我们能够及时为您发书。传真：010-63939782

## 2016年最高人民法院刑事审判指导系列丛书订户收据

第二联：订户收据（此联自留）　　　　　　　　　　年　　月　　日

| 订购单位 | | 联系人 | | | 收款单位章 |
|---|---|---|---|---|---|
| 详细地址 | | 邮编 | | | |
| 书名 | | 邮购价 | 册（套）数 | 总金额 | |
| 《刑事审判参考》（第108~113集）全年共6集 | | 250.80 | | | |
| 《中国刑事审判指导案例》（增订第3版）全套共7册 | | 1088.00 | | | |
| 总金额（大写）： | | | | | |
| 汇款方式 | 邮局汇款：（　　） | 银行汇款：（　　） | | | |
| 汇款凭证号 | | ★联系电话 | | | |

注：此联连同汇款回执一并作为报销凭证。如需正式发票另请注明。

### 汇款方法

银行汇款：
开户行：工商银行北京六里桥支行
户　名：中国法律图书有限公司
账　号：0200 2810 0902 0403 623

邮局汇款：
商务号：111330032
收款人：中国法律图书有限公司（请在附言栏内注明书名、册数）